Guía Visual de Microsoft Word 2000

José Pedro Llamazares

ANAYA MULTIMEDIA

GUÍAS VISUALES

RESPONSABLE EDITORIAL:
Víctor Manuel Ruiz Calderón

AUTOEDICIÓN:
SEVEN Servicios Integrales

REALIZACIÓN DE CUBIERTA:
Gracia Fernández-Pacheco

Primera edición, julio 1999
Primera reimpresión, enero 2000
Segunda reimpresión, enero 2001
Tercera reimpresión, octubre 2001
Cuarta reimpresión, enero 2002
Quinta reimpresión, octubre 2002

Juan Ignacio Luca de Tena, 15. 28027 Madrid
Depósito legal: M. 41.239-2002
ISBN: 84-415-0886-0
Printed in Spain
Imprime: Peñalara, S.A.
Fuenlabrada (Madrid)

Índice de contenidos

A las puertas del próximo milenio, era de esperar que Microsoft lanzara al mercado una nueva versión del procesador más conocido del planeta. En esta ocasión no sólo se trataba de preparar la aplicación para el año 2000 e implementar nuevas características para escribir el símbolo del Euro, sino de integrar gran parte de sus funciones a la familia Office de Microsoft para realizar documentos cada vez más espectaculares y sencillos.

A ello se han sumado nuevas características de funcionalidad e interfaz, mucho más amenas y sencillas, permitiendo que la aplicación se adapte a las necesidades y hábitos del usuario. En este sentido, Word 2000 también ha mejorado para poder ayudar a los usuarios en el tratamiento de la información con las nuevas tecnologías en Internet, permitiendo una integración perfecta para mejorar la productividad en los documentos y el trabajo diario con el procesador de textos.

En definitiva, se trata por tanto de un procesador de textos con características y funciones de autoedición e integración total con otras aplicaciones (Office 2000), dirigido a todo tipo de usuarios que deseen obtener el mayor provecho de su trabajo.

La estructura del libro está pensada para que pueda ser utilizado como guía de aprendizaje de las técnicas básicas de funcionamiento del programa o como guía de referencia rápida para llevar a cabo cualquier tarea que el lector necesite realizar en un momento determinado. Cada una de las operaciones que se describen en el libro, muestra los pasos necesarios para llevarla a cabo, los cuales se complementan con un gran número de volcados de pantalla que pretenden mostrar, en general, el resultado de dichas operaciones y que, en nuestra opinión, facilitan la comprensión del proceso descrito. El libro incluye, además, un índice que hace posible la búsqueda de cualquier tema que se desee consultar y un glosario mediante el cual el lector podrá aclarar cualquier duda sobre la terminología empleada.

El libro se encuentra organizado en 9 capítulos que, por lo general, engloban operaciones relacionadas entre sí o con características comunes.

En el capítulo 1, "Ventanas y formas de ver un documento", se tratan los aspectos más importantes para proporcionar la información necesaria de los elementos y funciones que Word 2000 posee para empezar a trabajar.

En el capítulo 2, "Creación y edición de documentos", se explican los procesos fundamentales para crear y editar documentos, así como métodos de organización para abrir o guardar un documento, formatos, comandos, etc.

En el capítulo 3, "Formatos de párrafos", se tratan los fundamentos del formato de párrafo, así como los elementos que pueden asignarse a los párrafos: sangrías, viñetas, estilos, tabuladores, autoformatos, etc.

En el capítulo 4, "Impresión de documentos", se exponen los procedimientos y tareas más útiles para imprimir cualquier tipo de documento, así como los modos de impresión y sus capacidades.

En el capítulo 5, "Edición, organización e inserción de elementos", se tratan los elementos más importantes para modificar, editar y asignar elementos a aquellos documentos que por su entidad, necesitan aspectos fundamentales para la creación de documentos profesionales.

En el capítulo 6, "Formatos especiales", se describen los formatos especiales que permiten que los documentos adquieran un aspecto de gran riqueza gráfica y profesional. Bordes, sombreados, atributos de caracteres, etc.

En el capítulo 7, "Creación y edición de documentos gráficos", se tratan los procesos más importantes para crear documentos de gran riqueza gráfica y estilo, destacando la inserción de imágenes, gráficos y columnas.

En el capítulo 8, "Herramientas de edición", se incluye una descripción de cada una de ellas, las cuales ayudan considerablemente en la realización de documentos. Esta ayuda se traduce en mejorar la calidad de escritura y conexión mediante las diferentes herramientas.

Por último, en el capítulo 9, "Tablas, formularios, plantillas y páginas web", se tratan las diversas formas de presentar la información a través de elementos y funciones aplicables a los documentos y páginas Web.

Mi agradecimiento a todos cuantos me han ayudado y aconsejado, así como a las personas que me proporcionaron las versiones del programa para poder acometer esta tarea y a quienes me brindaron la oportunidad de emprenderla. Mi agradecimiento sobre todo a mi mujer, Matilde, y a mis hijos, Germán y Rocío, que han sabido comprender el 'encierro' de su padre. Espero que la dedicatoria de este libro sirva para atenuar las horas de ocio que os he sustraído.

1. Ventanas y formas de ver un documento

En este capítulo se tratarán los conceptos y funciones que Word posee para comenzar a trabajar:

- Descripción del área de trabajo.
- Operaciones básicas con menús.
- Barra de herramientas.
- Función zoom.
- Barra de estado.
- Desplazamientos.
- Vistas de documentos.

Elementos de la ventana

1. Barra de títulos: contiene el nombre del documento activo.

2. Barra de menús: incluye todos los comandos del programa.

3. Barras de herramientas: reúne los comandos y funciones más importantes en diversas barras.

4. Reglas: permiten visualizar los márgenes, sangrías, tabuladores y delimitadores de las tablas.

5. Barras de desplazamiento: permiten el movimiento vertical y horizontal en cualquier documento y activar diversos comandos.

6. Barra de estado: presenta información relativa al contexto del documento.

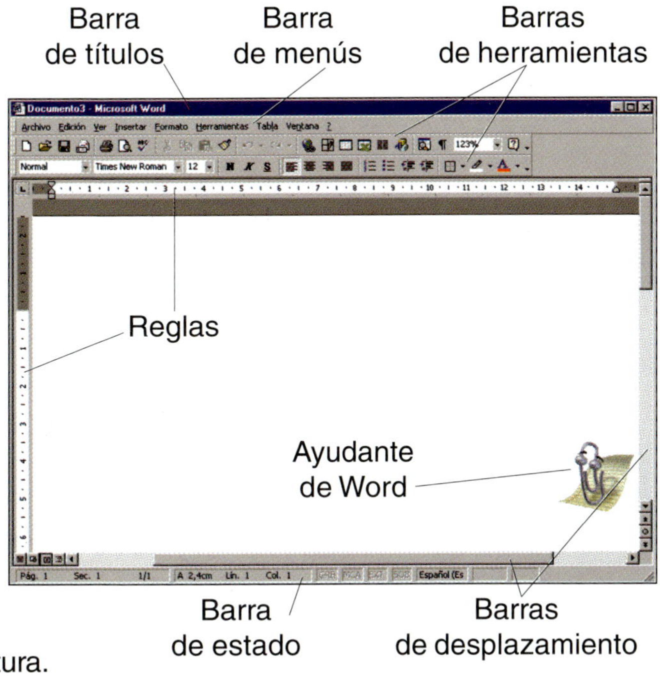

7. Área de edición: es el área de escritura.

8. Asistente de Word: se trata de una ayuda interactiva representada por varios personajes. Puede moverse a cualquier parte de la ventana.

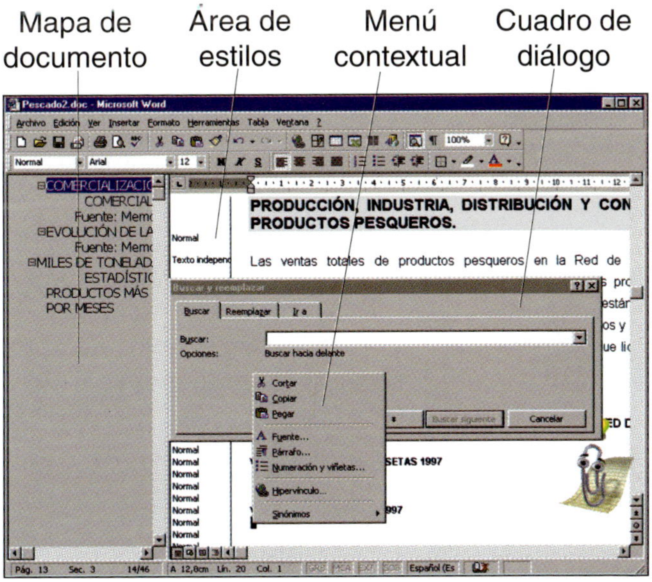

9. Área de estilos: presenta los nombres de los estilos de cada párrafo en el modo de vista Normal y Esquema.

10. Cuadro de diálogo: ventana en la que se reflejan todas las opciones de las que dispone un comando.

11. Menú contextual: menús que se activan con el botón derecho del ratón con las opciones correspondientes a una zona de pantalla u objeto.

12. Mapa del documento: panel que presenta un esquema de los títulos del documento activo. Es utilizado para desplazarse rápidamente por documentos extensos.

Seleccionar una opción con el ratón

1. Hacer clic sobre el menú que desee abrir.

2. Desplazar el puntero del ratón sobre la opción a seleccionar.

3. Hacer clic sobre la opción. Automáticamente ejecutará un comando o cuadro de diálogo.

Nota

Siempre hay que tener en cuenta que cuando las opciones aparecen en color gris, significa que no están disponibles en ese instante. Si aparecen puntos suspensivos después de la opción, está asociada a un cuadro de diálogo. Si aparecen flechas a continuación de la opción, ésta dispone de un submenú.

Seleccionar una opción con el teclado

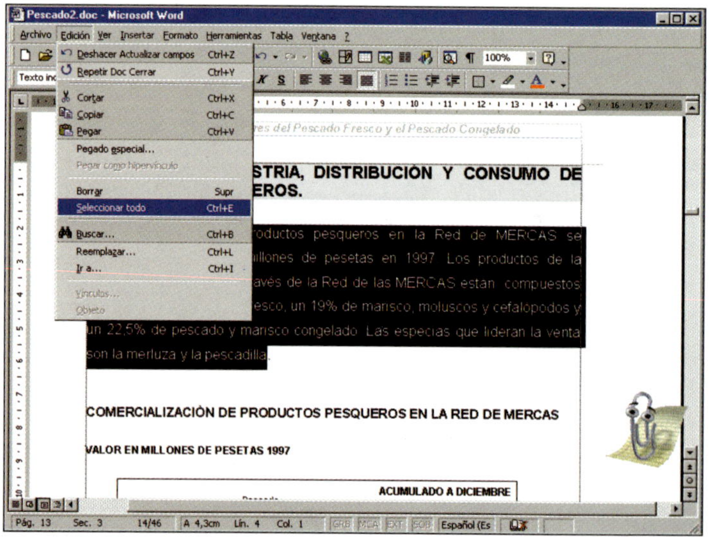

1. Pulsar simultáneamente las teclas <**Alt-carácter subrayado de menú**> (todos los menús poseen un carácter subrayado para su activación).

2. Seleccionar cualquiera de las opciones del menú con las teclas de desplazamiento del cursor (flechas).

3. Pulsar la tecla <**Intro**>.

Existen comandos que se activan con el teclado

Menús inteligentes

1. Haga clic sobre el menú que desee abrir.
2. Aparecerán los comandos básicos de dicho menú y una doble flecha en el borde inferior del menú.
3. Haga clic sobre la doble flecha o sitúese sobre ella para expandir más comandos y seleccionar el que desee.

Nota

Cuando se inicia Word por primera vez, los menús muestran los comandos básicos. A medida que trabaja y utiliza otros comandos con mayor frecuencia, éstos se integran dentro de los comandos básicos. Por ello, cada usuario puede tener una configuración distinta de menús debido a la utilización o no de los comandos más frecuentes.

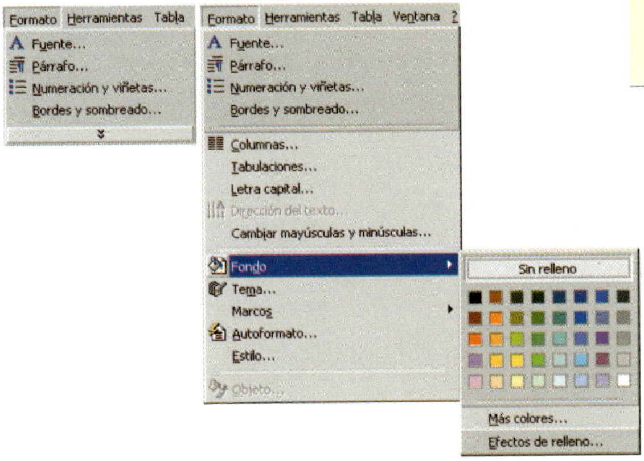

4. Si desea que Word muestre siempre los menús completos, seleccione el menú Herramientas y haga clic sobre el comando Personalizar...
5. En la solapa opciones, desactive la opción Mostrar en los menús primero los comandos usados recientemente y haga clic en el botón Cerrar.

Mostrar menús contextuales

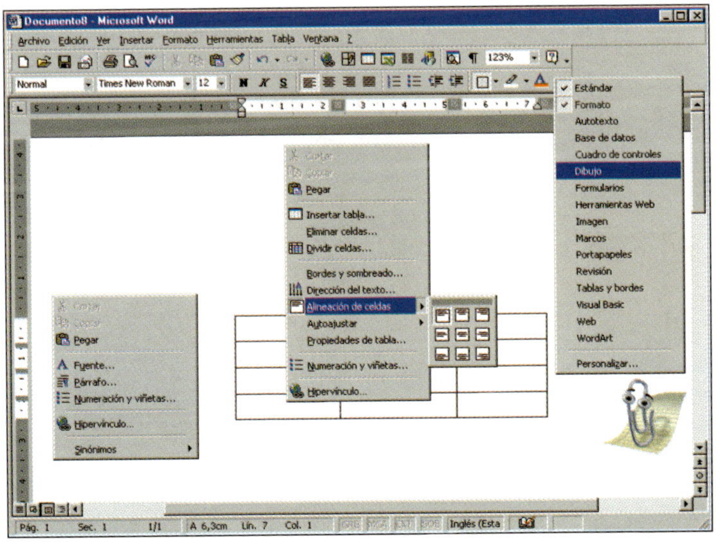

1. Para abrir un menú contextual hay que tener en cuenta la zona o tipo de objeto que contiene el menú asociado.
2. Si desea abrir un menú contextual, haga clic con el botón derecho del ratón sobre las zonas de la pantalla y objetos que posean los menús contextuales.
3. Los menús contextuales son atajos a las acciones o comandos de uso más frecuente.

Visualizar y ocultar barras de herramientas

1. Abra el menú Ver.
2. Seleccione la opción o comando Barras de herramientas.
3. Active la barra de herramientas que desee visualizar. Cada una de ellas está identificada por un nombre que agrupa las funciones que contiene.
4. Automáticamente aparecerá la barra que haya activado.

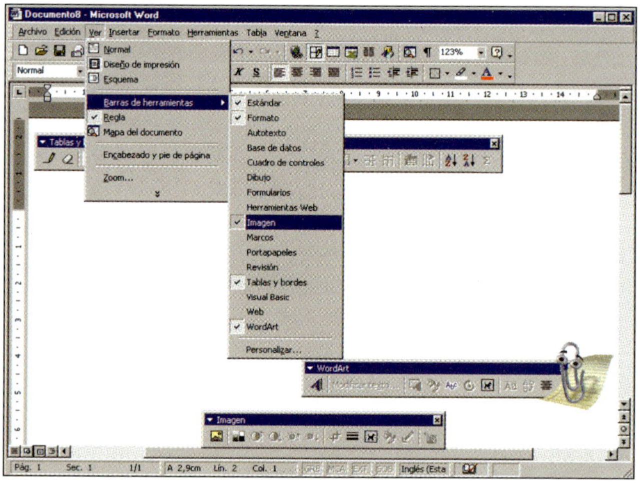

Nota

Las barras de herramientas contienen las funciones y comandos más importantes asociadas a iconos gráficos. Word incluye numerosas barras de herramientas que puede mostrar u ocultar según las necesidades de cada usuario. De manera predeterminada muestra las barras Estándar y Formato.

5. Para desplazar la barra de herramientas a cualquier zona de la pantalla, haga clic sobre el nombre de la barra y arrástrela sin soltar el botón del ratón hacia el lugar que desee.
6. Para ocultar cualquier barra de herramientas seleccione la opción Barras de herramientas del menú Ver y desactívela a través de un clic de ratón.
7. También puede desactivarla mediante el menú contextual de la barra de herramientas haciendo clic con el botón derecho del ratón sobre ella.

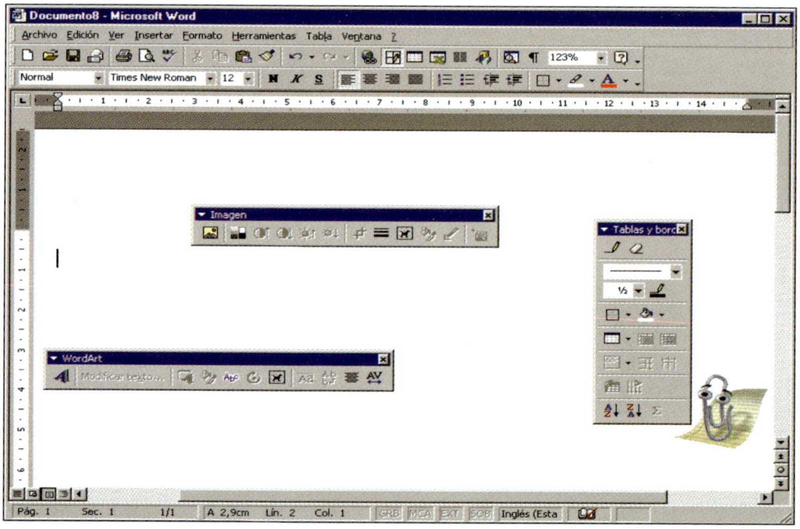

Muestre solamente las herramientas que utilice

Tamaño de visualización de un documento

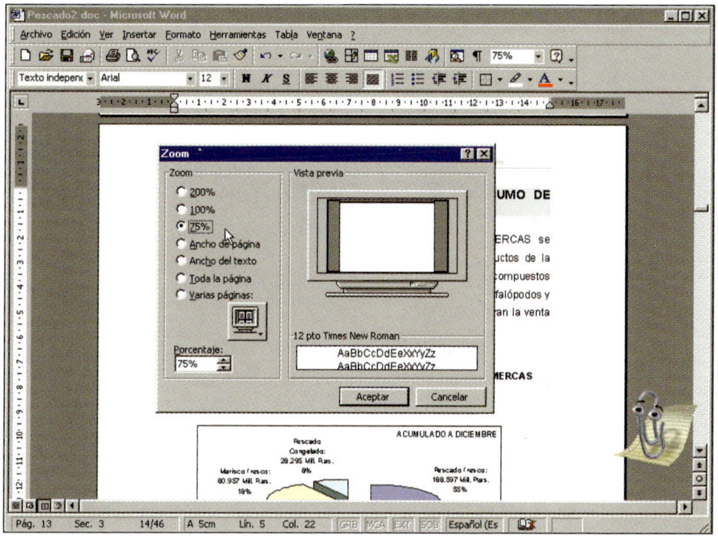

1. Abrir el menú Ver.

2. Seleccionar la opción Zoom...

3. A continuación se mostrarán una serie de opciones de zoom para visualizar el documento de diversas formas.

4. Activar aquélla que se desee.

5. Si activa la opción varias páginas y hace clic en el icono gráfico contiguo manteniendo pulsado el botón del ratón y desplazándolo hacia abajo y hacia la derecha, podrá seleccionar el número de páginas acorde con sus gustos de presentación.

6. El apartado derecho del cuadro de diálogo le mostrará una vista preliminar de cómo se presentará el documento.

7. Para finalizar haga clic sobre el botón Aceptar para ver el resultado de su selección.

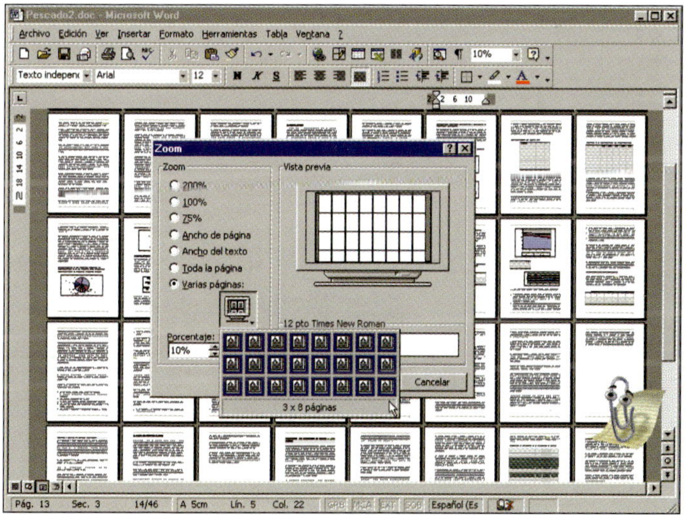

Nota

También puede ajustar el nivel de zoom en el documento activo desde el icono zoom de la barra de herramientas estándar. El intervalo de presentación oscila entre 10% y 400%

Información instantánea

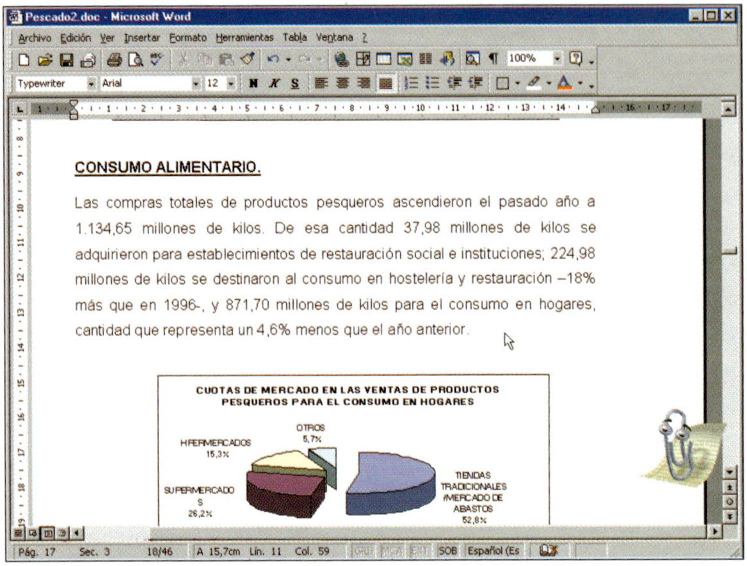

1. La barra de estado muestra al instante la información acerca del documento activo, comando u operación en curso. Se encuentra en la parte inferior de la pantalla e informa de los siguientes aspectos: la página activa, la sección en la que el cursor está posicionado, el número total de páginas, la distancia entre el cursor y el margen definido y el número de caracteres desde el margen izquierdo al punto de inserción.

2. También muestra el estado de trabajo de Word, por ejemplo, si está grabando una macro, si se encuentra en modo de sobrescritura, el idioma seleccionado para la corrección ortográfica y su estado.

3. Para mostrar u ocultar la barra de estado en cualquier modo de trabajo, abrir el menú Herramientas y seleccionar la opción Opciones...

4. Mostrar la solapa Ver y activar Barra de estado en el apartado Mostrar.

5. Hacer clic sobre el botón Aceptar para cerrar el cuadro de diálogo opciones.

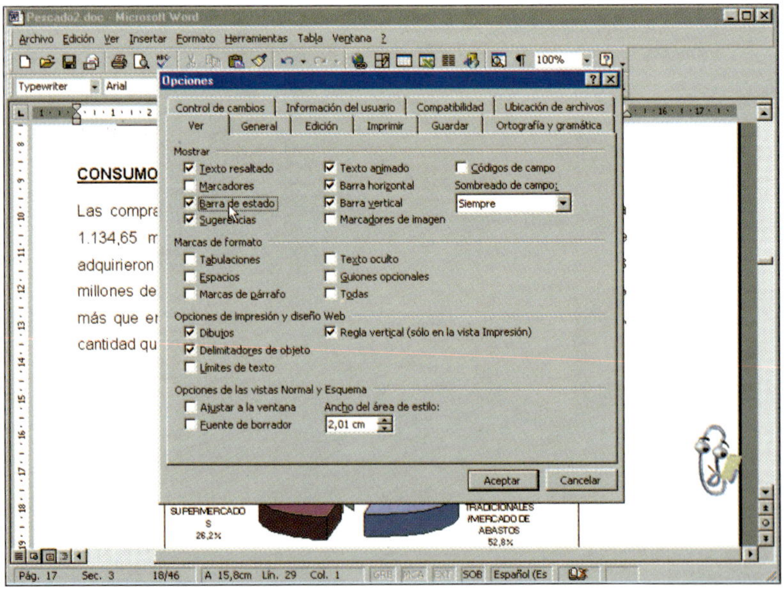

Cómo desplazarse con el ratón

1. Para situarse en un lugar específico de la pantalla hacer doble clic sobre la misma, observar que el puntero del ratón va acompañado del formato que aplicará en función del lugar que haya elegido. Esta función se denomina hacer clic y escribir.

2. Si desea desplazarse al final o al principio de un documento, hacer clic sin soltar el botón del ratón sobre el botón flecha hacia arriba o hacia abajo situado en la barra de desplazamiento vertical. En esta acción un indicador le proporciona la página actual y parte del texto donde esté situado en cada instante durante el desplazamiento.

3. Hacer clic en los botones doble flecha hacia arriba o hacia abajo para desplazarse a páginas anteriores o posteriores.

4. Para desplazarse en documentos con orientación horizontal (apaisado), hacer clic en los respectivos botones de flecha hacia la izquierda o derecha sucesivamente de la barra de desplazamiento horizontal.

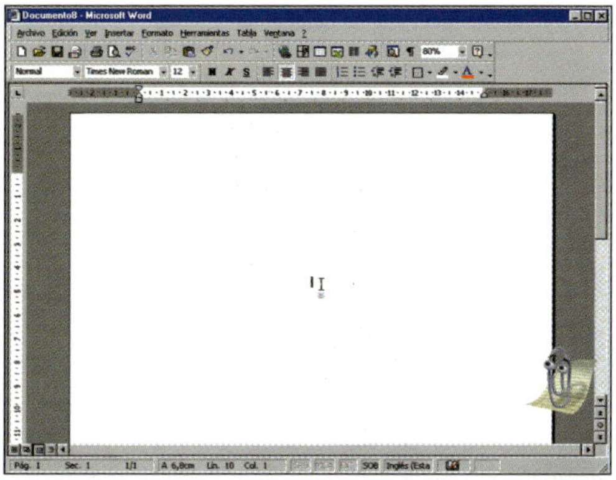

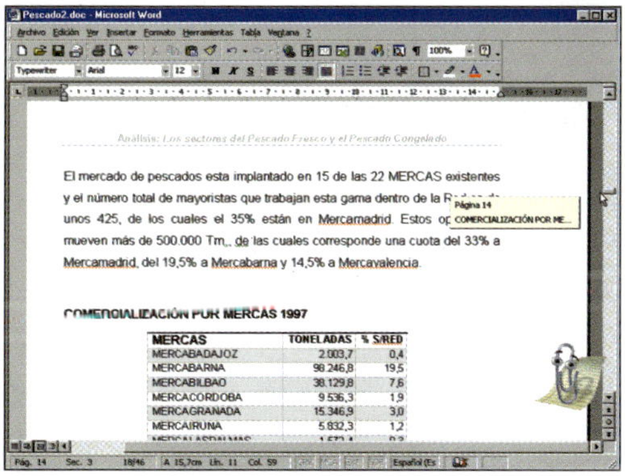

Nota

Si dispone de un ratón con rueda (MS IntelliMouse o similar), podrá desplazarse en los documentos mediante su utilización .

Cómo desplazarse con el teclado

Desplazamiento	***Combinación de teclas***
Palabra a la izquierda	**<Control+Flecha izda.>**
Palabra a la derecha	**<Control+Flecha dcha.>**
Final de línea	**<Fin>**
Principio de línea	**<Inicio>**
Párrafo superior	**<Control+Flecha arriba>**
Párrafo inferior	**<Control+Flecha abajo>**
Final del documento	**<Control+Fin>**
Principio del documento	**<Control+Inicio>**
Siguiente ventana de documentos	**<Mayús+Control+F6>**

Dividir en ventanas un documento

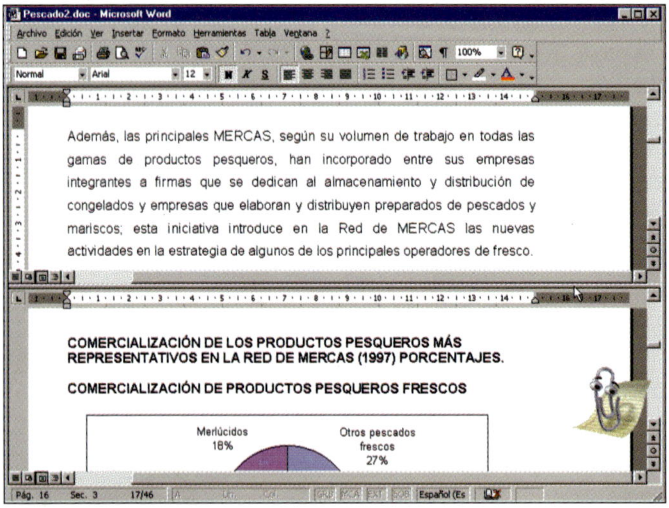

1. Abrir el menú Ventana, seleccionar la opción Dividir.
2. Aparecerá una línea en el centro de la página junto al puntero del ratón.
3. Situar el puntero del ratón sobre el área de la página que desee y hacer clic.
4. Aparecerá el documento dividido en dos áreas o ventanas incluyendo en ambas las barras de desplazamiento.
5. Si desea suprimir la barra de división, abrir el menú Ventana y seleccionar nuevamente la opción Quitar división.

Nota

Puede dividir un documento situando el puntero del ratón en la línea ubicada sobre el botón de flecha hacia arriba de la barra de desplazamiento vertical y arrastrar la línea de división a la altura deseada o bien, hacer doble clic sobre dicha línea.

Desplazarse de un documento a otro

1. Cuando posea varios documentos, abra el menú Ventana y aparecerá una lista con los documentos abiertos de que disponga. Seleccione aquél que desee para que sea activado.

2. Si quiere presentar varios documentos en pantalla, abra el menú Ventana y seleccione la opción Organizar todo.

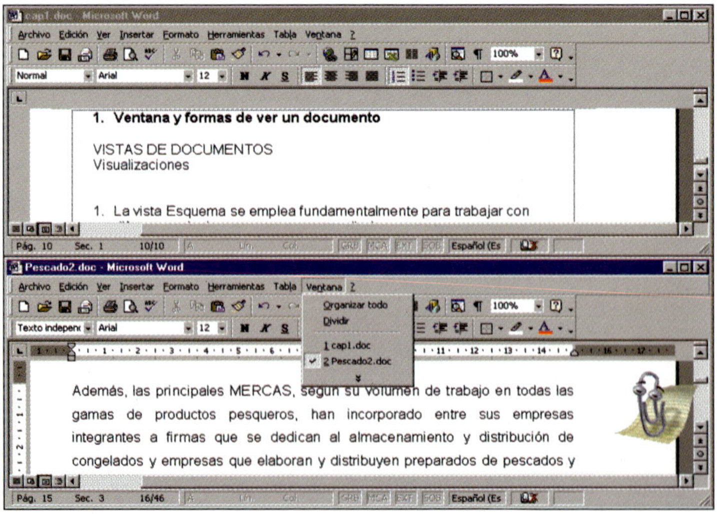

Con **<Alt+Tabulador>** alterna varios documentos

Visualizaciones

1. La vista Normal es la vista predeterminada que tiene por defecto Word. Existen una serie de elementos que no se visualizan con este modo (cuadros de texto, dibujos, autoformas, columnas, etc.)

2. Seleccionar la opción Normal en el menú Ver.

3. Para presentar el área de estilos en este modo, abrir el menú Herramientas y seleccionar la opción Opciones...

4. Mostrar la solapa Ver y establecer 2 cm en el Ancho del área de estilo en el apartado Opciones de las vistas Normal y Esquema. Hacer clic sobre el botón Aceptar para cerrar el cuadro de diálogo.

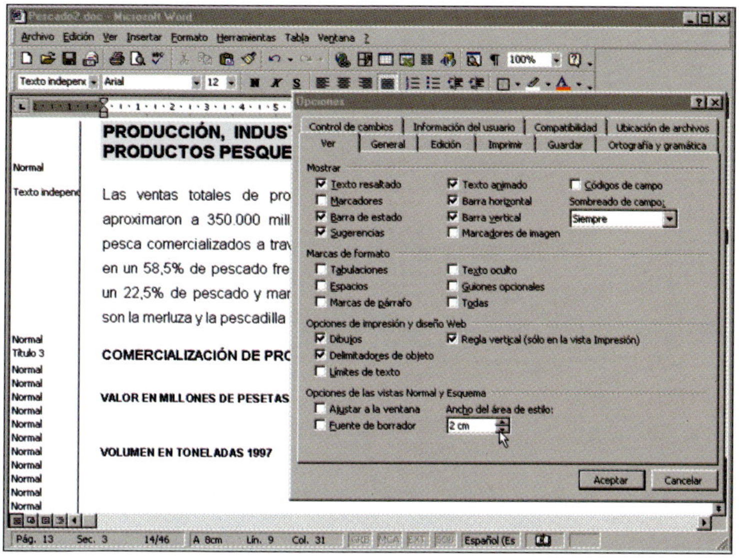

5. La presentación Diseño de impresión es tal vez el modo más importante para poder obtener una previsualización del documento tal y como aparecerá impreso. Para trabajar en este modo abrir el menú Ver y seleccionar la opción Diseño de impresión.

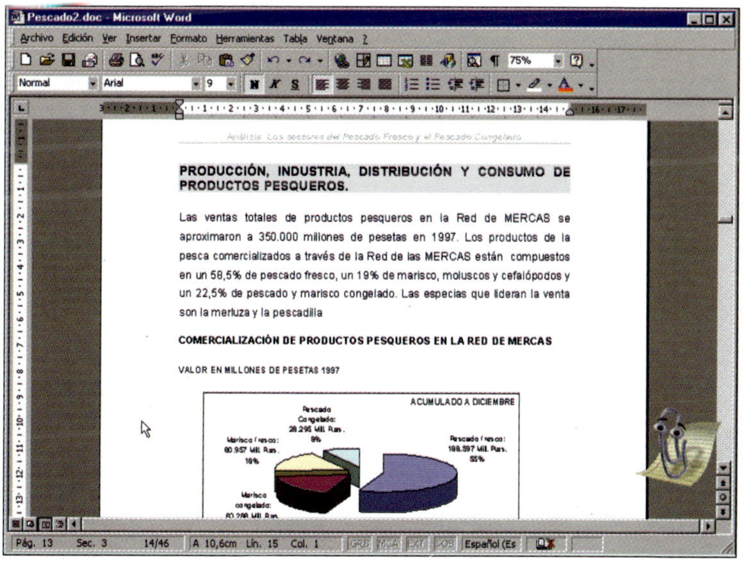

6. En esta vista podrá visualizar todos los formatos de texto y dibujos, imágenes, encabezados y pies de página, notas al pie y los códigos y caracteres no imprimibles.

7. Si desea presentar todos los elementos en esta vista, abrir el menú Herramientas y seleccionar la opción Opciones/Ver.

Visualizaciones

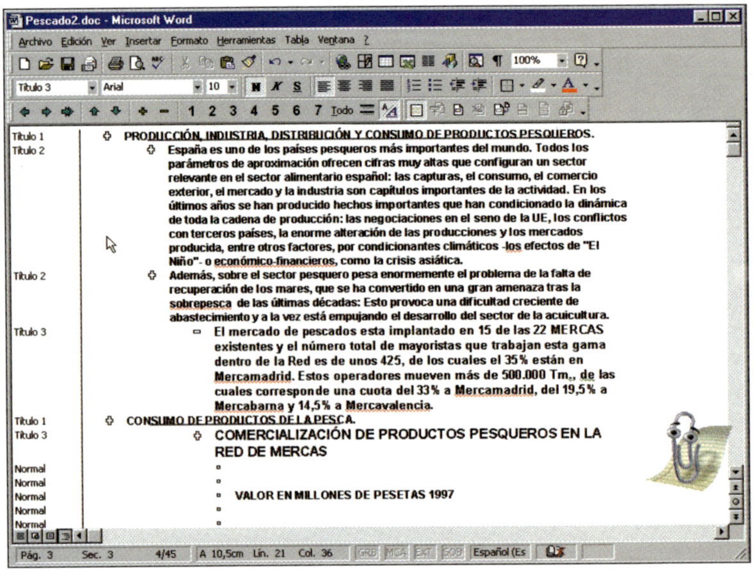

8. La vista Esquema se emplea fundamentalmente para trabajar con diferentes niveles y contraer o expandir documentos.

9. Abrir el menú Ver y seleccionar la opción Esquema. Automáticamente presenta una nueva barra de herramientas con diversos iconos que permiten expandir y contraer aquellas zonas que desee.

10. El Mapa del documento, muestra un panel con los títulos predefinidos de los estilos para permitir organizar el documento y desplazarse rápidamente por el mismo.

11. Abrir el menú Ver y seleccionar la opción Mapa del documento.

12. Word muestra en el lado izquierdo el panel que le permitirá desplazarse por el documento mediante un clic sobre el titular que desee.

13. Si desea ampliar el ancho del panel, sitúe el puntero del ratón sobre la intersección del panel y del documento. Haga clic y pulsando desplace la ventana hacia la derecha o izquierda.

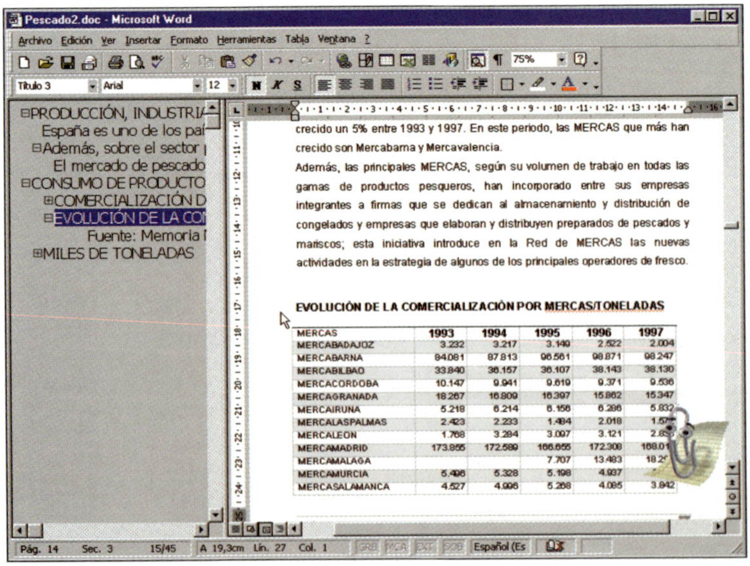

Utilice el modo Esquema en documentos extensos

entana ?

2. Creación y edición de documentos

En este capítulo se tratarán las tareas para crear y editar documentos mediante los comandos y técnicas de formato.

- Crear, abrir y grabar documentos.
- Inserción de elementos.
- Formato global del documento.
- Modos de selección.
- Formatos de fuentes.
- Comandos de edición.

Microsoft Word

Creación de un documento nuevo

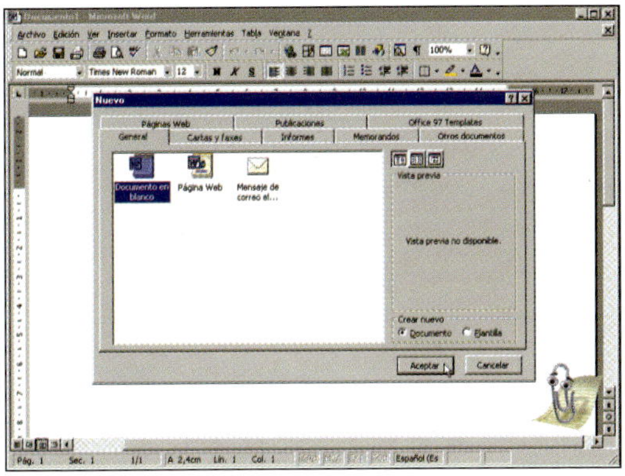

1. Abrir el menú Archivo.
2. Hacer clic sobre la solapa General en el cuadro de diálogo Nuevo.
3. Seleccionar el icono Documento en blanco.
4. Hacer clic sobre el botón Aceptar.
5. Automáticamente aparecerá una nueva ventana de Word con el nombre Documento x, donde x es el número de documentos creados en cada sesión.
6. También existe la posibilidad de crear documentos nuevos a través del icono situado en la barra de herramientas Estándar. Haga clic sobre el icono y automáticamente obtendrá un nuevo documento.

Abrir un documento existente

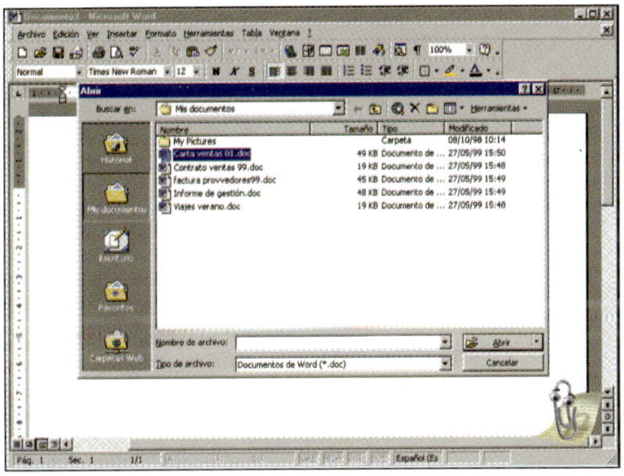

1. Abrir el menú Archivo y seleccionar la opción Abrir...
2. Un nuevo cuadro de diálogo se presenta con diferentes apartados: Los iconos que se presentan en el lateral identifican las carpetas más significativas que contienen documentos: Historial, son aquellos documentos que se han abierto recientemente; Mis documentos, Escritorio y Favoritos son carpetas del disco duro y Carpetas Web, donde previsiblemente se encuentren las páginas web que hayan sido guardadas.
En la parte superior se encuentra el apartado Buscar en, que contiene una lista desplegable con las carpetas existentes en el disco duro.
3. Seleccionar la carpeta en la que se encuentre ubicado el documento que se desee abrir.
4. Hacer clic sobre el nombre del documento y posteriormente sobre el botón Abrir.
5. También existe la posibilidad de abrir documentos a través del icono situado en la barra de herramientas Estándar.

Nota

El botón Abrir, posee una lista desplegable con diferentes opciones de apertura de documentos: Abrir como de sólo lectura (no permite grabar modificaciones sobre el documento),Abrir como copia (crea una copia del documento seleccionado) y Abrir en el explorador (abre los documentos en formato página web en su propio explorador).

Grabar un documento nuevo

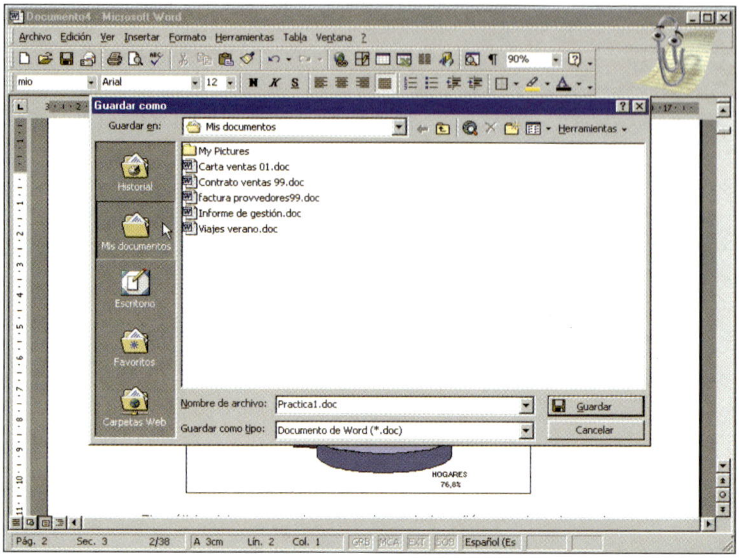

1. Abrir el menú Archivo y seleccionar la opción Guardar como...
2. Escribir el nombre del documento con el que desee identificarlo posteriormente en el apartado Nombre de archivo. Por ejemplo, Práctica 1.
3. Seleccionar la carpeta en donde quiera grabar el documento.
4. Hacer clic sobre el botón Guardar.
5. Si apareciese el cuadro de diálogo Propiedades, especificar la información que Word solicita. Dicha información puede ser de interés para posteriormente buscar documentos mediante diferentes criterios de búsqueda.

Grabar un documento existente

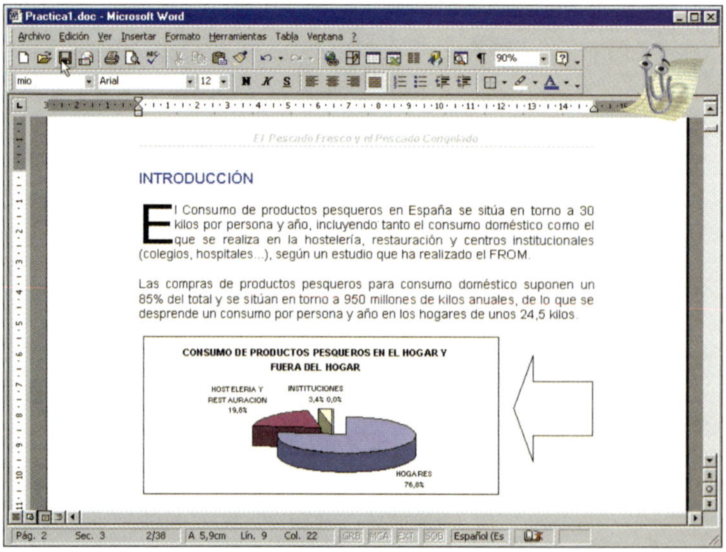

1. Abrir el menú Archivo y seleccionar la opción Guardar o hacer clic sobre el icono de la barra de herramientas Estándar.

2. Instantáneamente Word 2000 guarda el documento en la misma carpeta con igual nombre y extensión.

Con <**Control+G**> guardará documentos

Hacer una copia de seguridad

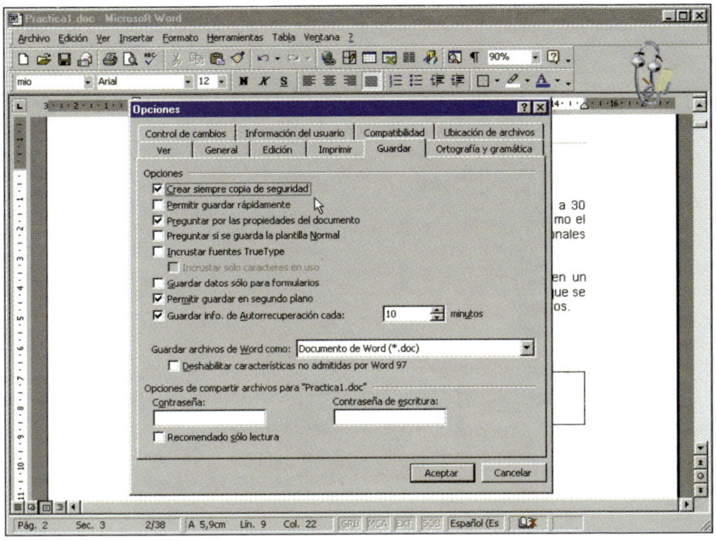

1. Abrir el menú Herramientas.
2. Seleccionar la el comando Opciones...
3. En la solapa Guardar, activar la opción Crear siempre copia de seguridad.
4. Hacer clic sobre el botón Aceptar y posteriormente guardar el documento que desee.
5. Automáticamente se crea un archivo denominado Copia de seguridad de (Nombre de documento) y extensión .wbk.

Grabar documentos en formato página web

1. Abrir el menú Archivo y seleccionar la opción Guardar como una página web...
2. Escribir el nombre de identificación y ubicarlo en la carpeta que desee de su disco duro.
3. Hacer clic en el botón Aceptar.

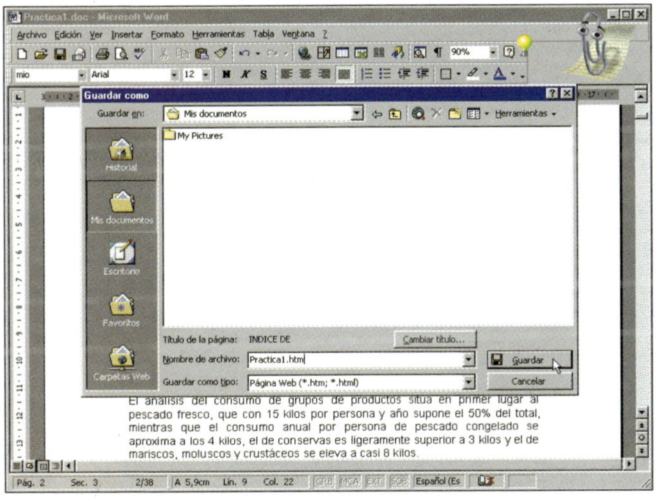

Nota

El icono Carpetas Web, es un acceso directo a un servidor web. Para poder utilizar esta función, el servidor Web debe admitir este tipo de carpetas y es su administrador de sistema o proveedor de servicios de Internet el que le puede facilitar dicha opción.

Grabar un documento con otro formato

1. Abrir el menú Archivo.

2. Seleccionar la opción Guardar como...

3. Desplegar el cuadro de lista del apartado Guardar como tipo.

4. Hacer clic sobre el botón Guardar.

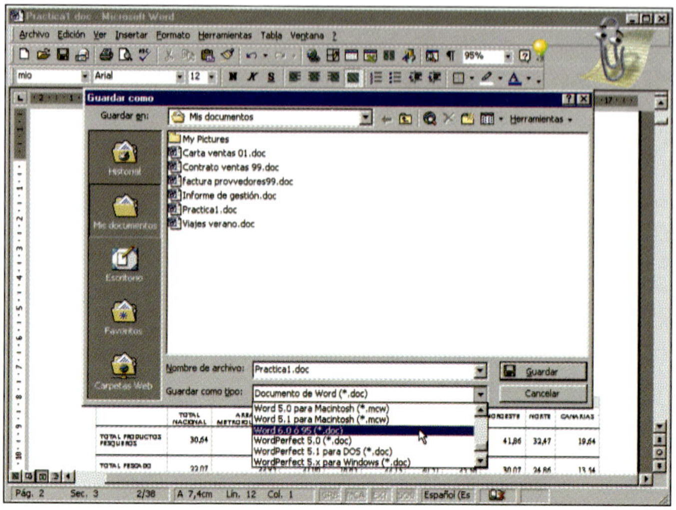

Nota

Word proporciona diversos convertidores de formatos para poder guardar documentos en versiones anteriores de Word o de otros procesadores de texto.

Establecer una contraseña a los documentos

1. Abrir el menú Archivo.
2. Seleccionar la opción Guardar como...
3. En la caja de listas Herramientas seleccionar la opción Opciones generales. A continuación, escribir el texto que se desee como contraseña en el apartado Contraseña.
4. Hacer clic sobre el botón Aceptar.
5. Escribir la contraseña para confirmarla en el cuadro de diálogo Confirmar contraseña.
6. Hacer clic sobre el botón Aceptar y Guardar sucesivamente.

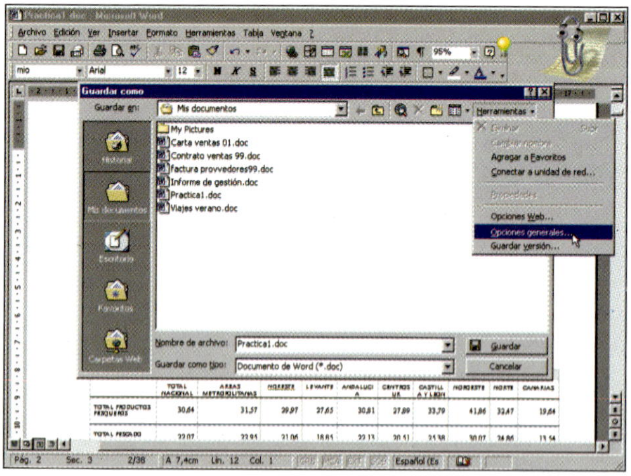

7. Para abrir el documento nuevamente, debe escribir la contraseña que escribió.
8. También puede activar la opción Contraseña de escritura si desea visualizar el documento y protegerlo de posibles cambios de escritura.

Símbolos de moneda (el Euro)

1. Abrir el menú Insertar.
2. Seleccionar la opción Símbolo...
3. En la solapa Símbolos, elegir la opción (texto normal) del cuadro de lista Fuente y seleccionar Símbolos de moneda en la caja de lista Subconjunto.
4. Hacer clic sobre el símbolo del Euro u otro tipo de símbolo.
5. Por último hacer clic sobre el botón Insertar y Cerrar.

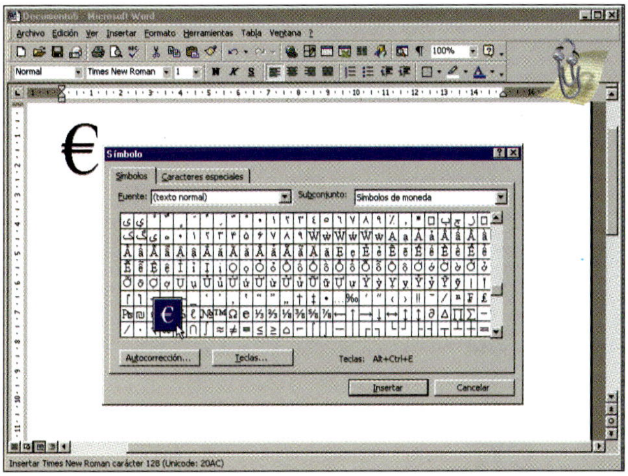

Nota

*También puede insertar el símbolo del Euro mediante la combinación de teclas **<Control+Alt+E>**.*

Insertar la fecha y la hora

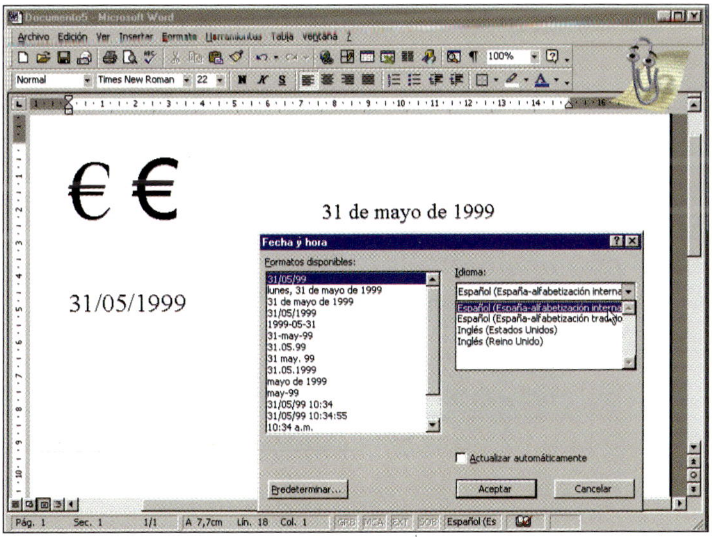

1. Abrir el menú Insertar.
2. Seleccionar la opción Fecha y hora...
3. En el cuadro de diálogo Fecha y hora seleccione el formato de fecha u hora de la lista de Formatos disponibles. Utilice las teclas <**Flecha abajo**> <**Flecha arriba**> para visualizar todos los formatos de la parte inferior de la relación.
4. En la caja de listas Idioma, puede seleccionar los diferentes idiomas que haya instalado en Word para identificar los formatos correspondientes.

Establecer márgenes

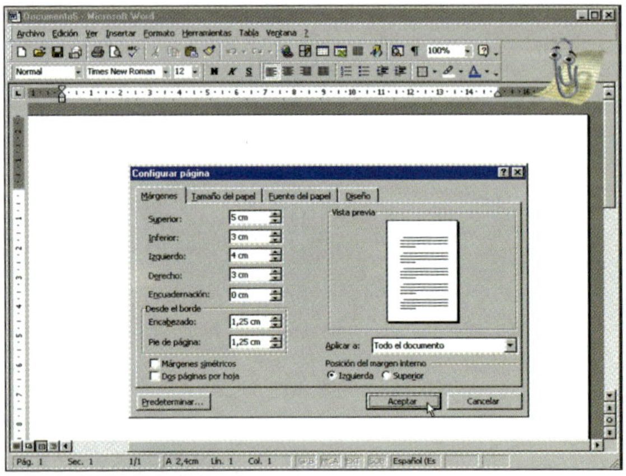

1. Por defecto se establecen los márgenes en 2,5 cm en la parte superior e inferior y 3 cm a la izquierda y derecha.
2. Abrir el menú Archivo.
3. Seleccionar la opción Configurar página…
4. Mostrar la solapa Márgenes del cuadro de diálogo Configurar página.
5. Escribir en los cuadros Superior, Inferior, Izquierdo y Derecho los valores deseados para establecer los nuevos márgenes. Por ejemplo, 5, 3, 4, 3 cm respectivamente. En el apartado Vista previa puede visualizar cómo queda el formato en el documento.
6. Hacer clic sobre el botón Aceptar.

Nota

También puede fijar la distancia entre los bordes de la página y el encabezado o pie de página. Éstos serán muy útiles para insertar logotipos o membretes en las cartas o documentos.

Fijar márgenes con la regla

1. Para ello asegúrese de tener activado el modo de vista Diseño de impresión. Situar el puntero del ratón sobre el límite del margen que desee cambiar en la regla. El puntero se transforma en una flecha doble.

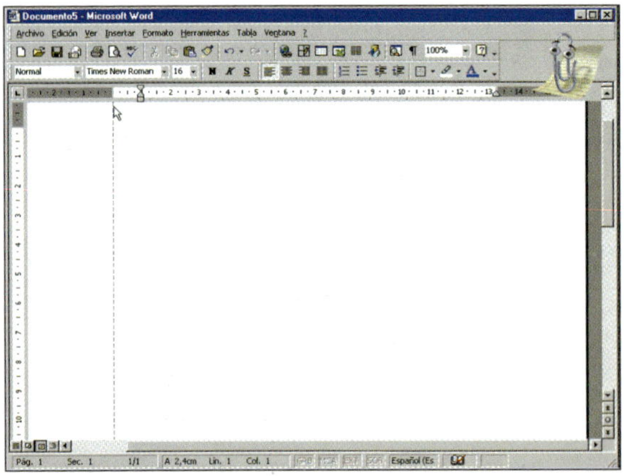

2. Arrastrar el límite del margen hacia la izquierda o derecha para ampliar o reducir dicho margen.
3. Aparece una línea de puntos para mostrar el nuevo margen. Una vez establecido el margen, dejar de arrastrar el puntero del ratón.

Nota

*Si mantiene pulsada la tecla **<Alt>** a medida que arrastra el puntero del ratón, podrá visualizar en la regla las medidas del margen.*

Tamaño y orientación

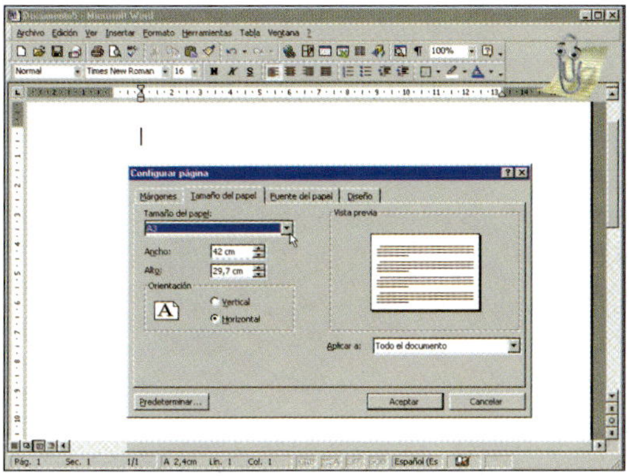

1. Por defecto, el tamaño y la orientación se establecen en A4 estándar de 21x29,7 cm de orientación vertical.
2. Abrir el menú Archivo.
3. Seleccionar la opción Configurar página...
4. Mostrar la solapa Tamaño del papel del cuadro de diálogo Configurar página.
5. Abrir la lista desplegable Tamaño del papel y seleccionar Tamaño personal u otro que desee (A3, A5, A6, folio, etc.).
6. Escribir en los cuadros Ancho y Alto las nuevas dimensiones. Por ejemplo, 42 y 29,7 cm (formato A3 soportado por algunas impresoras).
7. Seleccionar el botón de opción Horizontal. Hacer clic sobre el botón Aceptar.

Nota

En ambos procedimientos recuerde tener seleccionado en la lista desplegable Aplicar a: la opción Todo el documento. Si desea establecer dichos márgenes y tamaños en todos los documentos nuevos que quiera crear basados en la plantilla Normal, recuerde hacer clic sobre el botón Predeterminar... y aceptar el cuadro de diálogo de información.

Márgenes simétricos en los documentos

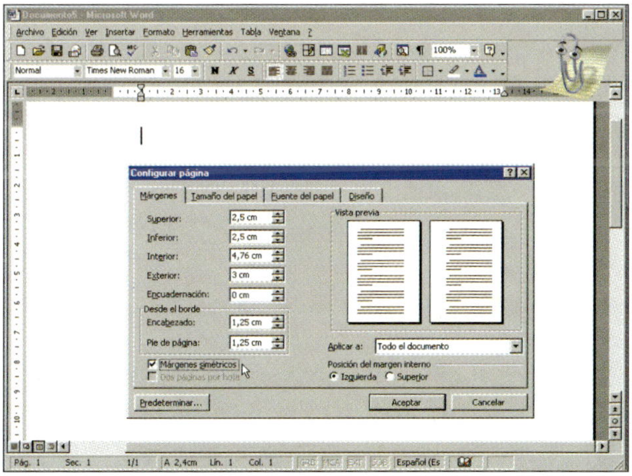

1. Abrir el menú Archivo.
2. Seleccionar la opción Configurar página...
3. Mostrar la solapa Márgenes del cuadro de diálogo Configurar página.
4. Activar la opción Márgenes simétricos. Las opciones Izquierdo y Derecho se transforman a Interior y Exterior y sirven para establecer los nuevos márgenes de encuadernación. En el apartado Vista previa puede visualizar cómo queda el formato en el documento con el efecto de cuaderno.
5. Hacer clic sobre el botón Aceptar. La opción Dos páginas por hoja puede activarla si desea doblar por la mitad el documento para que el texto se integre en dos mitades.

Selección con el ratón

Seleccionar	*Acción*
Texto	Arrastrar el ratón pulsando el botón izquierdo sobre el texto que desee seleccionar.
Una palabra	Hacer doble clic sobre la palabra.
Una línea	Hacer un clic en el margen izquierdo de la línea.
Varias líneas continuas	Arrastrar el ratón sobre el margen izquierdo del ratón.
Una frase	Pulsando la tecla **<Control>** hacer un clic en cualquier parte de la frase.
Un párrafo	Triple clic en cualquier parte del párrafo.
Documento completo	Triple clic en el margen izquierdo o pulsando la tecla **<Control>** y clic en el margen izquierdo del documento.
Un bloque específico	Pulsando la tecla **<Alt>** y el botón izquierdo del ratón.
Un gráfico.	Hacer clic en el propio gráfico.

Selección con el teclado

Selección	*Acción*
Caracteres	Pulsando las teclas **<Mayúscula> + <Flechas de dirección>**.
Hasta el final de una palabra	Pulsando las teclas **<Control> + <Mayúscula> + <Flecha derecha>**.
Hasta el principio de una palabra	Pulsando las teclas **<Control> + <Mayúscula> + <Flecha izquierda>**.
Hasta el final de una línea	Pulsando las teclas **<Mayúscula> + <Fin>**.
Hasta el principio de una línea	Pulsando las teclas **<Mayúscula> + <Inicio>**.
Una línea hacia abajo	Pulsando las teclas **<Mayúscula> + <Flecha abajo>.**
Una línea hacia arriba	Pulsando las teclas **<Mayúscula> + <Flecha arriba>**.
Hasta el final del párrafo	Pulsando las teclas **<Control> + <Mayúscula> + <Flecha abajo>**.
Hasta el principio del párrafo	Pulsando las teclas **<Control> + <Mayúscula> + <Flecha arriba>**.
Hasta el final del documento	Pulsando las teclas **<Control> + <Mayúscula> + <Fin>**.
Hasta el principio del documento	Pulsando las teclas **<Control> + <Mayúscula> + <Inicio>**.
Todo el documento	Pulsando la tecla **<F8>** tres veces o la combinación de teclas **<Control> +E**.

Trate de trabajar siempre con el ratón

Establecer fuentes y tamaños

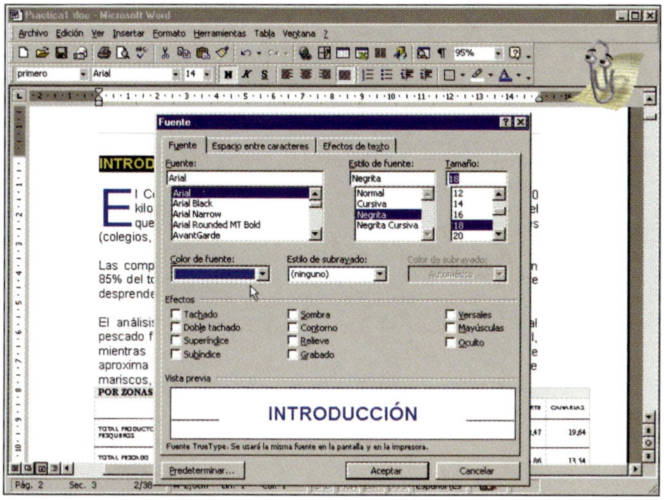

1. Seleccionar el texto que desee cambiar de formato.
2. Abrir el menú Formato y seleccionar el comando Fuente...
3. Mostrar la solapa Fuente.
4. Seleccionar una fuente tipográfica en la lista del apartado Fuente. Por ejemplo, Arial.
5. Seleccionar el estilo en la lista del apartado Estilo de fuente. Por ejemplo, Negrita Cursiva.
6. En el apartado Tamaño seleccionar el valor 18.
7. Abrir la lista desplegable correspondiente a Color de fuente y seleccionar el color Azul.
8. Hacer clic sobre el botón Aceptar.

Nota

Utilice la barra de herramientas Formato para agilizar las operaciones más sencillas de formato de texto.

Establecer efectos de formato y animación

1. Seleccionar el texto y abrir el menú Formato.
2. Seleccionar el comando Fuente... y mostrar la solapa Fuente.
3. Abrir la lista desplegable correspondiente a Estilo de subrayado y seleccionar un tipo de subrayado.
4. Activar los Efectos Sombra y Mayúsculas. En la solapa Efectos de texto seleccionar uno de ellos. Por ejemplo, Fondo intermitente.
5. Hacer clic sobre el botón Aceptar.

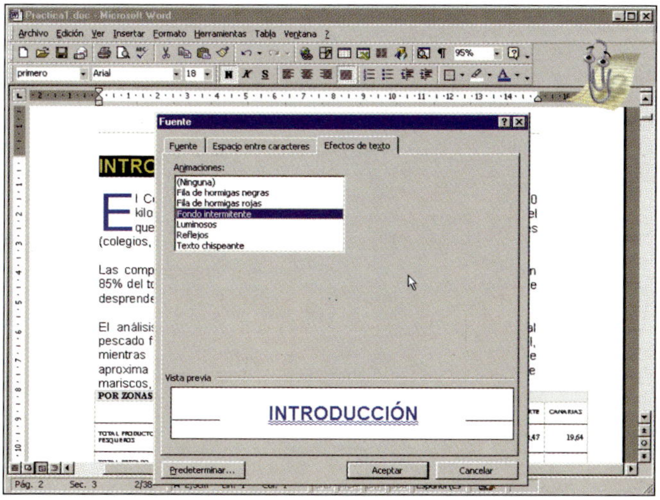

Copiar, cortar y pegar texto u otros elementos

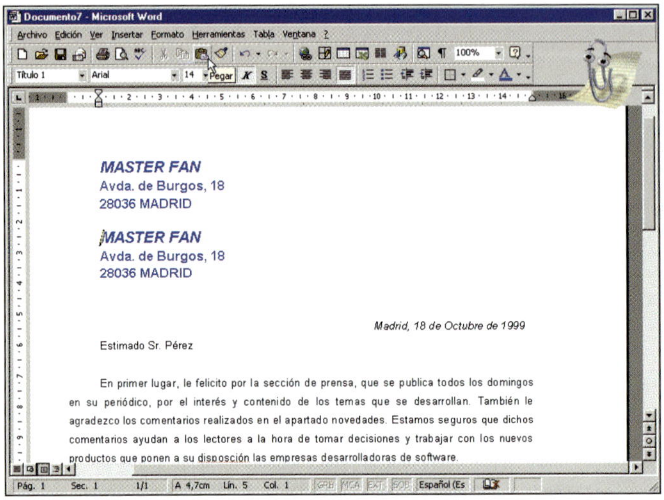

1. Seleccionar el texto o elemento que desee Copiar o Cortar.

2. Hacer clic en el icono o , dependiendo de si lo que desea es Copiar o Cortar.

3. Copiar, inserta el texto o elemento seleccionado en el portapapeles de Windows 98 y permite insertar una copia del texto a cualquier zona de cualquier documento. Su utilización ahorrará mucho tiempo en la edición de documentos similares.

4. Cortar, inserta el texto u elemento seleccionado en el portapapeles y permite trasladar o insertar el texto a otra zona de cualquier documento.

5. El comando Pegar, inserta el texto que haya sido cortado o copiado.

6. Situar el cursor en otra área o en otro documento.

7. Hacer clic en el icono , para pegar el contenido del portapapeles en el lugar elegido.

8. Automáticamente, el texto o elemento copiado o cortado quedará emplazado.

9. Word 2000 dispone de un portapapeles que permite copiar hasta 12 elementos (texto, imágenes, gráficos, páginas web, etc.) simultáneamente, para posteriormente pegarlos uno a uno o todos a la vez.

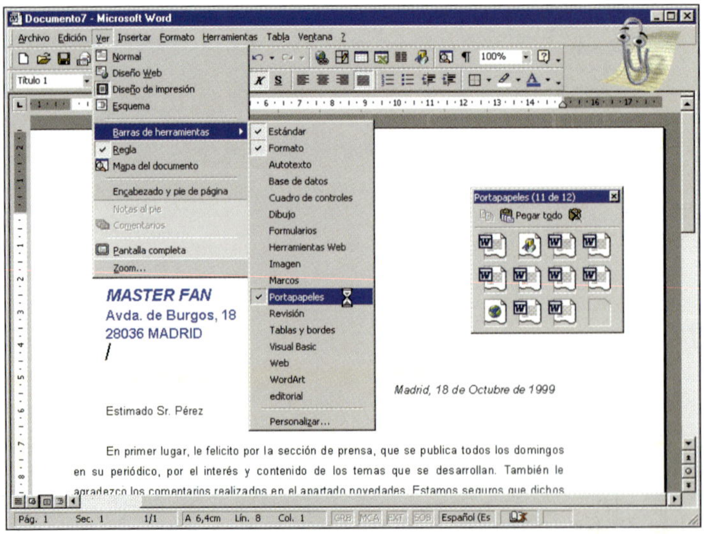

10. Para ello, activar la barra de herramientas Portapapeles (menú Ver, comando Barra de herramientas) y hacer clic en el icono que representa cada copia para pegar su contenido. Si desea pegar el contenido de todos los elementos previamente copiados o cortados, hacer clic sobre la opción

Copie, corte y pegue para otras aplicaciones.

3. Formatos de párrafos

En este capítulo se tratarán los diversos fundamentos del formato en los párrafos para obtener documentos estructurados con óptima presentación.

- Interlineados y alineaciones.
- Sangrías.
- Tabulaciones.
- Numeración de viñetas y números.
- Estilos.
- Autoformatos.

Espaciado entre líneas

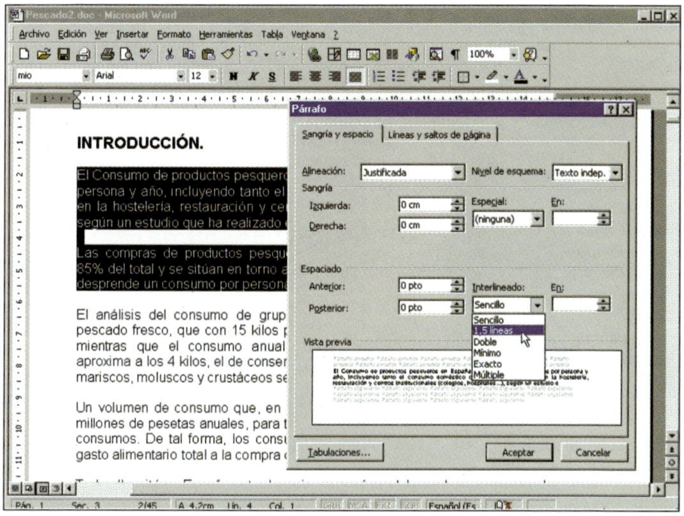

1. Situar el cursor en el párrafo o seleccionar los párrafos en los desee asignar el espacio entre líneas.
2. Abrir el menú Formato.
3. Seleccionar la opción Párrafo...
4. Desplegar el cuadro de lista Interlineado.
5. Seleccionar el tipo de interlineado (Sencillo, 1,5 líneas, Doble, Mínimo, Exacto o Múltiple).
6. Hacer clic sobre el botón Aceptar.

Espaciado entre párrafos

1. Seleccionar aquellos párrafos que desee.
2. Pulsar el botón derecho del ratón sobre los párrafos seleccionados y seleccionar la opción Párrafo...
3. Especificar 24 ptos en el cuadro correspondiente a Posterior.
4. Hacer clic sobre el botón Aceptar.

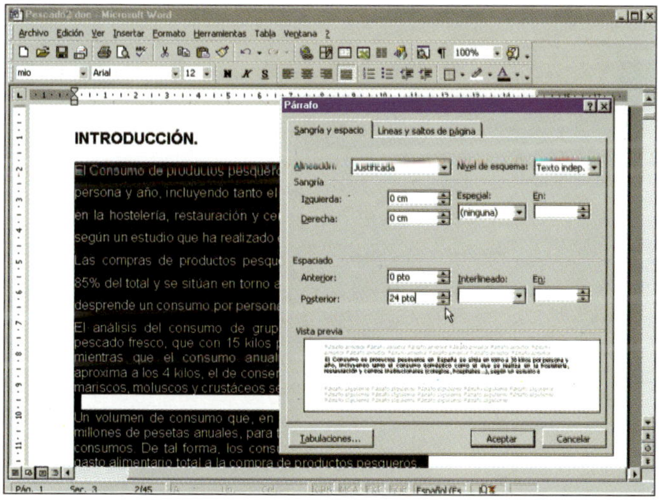

Nota

Las descripciones Anterior y Posterior en los espacios de párrafo, hacen referencia al espacio anterior y posterior de cada párrafo seleccionado.

Alinear párrafos

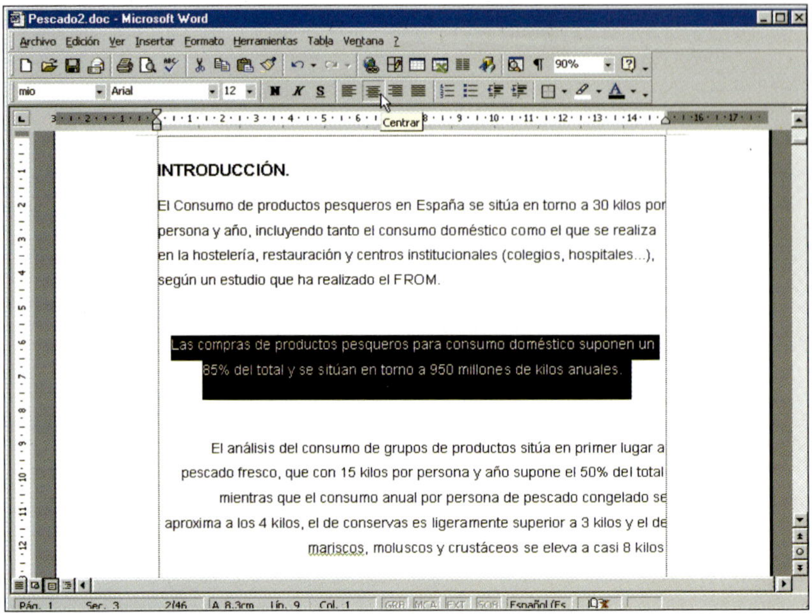

1. Seleccionar el párrafo que desee alinear.

2. Hacer clic sobre cualquiera de los iconos disponibles en la barra de herramientas Formato. Estos iconos alinean el texto seleccionado a la izquierda, centrado, a la derecha y justificado, respectivamente.

Nota

Si desea alinear todo el texto de un documento, realice las mismas operaciones seleccionando todos los párrafos que contenga el documento. Las alineaciones dependen directamente de los márgenes establecidos.

Alinear párrafos con el teclado

Alineaciones	***Acción***
Centrar un párrafo	<**Control**>+<**T**>
Justificar un párrafo	<**Control**>+<**J**>
Alinear un párrafo a la izquierda	<**Control**>+<**Q**>
Alinear un párrafo a la derecha	<**Control**>+<**D**>
Eliminar el formato de párrafo	<**Control**>+<**W**>

Sangrías izquierda y derecha

1. Seleccionar el párrafo que desee sangrar o situar el cursor en dicho párrafo.
2. Abrir el menú Formato.
3. Seleccionar la opción Párrafo…
4. Mostrar la solapa Sangría y espacio del cuadro de diálogo Párrafo.
5. Especificar en el cuadro Izquierda los centímetros que desee sangrar el párrafo con relación al margen, por ejemplo 2 cm. Igualmente, puede especificar la opción derecha o ambas inclusive.

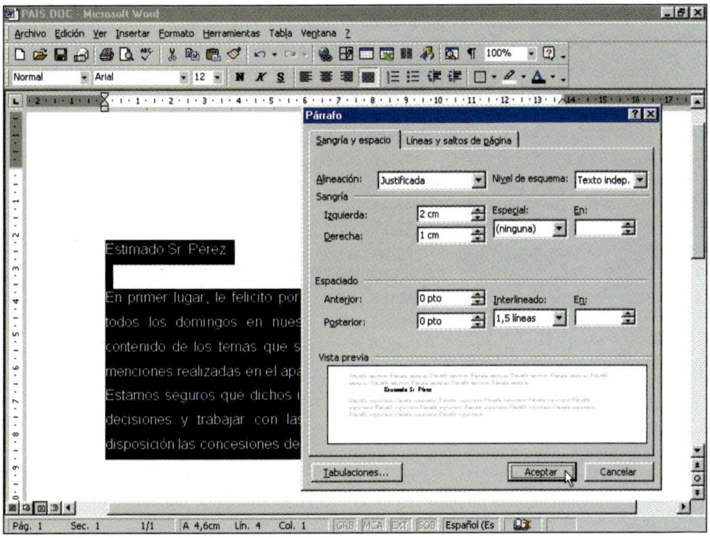

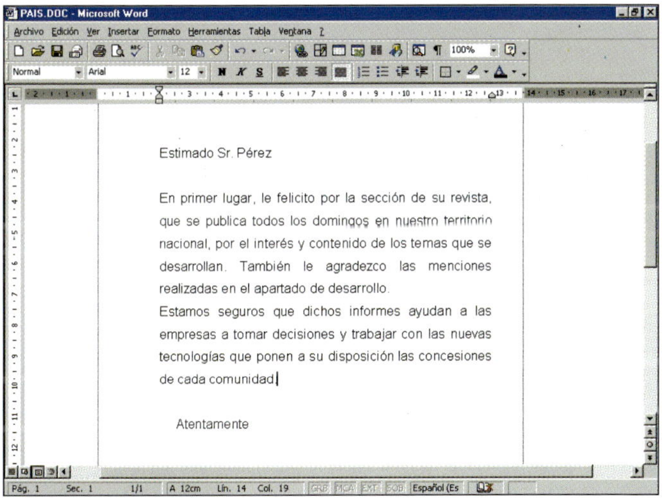

6. En el cuadro Vista previa puede verificar el tipo de sangrado especificado.

7. Hacer clic sobre el botón Aceptar.

8. Automáticamente las sangrías se fijarán en los párrafos que haya seleccionado, pudiendo fijar varios tipos de sangría en virtud de sus necesidades.

Nota

Los sangrados izquierda y derecha desplazan el párrafo a la distancia especificada, desde los márgenes fijados. También es posible especificar sangrías con valores negativos, desplazando el párrafo hacia el exterior del margen del documento.

Sangrías de primera línea

1. Seleccionar el párrafo que desee sangrar o situar el cursor en dicho párrafo.
2. Abrir el menú Formato.
3. Seleccionar la opción Párrafo...
4. Abrir la lista desplegable Especial y seleccionar la opción Primera línea. Por defecto se establece una distancia de 1,27 cm desde el margen izquierdo.
5. Si desea especificar una distancia mayor o menor a la establecida por defecto, escribir dicha medida en el cuadro correspondiente a En:
6. Hacer clic sobre el botón Aceptar.

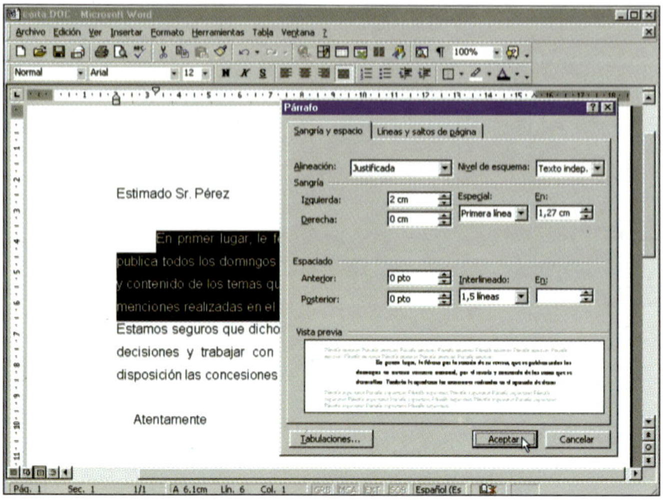

Nota

*Las sangrías de primera línea y francesa se utilizan en la elaboración de cartas sustituyendo la tecla <**Tab**> (tabulador).*

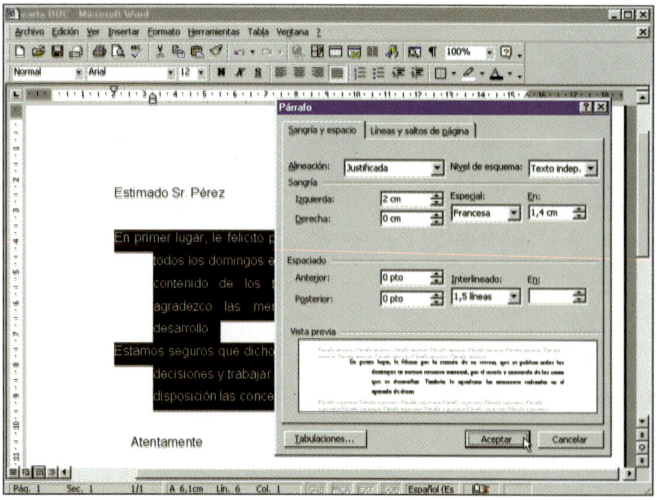

7. Word también le brinda la posibilidad de crear sangrías francesas (sangrar las líneas de un párrafo excepto la primera línea); para ello, realice los tres primeros pasos del apartado anterior.
8. Abra la lista desplegable Especial y seleccione la opción Francesa.
9. Haga clic sobre el botón Aceptar.
10. Asimismo, puede especificar la distancia en centímetros que desee para su nueva sangría interior.

Clases de tabuladores

1. Tabulador izquierdo: permite que el texto se extienda a la derecha del punto de tabulación.

2. Tabulador derecho: el texto se extiende a la izquierda del punto de tabulación. Muy útil para disponer números enteros en columnas.

3. Tabulador central: centra el texto en el punto de tabulación.

4. Tabulador decimal: hace coincidir la coma decimal de los números con el punto de tabulación.

5. Tabulador barra: inserta una línea vertical para separar o delimitar las tabulaciones.

Fijar tabuladores

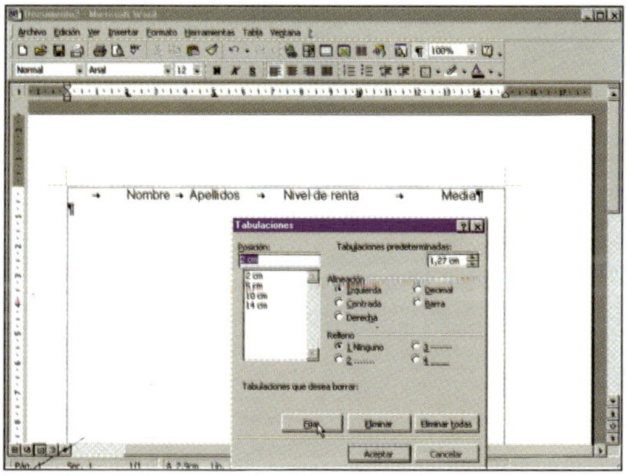

1. Abrir el menú Formato.
2. Seleccionar la opción Tabulaciones…
3. Escribir en el apartado posición, la distancia en centímetros de la marca de tabulación respecto al margen izquierdo del documento.
4. Seleccionar el tipo de alineación de tabulador en el apartado Alineación.
5. Hacer clic sobre el botón Fijar.
6. Continuar escribiendo las sucesivas distancias con sus respectivas alineaciones, haciendo clic sobre el botón Fijar por cada una de ellas hasta establecer las tabulaciones deseadas.
7. Hacer clic sobre el botón Aceptar.
8. Pulsar la tecla **<Tab>** y escribir el texto deseado tantas veces como tabuladores haya realizado.
9. Pulsar la tecla **<Intro>** para insertar un nuevo párrafo y continuar escribiendo los datos que desee.

Nota

Puede activar la opción Tabulaciones de la ficha Ver, correspondiente al comando Opciones… del menú Herramientas. Para visualizar en pantalla las marcas de tabulación haga clic sobre el icono ¶

Fijar tabuladores con la regla

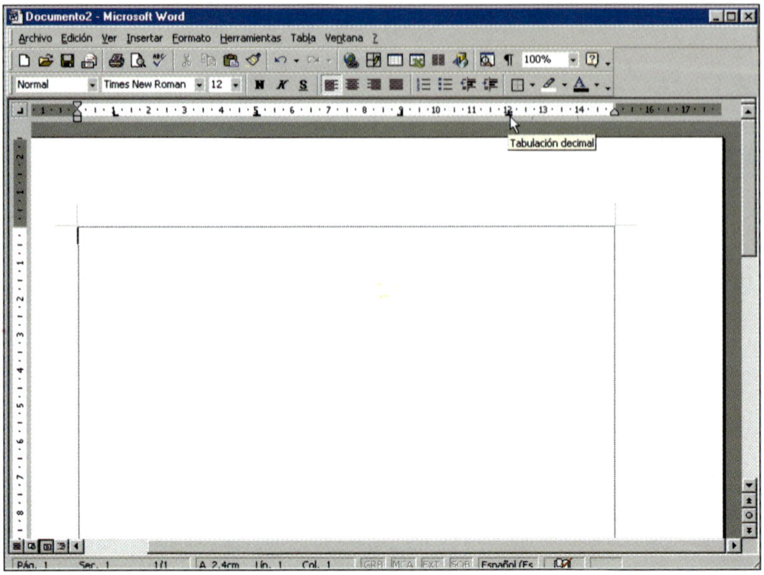

1. Situar el puntero del ratón sobre el centímetro 1 de la regla. Hacer clic sobre dicho centímetro. Automáticamente queda fijado el primer tabulador tipo izquierdo.

2. Hacer clic tantas veces como sea necesario sobre el icono situado en el vértice derecho de la regla para cambiar el tipo de tabulador. Por ejemplo tabulador central

3. Situar el puntero del ratón sobre el centímetro 5. Hacer clic sobre dicho centímetro.

4. Situar tabuladores derecho y decimal en los centímetros 9 y 12 respectivamente.

5. Pulsar la tecla <**Tab**>, el cursor se desplazará al centímetro 1. Escribir un texto, por ejemplo, Nombre y pulsar nuevamente la tecla <**Tab**> para escribir a continuación el texto Apellido.

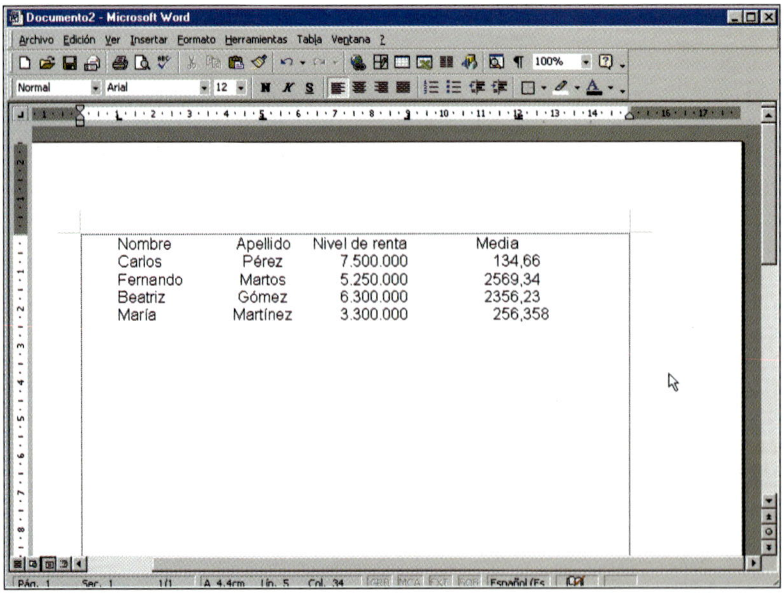

6. Continuar pulsando la tecla <**Tab**> para desplazar el cursor y escribir los textos correspondientes. Por ejemplo, Nivel de renta y Media.

7. Pulsar la tecla <**Intro**> para desplazarse a la siguiente línea.

8. Pulsar nuevamente la tecla <**Tab**> para continuar sucesivamente con los demás datos.

Utilice tabuladores para alinear números

Párrafos numerados

1. Seleccionar aquellos párrafos que desee.
2. Hacer clic sobre el icono disponible en la barra de herramientas Formato.
3. Automáticamente los párrafos seleccionados se enumerarán al inicio de cada uno con una sangría francesa desde el margen izquierdo de 0,63 cm.
4. Hacer clic sobre cualquier zona del documento para visualizar los párrafos numerados.

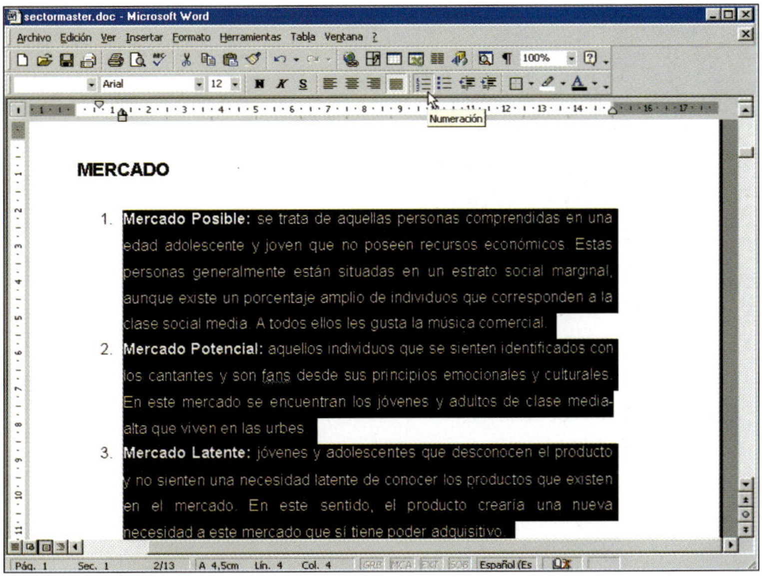

Párrafos con boliches

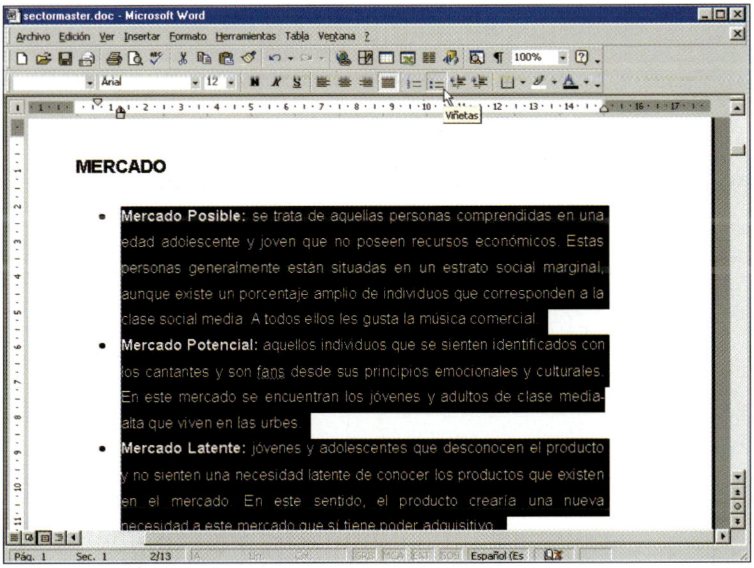

1. Seleccionar aquellos párrafos que desee.

2. Hacer clic sobre el icono disponible en la barra de herramientas Formato.

3. Automáticamente los párrafos seleccionados tendrán un boliche al inicio de cada uno con una sangría francesa desde el margen izquierdo de 0,63 cm.

4. Hacer clic sobre cualquier zona del documento para visualizar los párrafos.

Selección de viñetas personalizadas

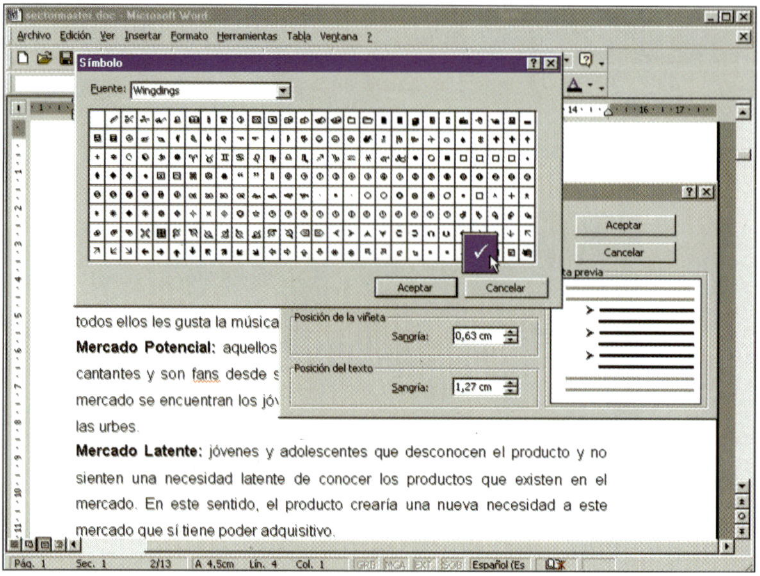

1. Abrir el menú Formato.

2. Seleccionar la opción Numeración y viñetas...

3. En la solapa Viñetas, hacer clic sobre uno de los estilos y sobre el botón Personalizar... (el botón Imagen le permitirá insertar diferentes viñetas de colores e incluso animadas).

4. Hacer clic en el botón Viñeta...

5. En el cuadro de diálogo Símbolo, seleccionar la fuente Wingdings u otra similar en la lista desplegable correspondiente a Fuente.

6. Hacer doble clic en el símbolo que desee como viñeta. Por ejemplo ✓

7. Hacer clic sobre el botón Aceptar en ambos cuadros de diálogo.

8. Automáticamente tendrá un nuevo símbolo para utilizarlo como viñeta.

9. Seleccionar algún párrafo y hacer clic sobre el icono correspondiente a viñetas de la barra de herramientas Formato. Por defecto inserta la última viñeta utilizada.

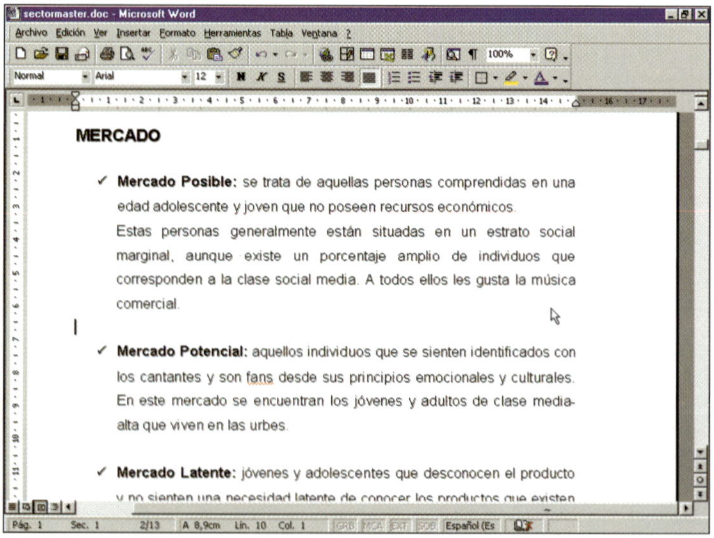

Formatos de numeración

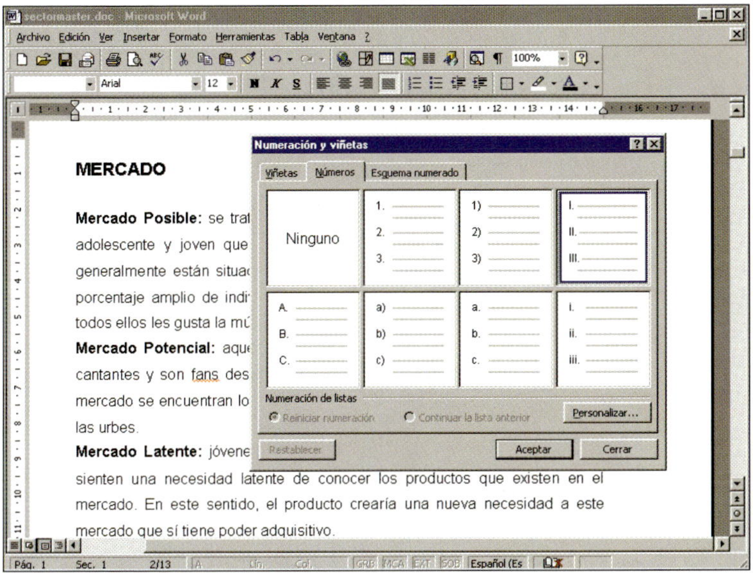

1.Seleccionar los párrafos.

2.Abrir el menú Formato y seleccionar la opción Numeración y viñetas...

3.Activar la solapa identificada por Números y hacer clic en cualquiera de los tipos de numeración que se presentan. Si observase que todos los tipos de numeración son iguales, seleccione cada una de ellas y haga clic sobre el botón Restablecer para los valores predeterminados.

4.Por último hacer clic sobre el botón Aceptar.

5. Seleccionar aquellos párrafos en los que desee cambiar el orden o formato de la numeración.

6. Abrir el menú Formato y seleccionar la opción Numeración y viñetas...

7. En la solapa Números seleccionar el formato que desee y hacer clic sobre el botón Personalizar...

8. Desplegar el cuadro de lista Estilo de número y seleccionar el tipo de formato que desee.

9. Especificar en la opción Empezar en, el primer número o carácter alfabético con el que se quiera empezar la numeración.

10. Hacer clic sobre el botón Aceptar.

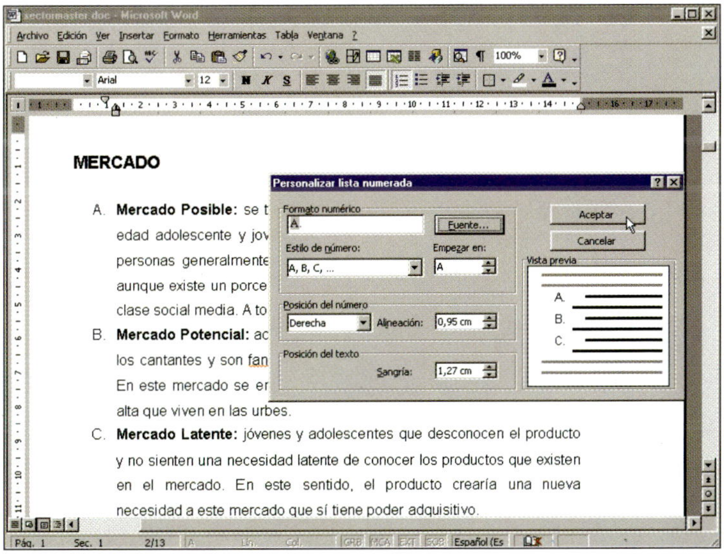

Desplace el cuadro de diálogo para ver el documento

Añadir un texto previo o posterior en una numeración de párrafos

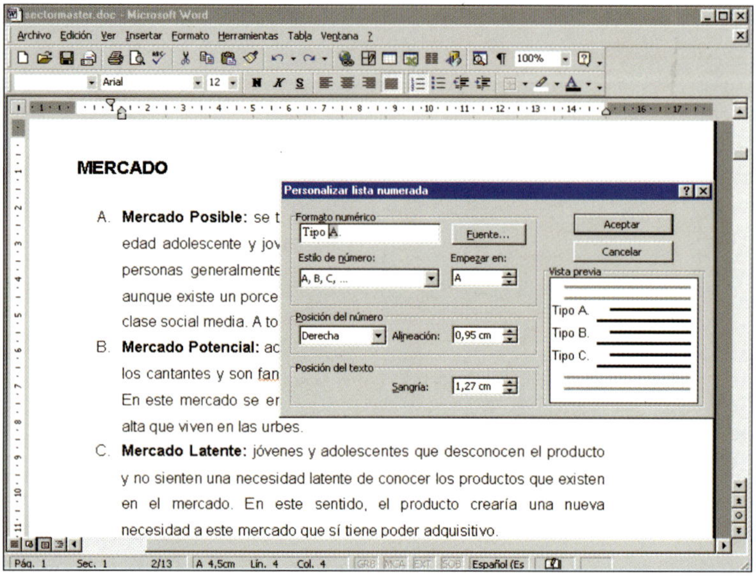

1. Seleccionar los párrafos que desee agregar el texto.

2. Abrir el menú Formato y seleccionar la opción Numeración y viñetas...

3. En la solapa Números hacer clic en el apartado correspondiente a los números romanos y hacer clic sobre el botón Personalizar...

4. Situar el cursor al comienzo del apartado Formato numérico y escribir el texto con el cual desee empezar cada lista numerada.

5. Observar la disposición del texto en el apartado Vista previa (en el caso de que no se visualice hacer clic sobre dicho apartado). Si desea separar el texto de la numeración especifique un espacio en blanco después o antes del texto pulsando la tecla **<Barra espaciadora>.**

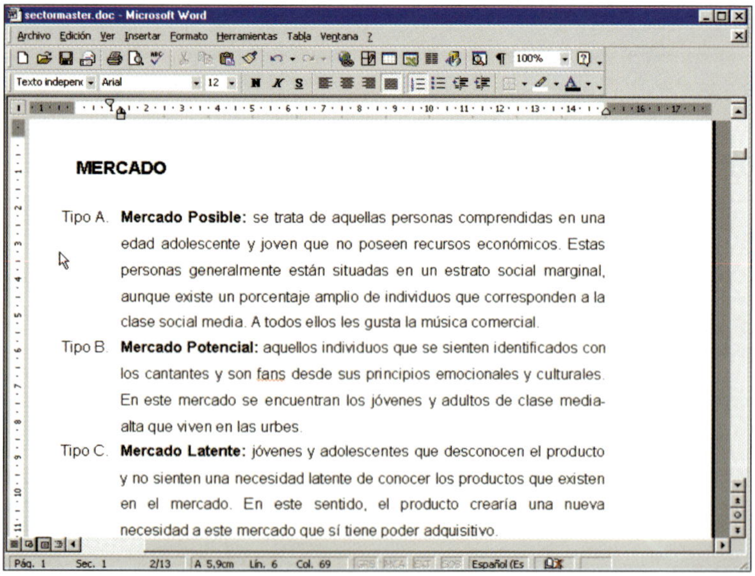

6. Hacer clic sobre el botón Aceptar.

Definir un estilo

1. Abrir el menú Formato y seleccionar la opción Estilo...

2. Hacer clic sobre el botón Nuevo...

3. Especificar el nombre del estilo en la opción Nombre, por ejemplo Presentación.

4. Hacer clic sobre el botón Formato y seleccionar la opción Fuente...

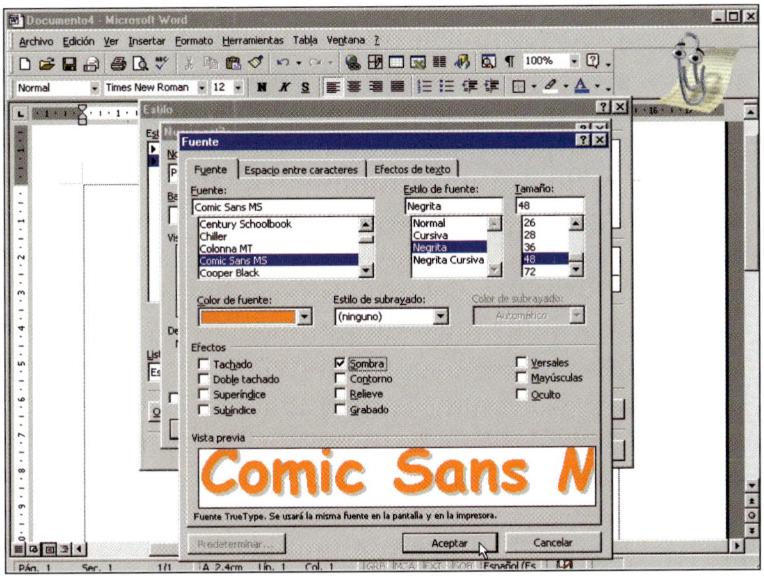

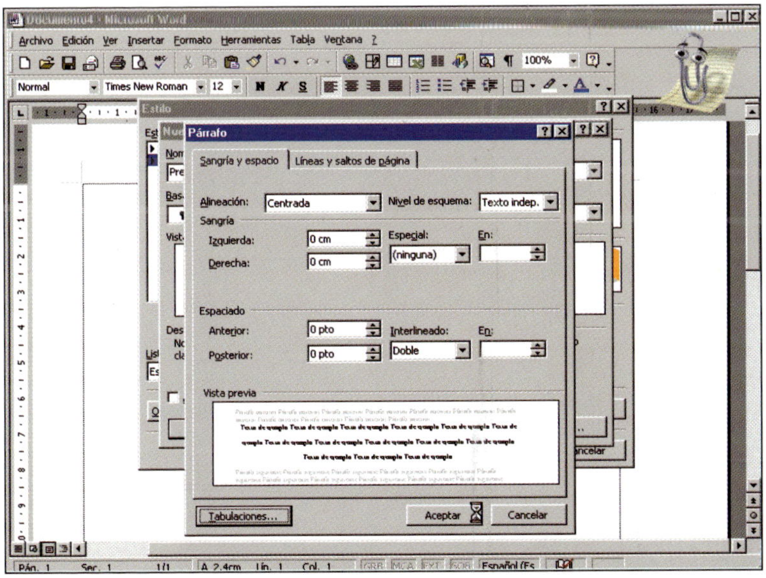

5. Especificar el tipo de fuente, estilo, tamaño u otros atributos, con los que se desee aplicar el formato de estilo. Por ejemplo: fuente Comic Sans MS, estilo negrita, tamaño 48 ptos. y color Anaranjado con efecto Sombra.

6. Hacer clic sobre el botón Aceptar.

Definir un estilo

7. Hacer clic sobre el botón Formato y seleccionar la opción Párrafo...

8. Especificar las opciones de párrafo, por ejemplo: un interlineado Doble y una alineación centrada.

9. Hacer clic sobre los botones Aceptar (dos veces) para cerrar los diferentes cuadros de diálogo.

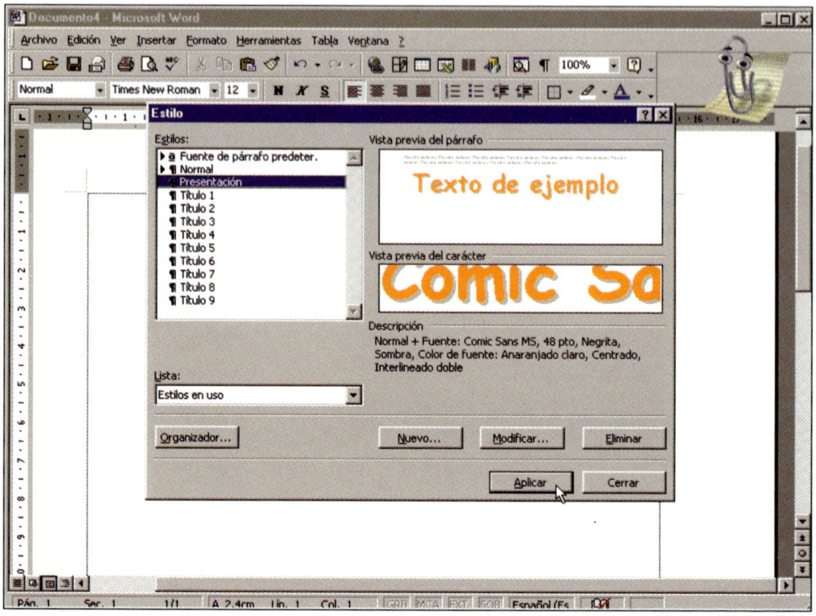

10. Observar en los apartados Vista previa del párrafo, Vista previa del carácter y Descripción, las diferentes opciones de formato de estilo fijados para el estilo Presentación.

11. Por último, hacer clic sobre el botón Aplicar.

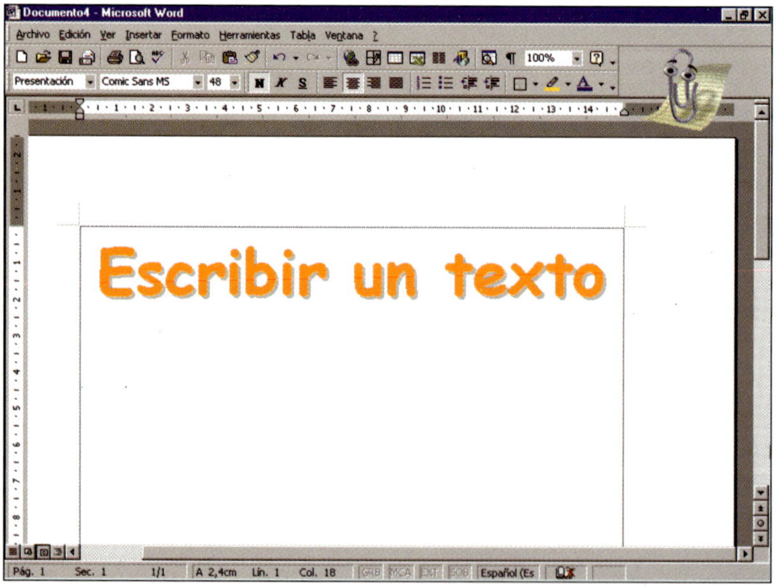

Recuerde los nombres de los estilos

Aplicar un estilo

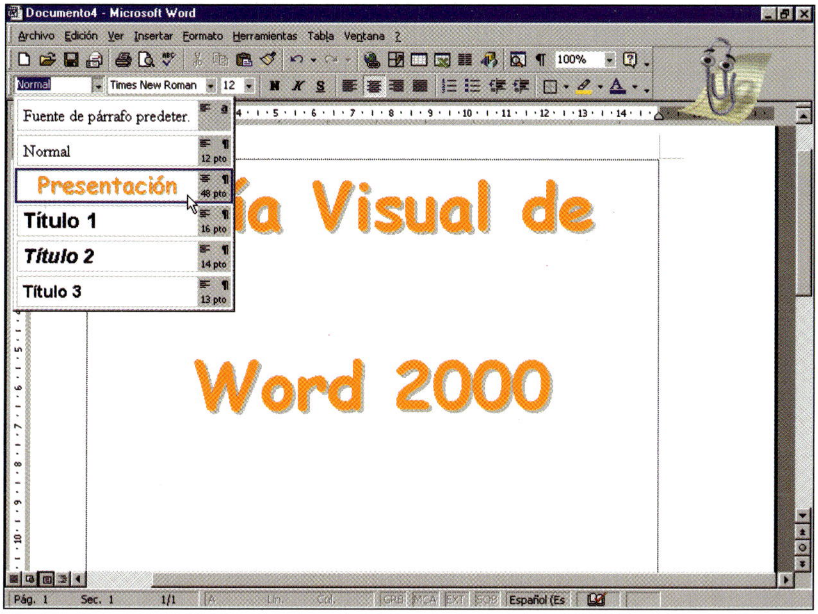

1. Seleccionar el párrafo o aquellos párrafos a los que se desee aplicar un estilo definido.
2. Abrir la lista desplegable Estilos correspondiente a la barra de herramientas Estándar.
3. Seleccionar en la lista el estilo que previamente ha realizado.
4. Automáticamente aplicará de forma inmediata el estilo seleccionado.

Modificar y eliminar estilos

1. Si desea modificar un estilo, abra el menú Formato y seleccione la opción Estilo... Posteriormente seleccione el estilo que desee modificar y haga clic sobre el botón Modificar para cambiar los atributos o formatos de dicho estilo.

2. Por último, hacer clic sobre el botón Aplicar para establecer los nuevos cambios en el estilo.

3. Si por el contrario desea eliminar un archivo: Seleccionar el estilo que se desee eliminar en la lista de estilos.

4. Hacer clic sobre el botón Eliminar.

5. Confirmar la eliminación del estilo y hacer clic sobre el botón Cerrar.

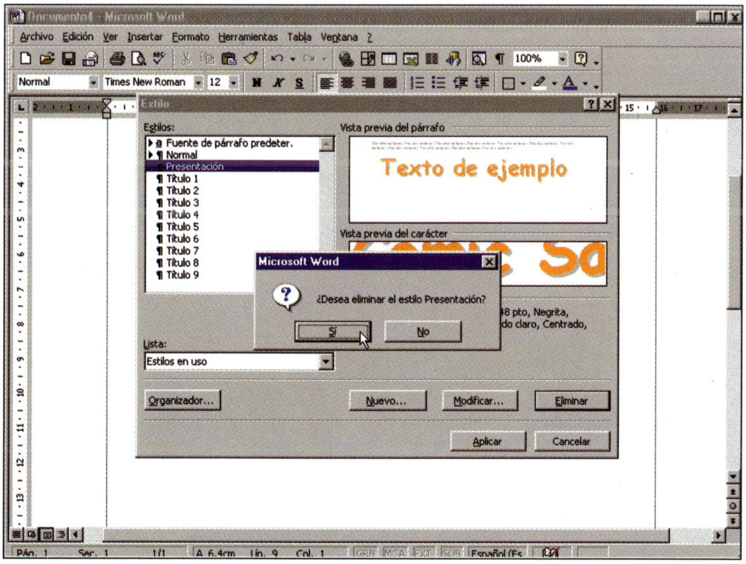

Mostrar los estilos

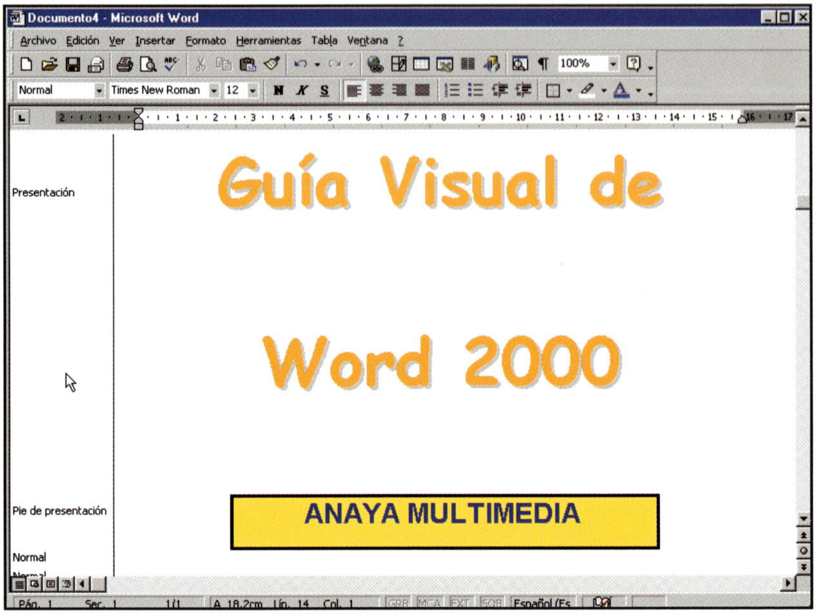

1. Abrir el menú Ver y seleccionar la opción Normal.

2. Abrir el menú Herramientas y seleccionar la opción Opciones…

3. Especificar un valor en cm (por ejemplo 2 cm), en el cuadro Ancho del área de estilo de la solapa Ver.

4. Hacer clic sobre el botón Aceptar.

5. Aparecerán los nombres de los estilos definidos en el área establecida para dicho fin.

Nota

Para mostrar los estilos en el documento, asegúrese de no tener activado el modo de vista Diseño de Impresión o Diseño Web.

Aplicar autoformato

1. Escribir un documento similar al presentado en la figura.

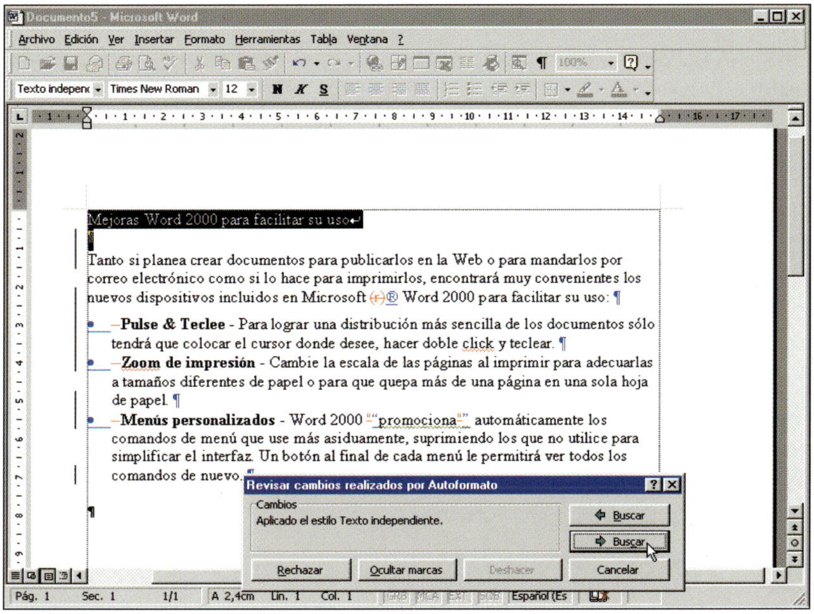

2. Abrir el menú Formato y seleccionar la opción Autoformato…

3. Activar la opción Aplicar Autoformato y revisar cada cambio. Hacer clic sobre el botón Aceptar, para aplicar el formato automáticamente.

4. Automáticamente el documento obtiene los formatos mediante una serie de directrices.

5. Hacer clic sobre el botón Revisar cambios... si desea visualizar los cambios realizados.

6. Hacer clic sobre el botón Buscar, para situarse sobre cada uno de los cambios realizados. Puede rechazarlos o seguir la búsqueda.

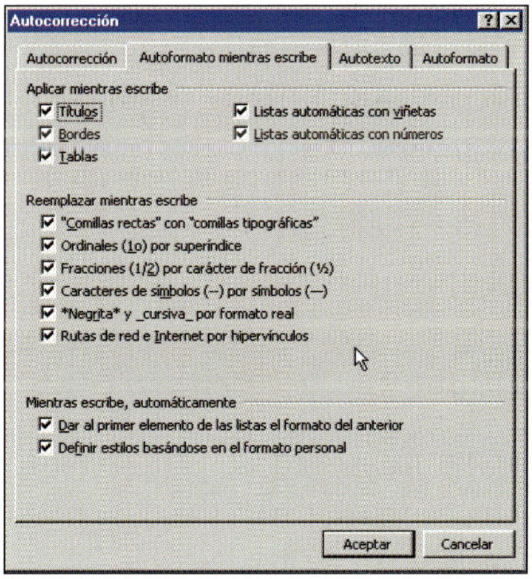

Nota

El comando Autoformato sustituye diversos elementos y realiza los cambios por usted de caracteres o formatos tales como: hipervínculos de direcciones web, símbolos de copyright y marcas registradas, números ordinales, encabezados de cartas, etc.

AUTOFORMATOS

Opciones de Autoformato

1. Abrir el menú Herramientas y seleccionar la opción Autocorrección...

2. Mostrar la solapa Autoformato.

3. Activar o desactivar las distintas opciones según las necesidades de cada documento.

4. Hacer clic sobre el botón Aceptar, para fijar las nuevas opciones del comando Autoformato.

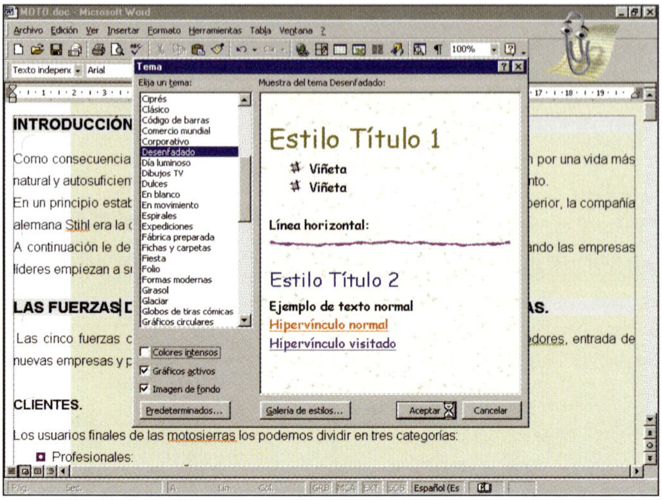

Galería de Estilos y Temas

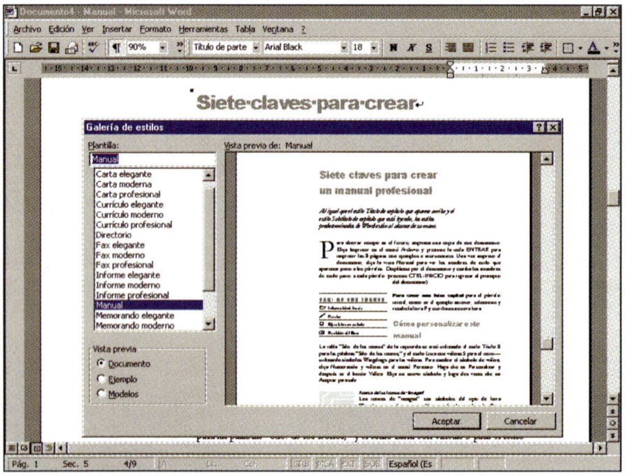

1. Word 2000 posee una serie de estilos predefinidos clasificados por plantillas. Dichos estilos pueden ser aplicados a cualquier documento para su edición.

2. Para ello, abrir el menú Formato y seleccionar la opción Tema... y hacer clic sobre el botón Galería de estilos...

3. Seleccionar las diferentes plantillas propuestas en la caja de listas correspondiente al apartado Plantilla.

4. Una vez seleccionada la plantilla, por ejemplo Manual, hacer clic sobre el botón Aceptar.

5. Automáticamente todos los estilos predefinidos para este tipo de plantilla estarán disponibles en la caja de estilos de la barra de herramientas Formato.

6. En cambio si selecciona un Tema de la lista, podrá obtener diversos fondos y estilos para la realización de páginas web.

Nota

Existen temas que necesitan instalarse con anterioridad para obtener una vista previa del mismo y su aplicación sobre el documento de página web.

4. Impresión de documentos

En este capítulo se tratarán los procedimientos y técnicas más habituales para imprimir cualquier tipo de documento, así como los modos de impresión, capacidades y escalas.

- Imprimir documentos.
- Márgenes.
- Opciones de impresión.

Obtener una vista previa

1. Abrir el menú Archivo.
2. Seleccionar la opción Vista preliminar.
3. También se puede hacer clic sobre el icono disponible en la barra de herramientas Estándar.
4. Hacer clic sobre el icono Cerrar de la barra de herramientas Vista preliminar, para volver a editar el documento.

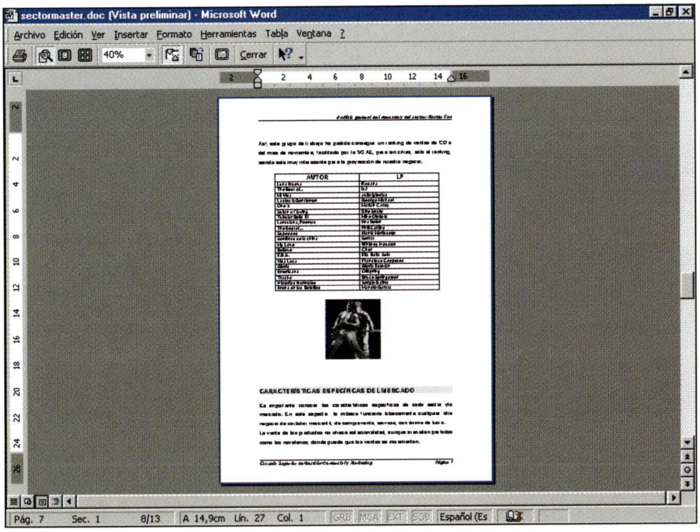

Nota

La vista preliminar proporciona el aspecto que tendrán las páginas una vez impresas. Esta opción le ahorrará tiempo y hojas de papel.

El Zoom

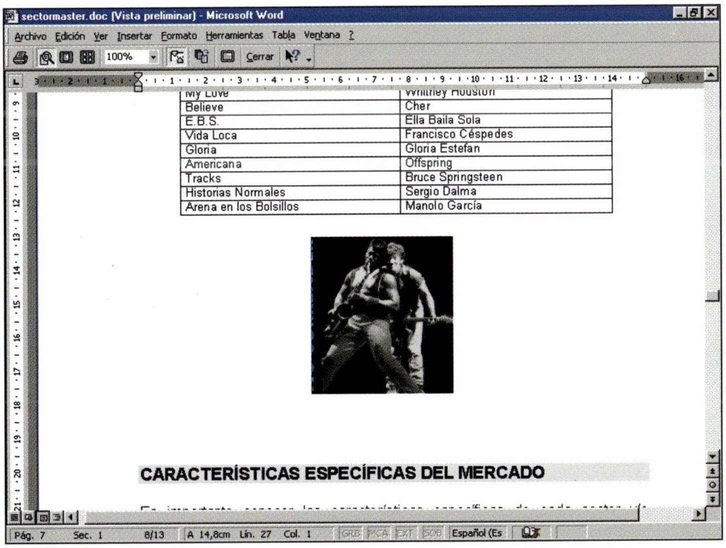

1. En la vista preliminar el puntero del ratón se convierte en una lupa de aumento para proporcionar un detalle más ajustado del documento.
2. Hacer clic con dicha lupa en el lugar que se desee para aumentar o disminuir el nivel de zoom.
3. También se puede utilizar la lista desplegable Zoom de la barra de herramientas Vista preliminar, para establecer el nivel personal de zoom.

Visualizar varias páginas en vista preliminar

1. Una vez situado en la vista preliminar, podrá visualizar el conjunto total de páginas que posea su documento.

2. Haga clic sobre el icono y sin dejar de pulsar el botón del ratón desplácese hacia la derecha para seleccionar el número de páginas que desee visualizar en pantalla.

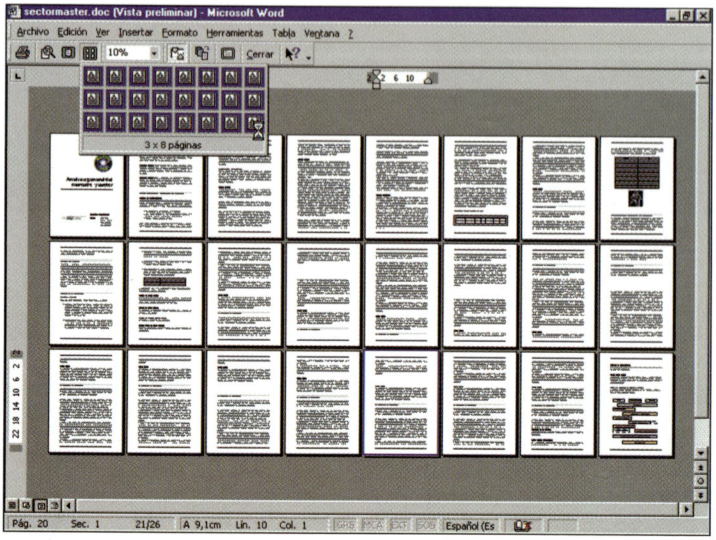

Nota

El número de páginas que pueden visualizarse en pantalla, depende de la resolución del monitor y su configuración (número de píxeles).

Modificación de elementos en vista preliminar

1. Word 2000 le permite modificar y editar textos, imágenes y gráficos desde la pantalla de presentación preliminar, excepto los encabezados y pies de página.

2. Para ello, haga clic sobre el icono y modifique su documento como si se tratase de la pantalla de edición.

3. Haga clic otra vez sobre el mismo icono cuando haya modificado el documento.

Fijar márgenes

1. Abrir el menú Archivo.
2. Seleccionar la opción Vista preliminar...
3. Hacer clic en el icono si las reglas no están activadas.
4. Situar el puntero del ratón sobre cualquiera de las reglas en aquel punto donde coincide la parte gris de la regla con la parte de color blanco.
5. El puntero del ratón se convertirá en una doble flecha.
6. Hacer clic sobre ese punto manteniendo pulsado el botón del ratón.
7. Desplazar el ratón hacia la izquierda, derecha o hacia arriba y abajo dependiendo de la regla seleccionada.
8. Observar como la línea de puntos determina el nuevo margen que haya establecido.

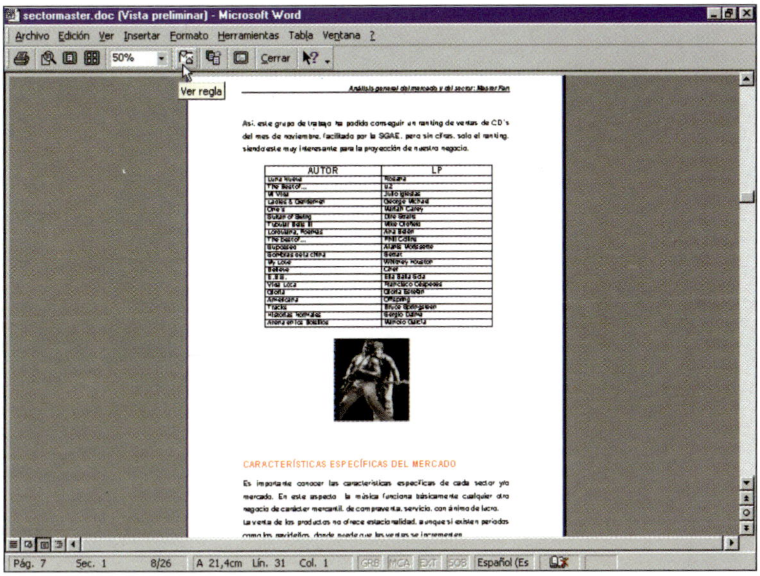

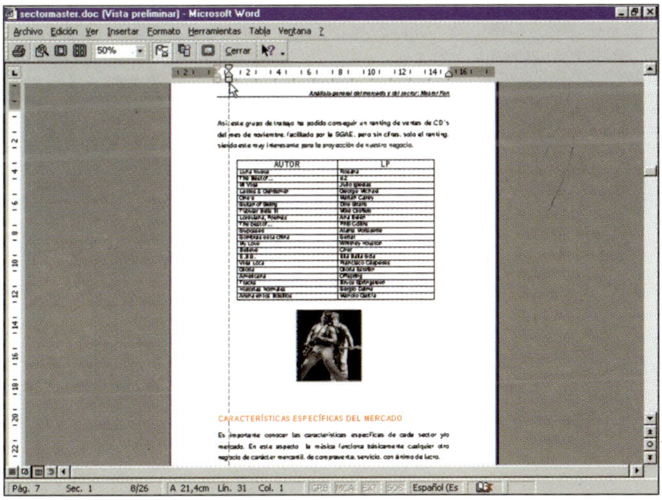

Nota

*Pulsar la tecla **<Alt>** simultáneamente si desea visualizar las medidas exactas de los márgenes en ambas reglas.*

MÁRGENES

Imprimir un documento

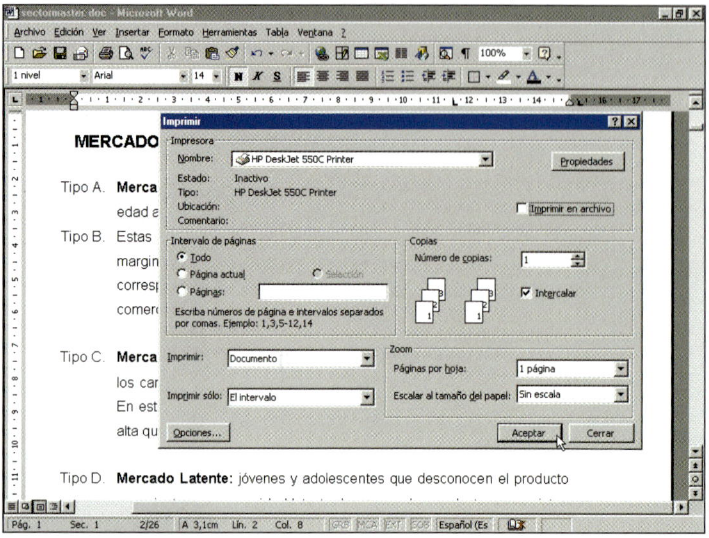

1. Abrir el menú Archivo.

2. Seleccionar la opción Imprimir...

3. Seleccionar la impresora que desee si posee varias impresoras y hacer clic sobre el botón Aceptar.

4. Automáticamente, un cuadro de diálogo le informará sobre el estado de la impresora e imprimirá el documento en la impresora seleccionada.

Nota

También puede imprimir un documento directamente haciendo clic sobre el icono 🖶

Establecer el número de copias

1. Abrir el menú Archivo.

2. Seleccionar la opción Imprimir...

3. Seleccionar el número de copias deseado en la opción Número de copias del apartado Copias.

4. Si desea establecer el orden de juegos de impresión active o desactive la opción Intercalar.

5. Hacer clic sobre el botón Aceptar.

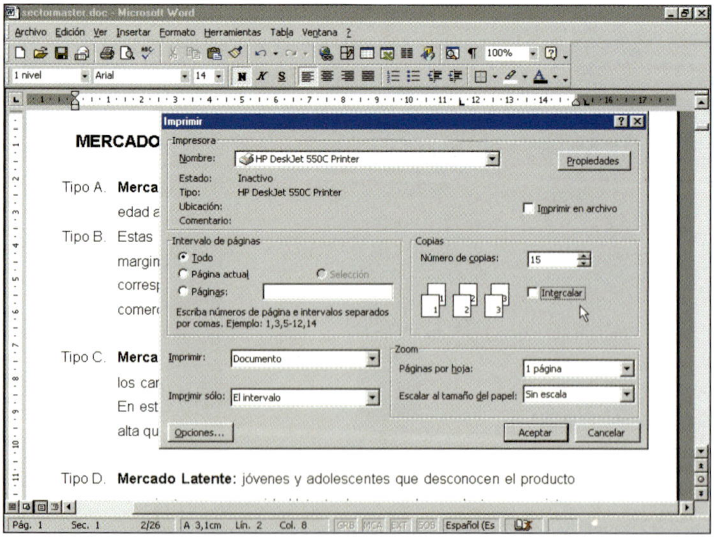

Pulse las teclas <**Control+P**> para imprimir

Establecer las páginas de impresión

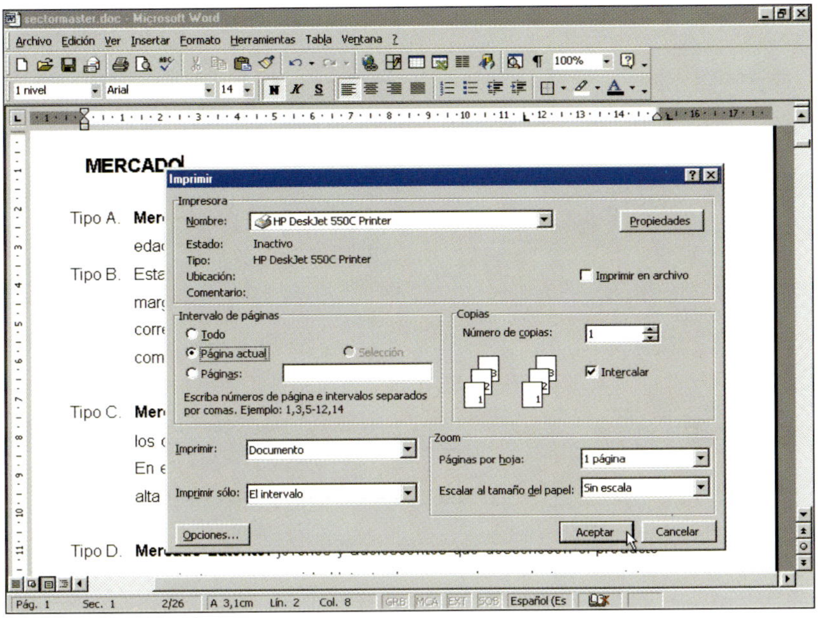

1. En el cuadro de diálogo Imprimir, seleccionar la opción Todo en el apartado Intervalo de páginas, para determinar la impresión total del documento.

2. Seleccionar la opción Página actual, si desea imprimir sólo la página en la que está situada el cursor.

3. Seleccionar la opción Selección, si desea imprimir sólo el texto seleccionado del documento.

4. Seleccionar la opción Páginas para establecer un numero determinado de páginas.

5. Escribir por ejemplo 10 si desea imprimir la página 10. Escribir 5,7 para imprimir las páginas 5 y 7. Escribir 4-20 para imprimir desde la página 4 a la 20, ambas inclusive.

6. Hacer clic sobre el botón Aceptar para finalizar la tarea de impresión en dichas opciones.

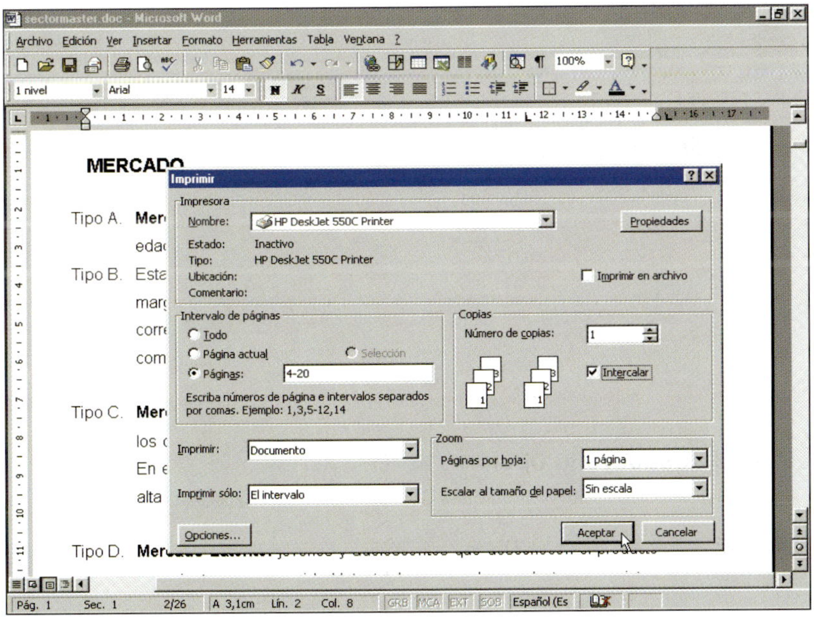

Imprimir varios documentos

1. Abrir el menú Archivo.

2. Seleccionar la opción Abrir...

3. Seleccionar los archivos deseados con la ayuda de las tecla <**Control**> y <**Mayúsculas**>.

4. Hacer clic en el icono Herramientas

5. Seleccionar la opción Imprimir.

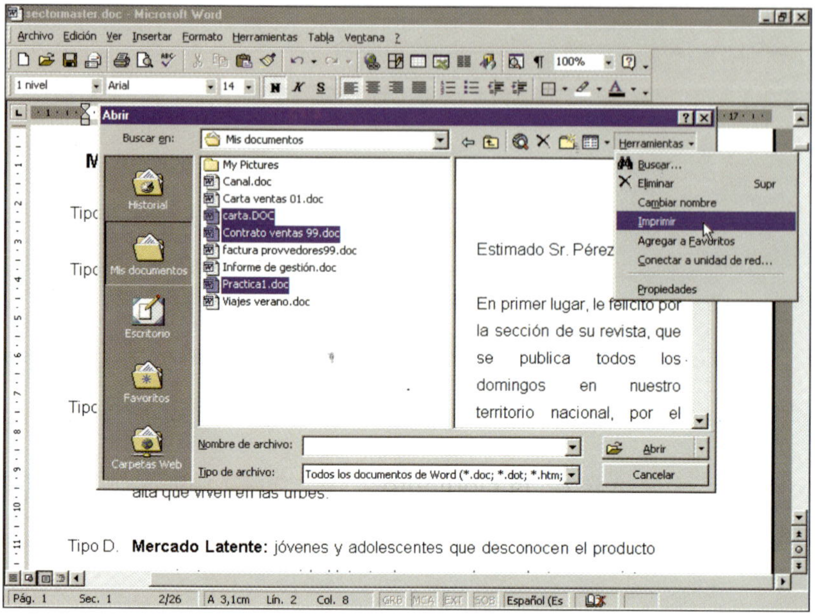

Imprimir varias páginas en una hoja

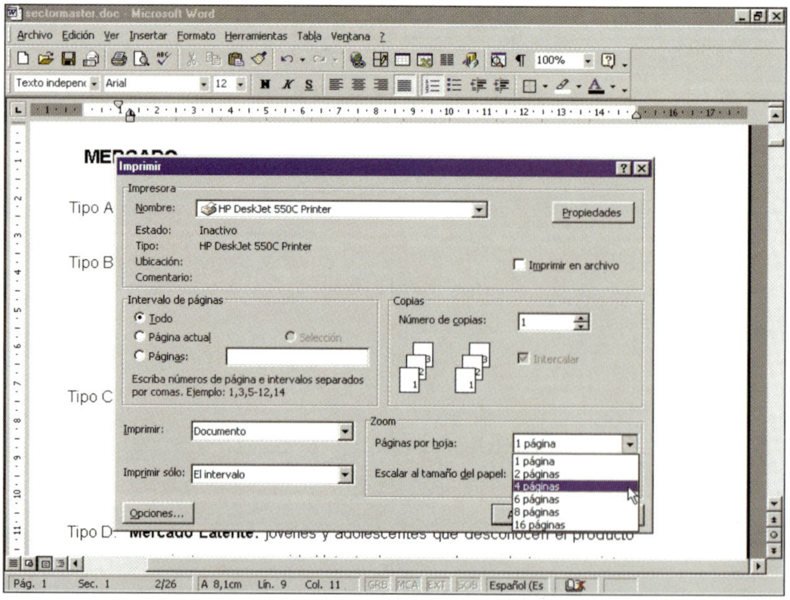

1. Abrir el menú Archivo y seleccionar la opción Imprimir.

2. En el apartado Zoom, opción Páginas por hoja, desplegar la lista de opciones y seleccionar el número de páginas que desee imprimir en una sola página. Word 2000 delimita el número en 16 páginas por hoja.

Opciones

1. Abrir el menú Herramientas.

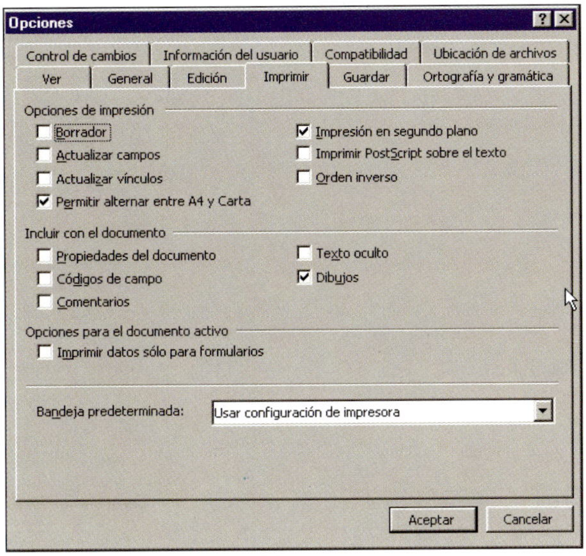

2. Seleccionar la opción Opciones...

3. Mostrar la solapa Imprimir.

4. Activar las diferentes opciones de impresión descritas en la siguiente tabla según sus necesidades.

Opción	***Significado***
Borrador	Imprime el documento en su forma básica.
Actualizar campos	Actualiza todos los campos con sus respectivos contenidos en el documento.
Actualizar vínculos	Actualiza los diversos vínculos que haya utilizado en la creación de documentos con otras aplicaciones.
Impresión en segundo plano	Imprime el documento permitiendo trabajar simultáneamente.
Propiedades de documento	Incluye la impresión informativa de Resumen del documento impreso.
Códigos de campo	Imprime el formato del código de los campos, no así su contenido ni resultado.
Comentarios	Se imprimen los comentarios del documento al final del mismo.
Texto oculto	Imprime el texto con dicho atributo.
Dibujos	Imprime los objetos, gráficos y dibujos.
Imprimir datos sólo para formularios	Imprime sólo los datos del formulario.

Active siempre Impresión en segundo plano

Adaptar un documento a un tamaño diferente de impresión

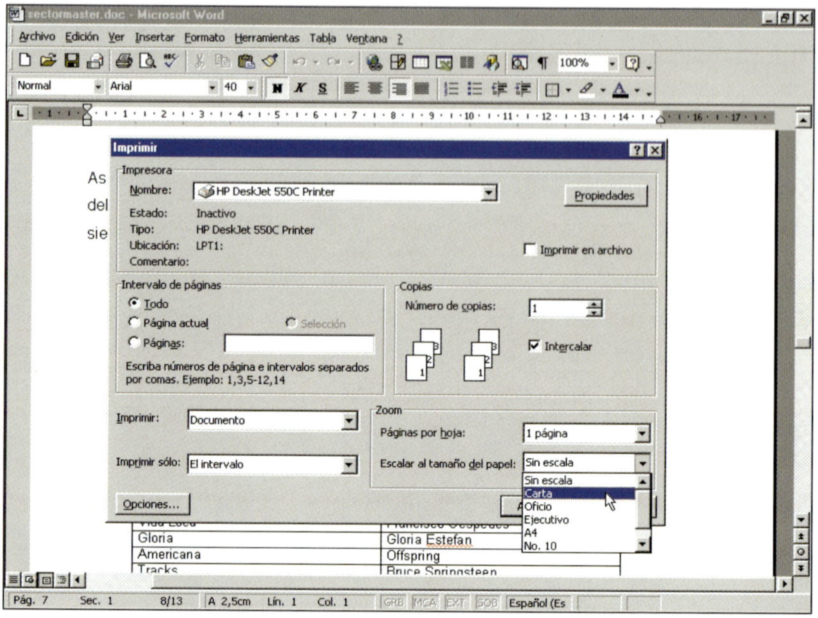

1. Abrir el menú Archivo.

2. Seleccionar la opción Imprimir.

3. En el apartado Zoom, abrir la lista desplegable de Escalar al tamaño del papel.

4. Seleccionar el tipo de tamaño que desee adaptar para el documento activo. Por ejemplo, puede imprimir un documento A4 en A3, Carta u otros formatos de papel.

5. Hacer clic sobre el botón Aceptar. Automáticamente, se imprimirá el documento activo en el formato que haya especificado.

Nota

Este ajuste de tamaño del documento sólo es válido para la sesión de impresión con tamaños específicos de cada impresora.

Ventana ?

5. Edición, organización e inserción

En este capítulo se tratarán las opciones para editar, organizar y asignar elementos a los documentos. Su utilización reduce el tiempo empleado en procedimientos que anteriormente eran tediosos de realizar manualmente.

- Deshacer y rehacer acciones.
- Buscar y reemplazar texto.
- Paginado, encabezados y pies de página.
- Notas al pie.
- Títulos, marcadores y referencias cruzadas.
- Tablas e índices de contenidos.
- Autotexto.

Microsoft Word

Deshacer y rehacer la última acción

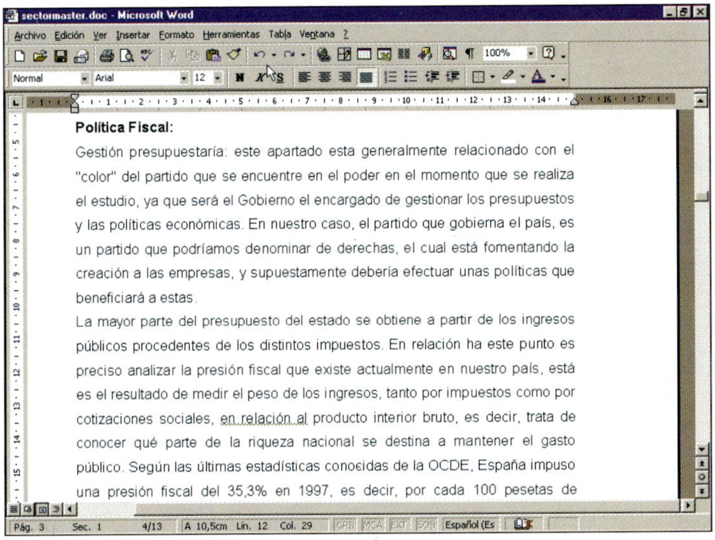

1. Crear un documento y realizar modificaciones sobre el mismo.

2. Hacer clic sobre el icono situado en la barra de herramientas Estándar para deshacer la última acción realizada.

3. Hacer clic sobre el icono para rehacer la última acción.

Deshacer y rehacer las últimas acciones

1. Crear un documento y realizar modificaciones sobre el mismo.

2. Hacer clic sobre la flecha que se encuentra situada al lado del icono

3. Analizar las acciones realizadas en la lista que se despliega.

4. Desplazar el puntero del ratón sobre la lista sin dejar de pulsar el botón del ratón y seleccionar aquellas acciones a deshacer.

5. Dejar de pulsar el botón del ratón para deshacer los cambios seleccionados.

6. Si desea rehacer las acciones que ha deshecho realice las mismas operaciones sobre el icono

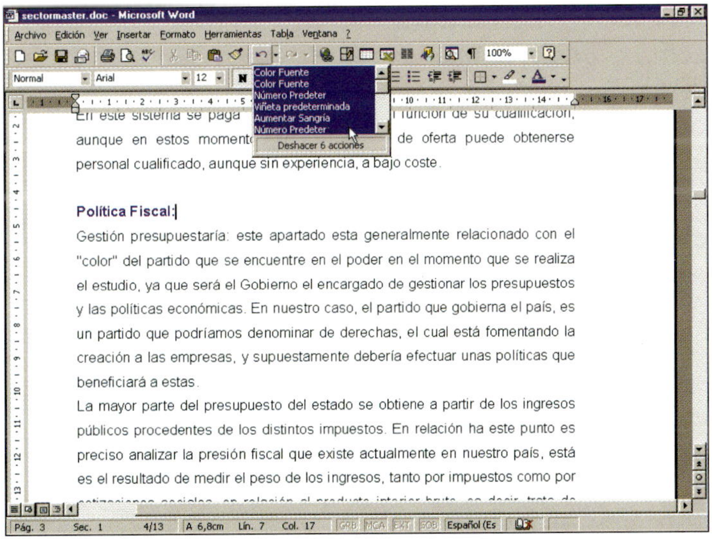

Buscar texto

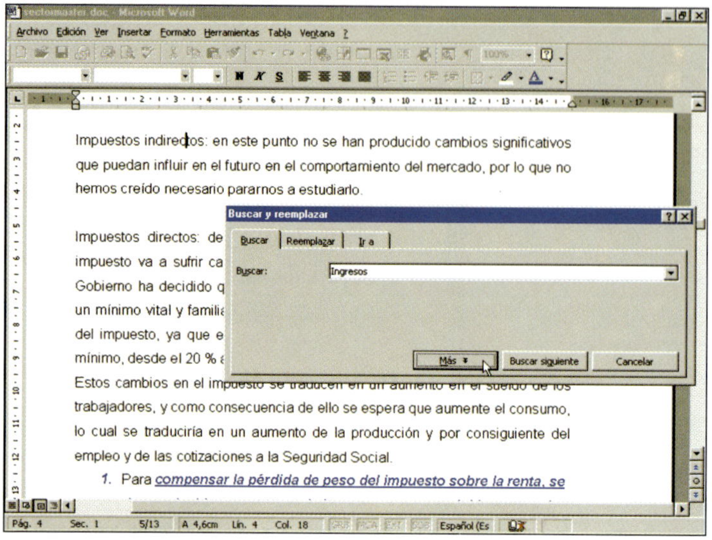

1. Abrir un documento de Word.
2. Abrir el menú Edición y seleccionar la opción Buscar...
3. Escribir en el cuadro Buscar: la palabra que desee encontrar en el documento.
4. Hacer clic sobre el botón Más y activar la opción Sólo palabras completas.
5. Hacer clic sobre el botón Buscar siguiente.
6. Automáticamente Word buscará la primera palabra desde el punto de inicio que coincida con la escrita en el cuadro Buscar: y la resaltará.

Nota

Si no activa la opción Sólo palabras completas, Word buscará cualquier palabra que contenga la cadena de caracteres. Por ejemplo, si escribe mente, además buscará otras palabras como continente, naturalmente, posteriormente, etc.

7. Hacer clic sucesivamente sobre el botón Buscar siguiente si desea encontrar otras palabras que coincidan con la escrita.

8. Hacer clic sobre los botones Cancelar y Aceptar, respectivamente, para finalizar la búsqueda. Word presentará un cuadro de diálogo informándole sobre la finalización de la búsqueda o para terminar la búsqueda desde el principio del documento.

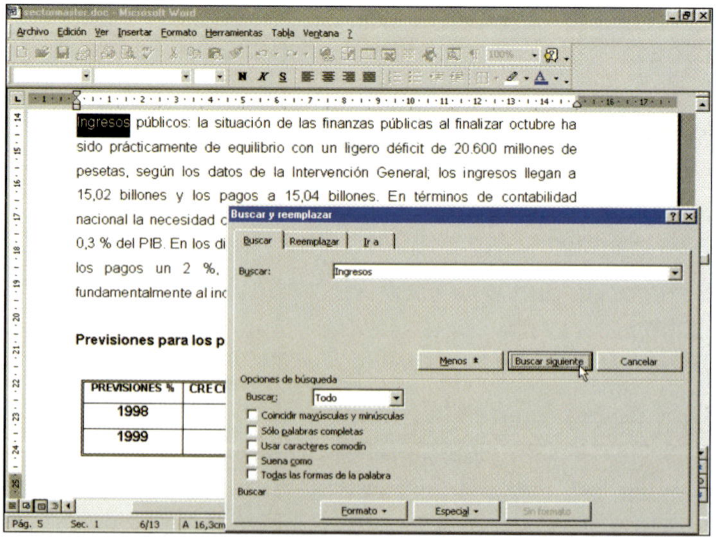

Buscar un determinado formato

1. Abrir el menú Edición.
2. Seleccionar la opción Buscar...
3. Hacer clic sobre el botón Formato; si no apareciese dicho botón, hacer clic sobre el botón Más.
4. Seleccionar el tipo de formato que desee buscar. Por ejemplo, Fuente...
5. Aplicar los formatos de búsqueda. Por ejemplo, estilo de fuente negrita, tamaño de 20 Ptos y color rojo.

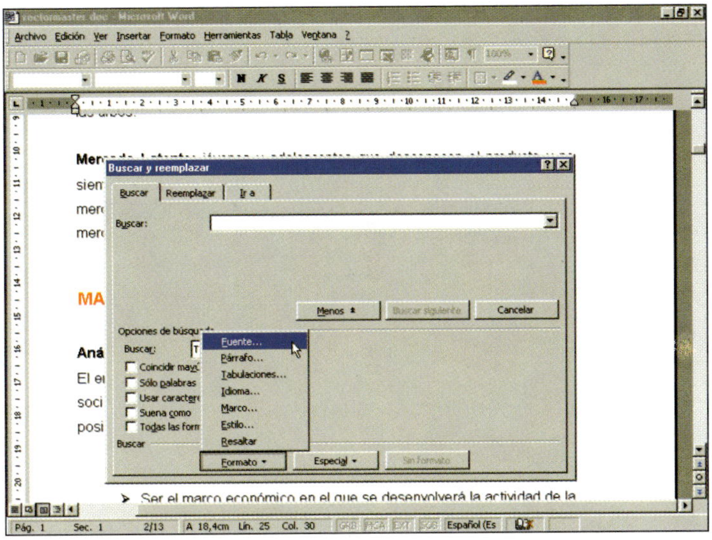

Nota

Mediante el botón Formato, además puede buscar párrafos, tabuladores, idioma, marcos, estilos y texto resaltado.

6. Hacer clic sobre los botones Aceptar y Buscar siguiente, respectivamente, en los cuadros de diálogo. Si lo desea puede escribir anteriormente una palabra o frase en el cuadro Buscar: para localizar asimismo los caracteres con el formato seleccionado.

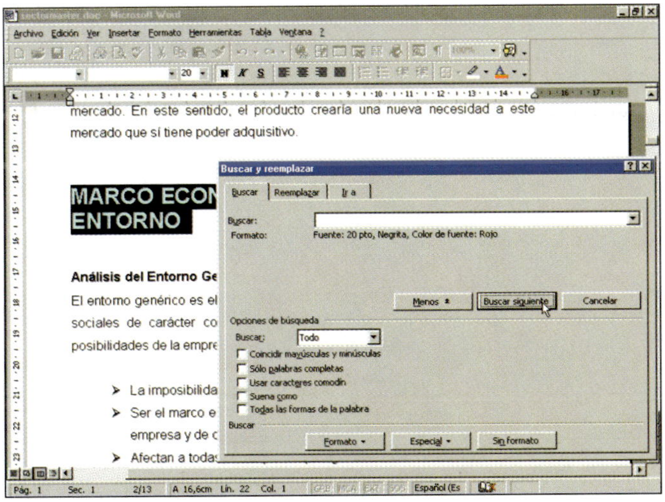

Nota

Es imprescindible hacer clic en el botón Sin Formato para restablecer la operación de nuevas búsquedas.

Buscar caracteres especiales

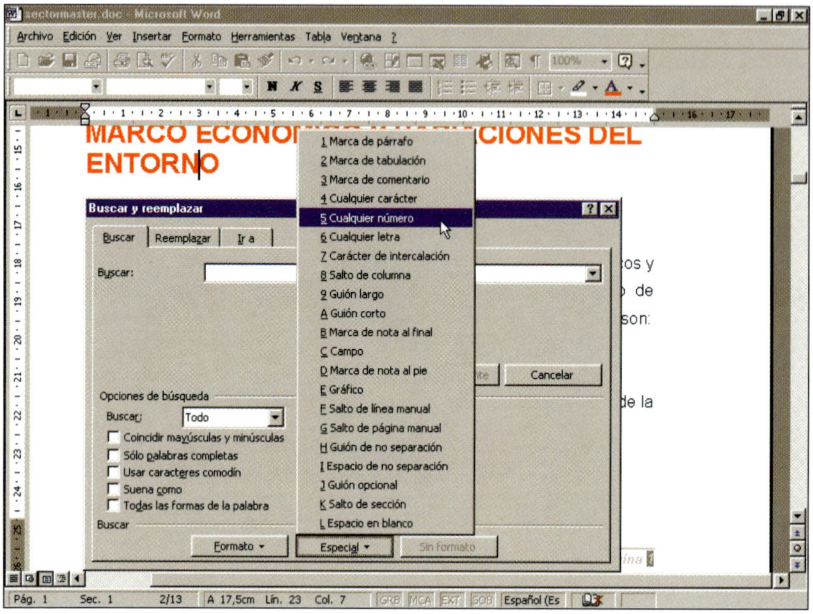

1. Abrir el menú Edición.
2. Seleccionar la opción Buscar...
3. Hacer clic sobre el botón Especial.
4. Seleccionar uno de los caracteres especiales. Por ejemplo, Cualquier número.
5. Automáticamente, el código ^# que identifica internamente la marca de número se insertará en el cuadro Buscar:
6. Hacer clic sobre el botón Buscar siguiente, para localizar cada uno de los caracteres numéricos que existan en el documento.
7. Hacer clic sobre el botón Cancelar para finalizar la búsqueda.

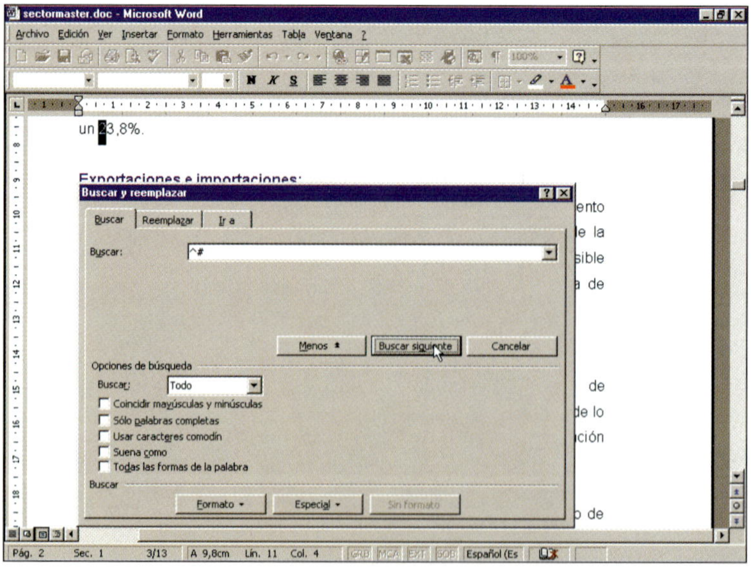

Reemplazar un texto, formato o carácter

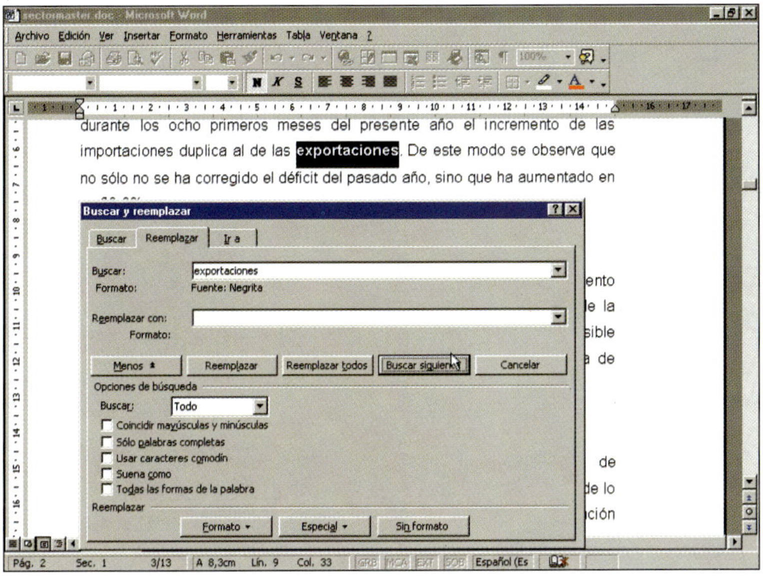

1. Abrir el menú Edición.
2. Seleccionar la opción Reemplazar...
3. Realizar una de las siguientes acciones según su objetivo: escribir en el cuadro Buscar: el texto que desee reemplazar, especificar el formato o seleccionar el carácter especial.
4. Una vez especificada la búsqueda, situar el cursor sobre el cuadro Reemplazar con:
5. Escriba el texto con el que quiera reemplazar el anterior y especifique los nuevos formatos utilizando los botones de Formato y Especial.
6. Hacer clic sobre el botón Buscar siguiente para localizar la primera entrada (texto, formato o carácter especial).
7. Hacer clic sobre el botón Reemplazar para sustituir la entrada localizada.
8. Volver a hacer clic sobre el botón Buscar Siguiente, para seguir localizando las demás entradas y reemplazarlas según su criterio.
9. Si no desea reemplazar una de las entradas, haga clic en el botón Buscar siguiente.
10. Si su propósito es reemplazar todas las entradas, haga clic en el botón Reemplazar todos.
11. Un cuadro de diálogo le informará sobre el número de reemplazos realizados.

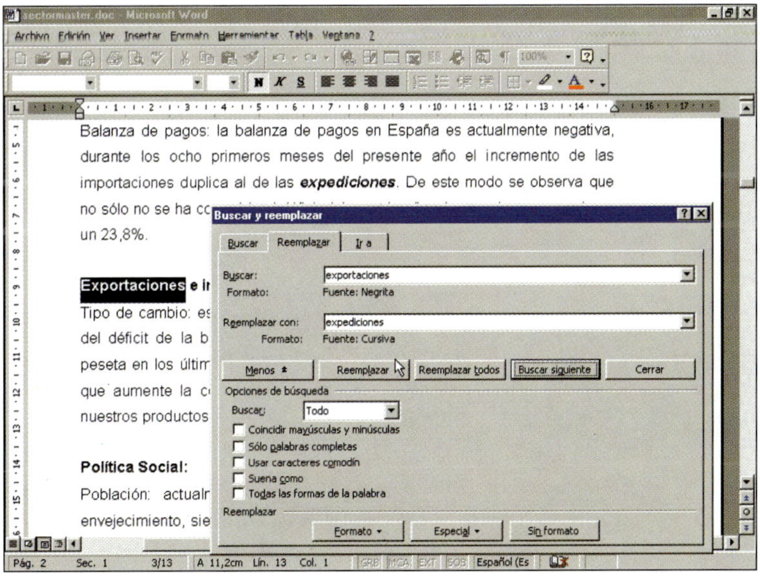

BUSCAR Y REEMPLAZAR

Insertar números de páginas

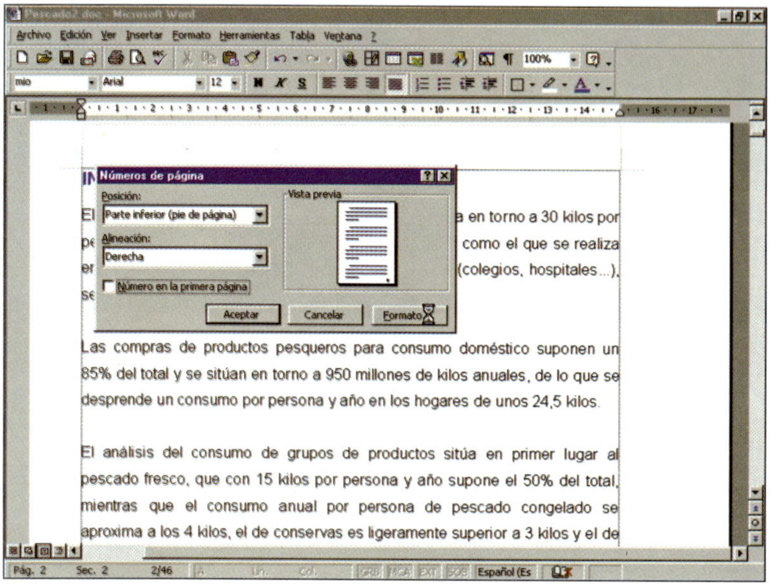

1. Abrir el menú Insertar.

2. Seleccionar la opción Números de página...

3. Seleccionar la posición en que desee insertar el número de página en la caja de lista Posición (parte superior o inferior).

4. Seleccionar la alineación en que desee insertar el número de página en la caja de lista Alineación.

5. Hacer clic sobre el botón Formato..., para especificar el tipo de numeración.

6. Seleccionar, por ejemplo, el formato de número romántico (I,II,III, ...)

7. Hacer clic sobre el botón Aceptar en ambos cuadros de diálogo para insertar el número de página.

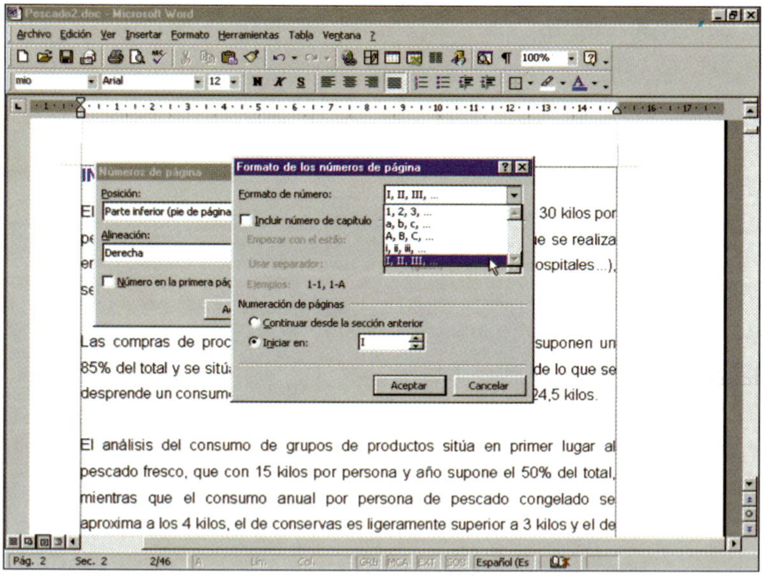

Nota

Desactive la opción Número en la primera página, si desea que no aparezca numerada la primera página del documento.

Iniciar una numeración

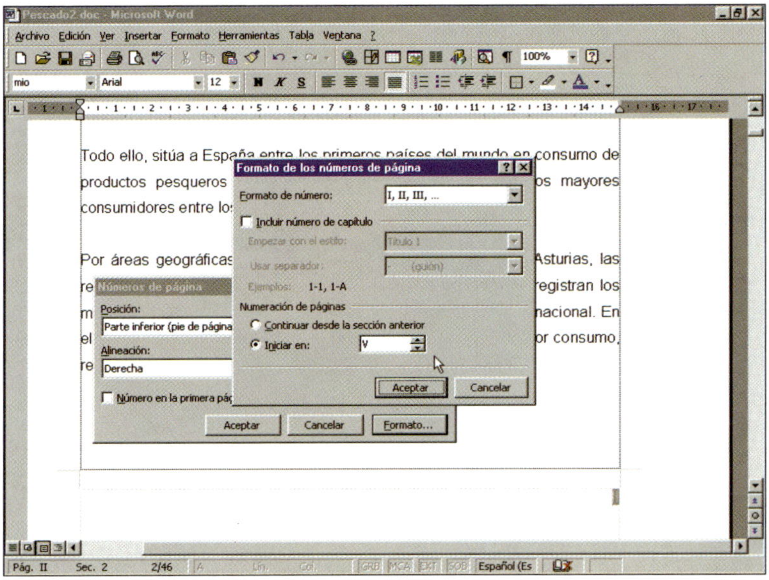

1. Abrir el menú Insertar.
2. Seleccionar la opción Números de página...
3. Hacer clic sobre el botón Formato..., para especificar el tipo de numeración.
4. Activar la opción Iniciar en: y escribir el número de página con el que desee empezar la numeración del documento.
5. Hacer clic sobre los botones Aceptar en ambos cuadros de diálogo para insertar el número de página.

Visualizar el número de página

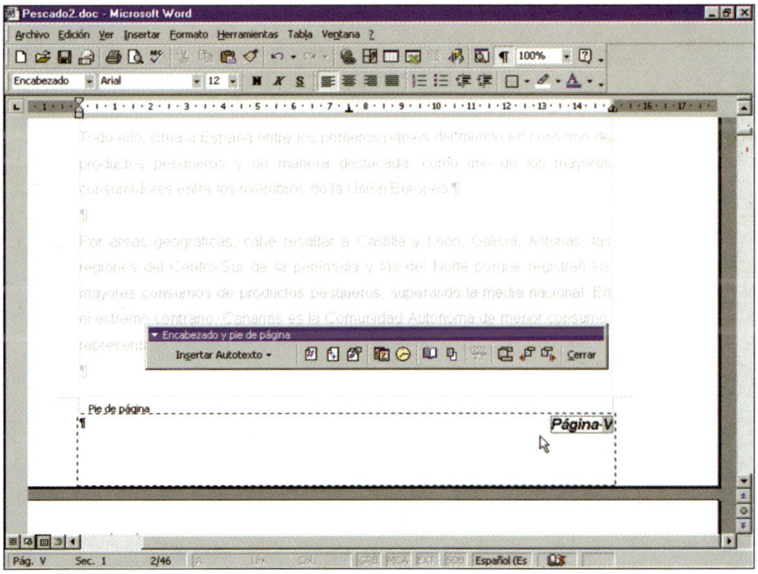

1. Abrir el menú Ver.
2. Seleccionar la opción Encabezado y pie de página.
3. Hacer clic sobre el icono Cambiar entre encabezado y pie, para situarse en la zona donde se encuentre la numeración.
4. Seleccionar el número de página para editar su contenido y poder modificar sus atributos, por ejemplo, insertar delante de la numeración la palabra Página o establecer los atributos de negrita, cursiva y tipografía, entre otros.
5. Hacer clic sobre el botón Cerrar de la barra de herramientas Encabezado y pie.

Pulse **<Control+I>** para dirigirse a una página determinada

Insertar un texto como encabezado y pie de página

1. Abrir el menú Ver.
2. Seleccionar la opción Encabezado y pie de página...
3. Automáticamente el cursor se presenta en la zona delimitada como Encabezado.
4. Escribir el texto que se desee en dicho lugar.
5. Establecer los atributos en el texto (tipo de fuente, bordes, tamaño, alineación, etc.).
6. Hacer clic sobre el botón Cerrar.

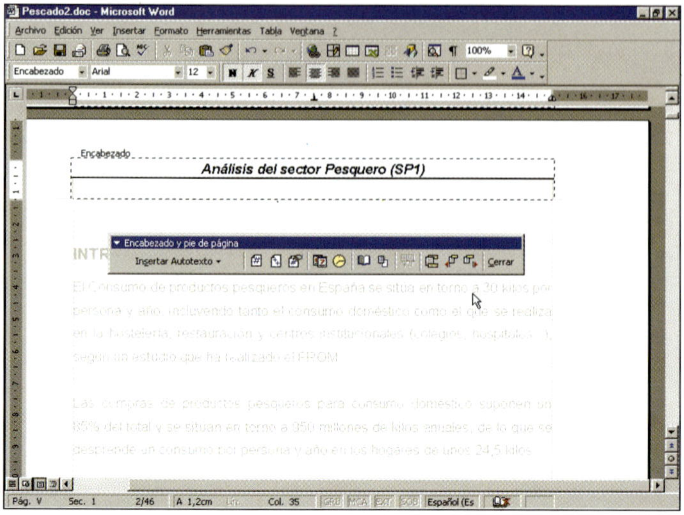

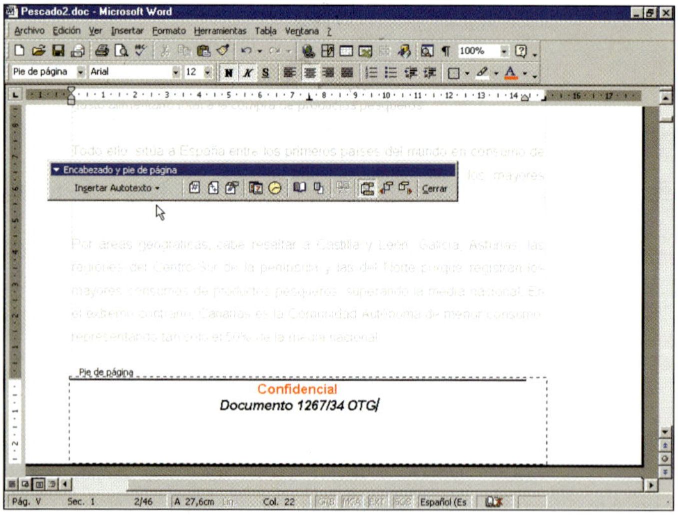

Para el pie de página realizar los siguientes pasos:

1. Abrir el menú Ver.
2. Seleccionar la opción Encabezado y pie de página...
3. Hacer clic sobre el icono Cambiar entre encabezado y pie.
4. Escribir el texto que se desee en el pie de página.
5. Establecer los atributos en el texto.
6. Hacer clic sobre el botón Cerrar.

Nota

Si aplica un encabezado o pie de página, éste se presentará en todas las páginas de su documento si no se especifica lo contrario. Haga clic sobre el botón Insertar Autotexto, si desea insertar los textos más comunes en los encabezados o pies de página que Word propone por defecto. El Autotexto Página X de Y, es uno de los tipos más importantes y útiles para la numeración de documentos (por ejemplo: Página 7 de 10).

Establezca bordes en sus encabezados y pies de página

Insertar un Logotipo como encabezado

1. Abrir el menú Ver.

2. Seleccionar la opción Encabezado y pie de página...

3. En el menú Insertar, seleccionar la opción Imagen... Desde archivo...

4. Seleccionar la imagen (logotipo de su empresa) en el cuadro de diálogo Insertar imagen.

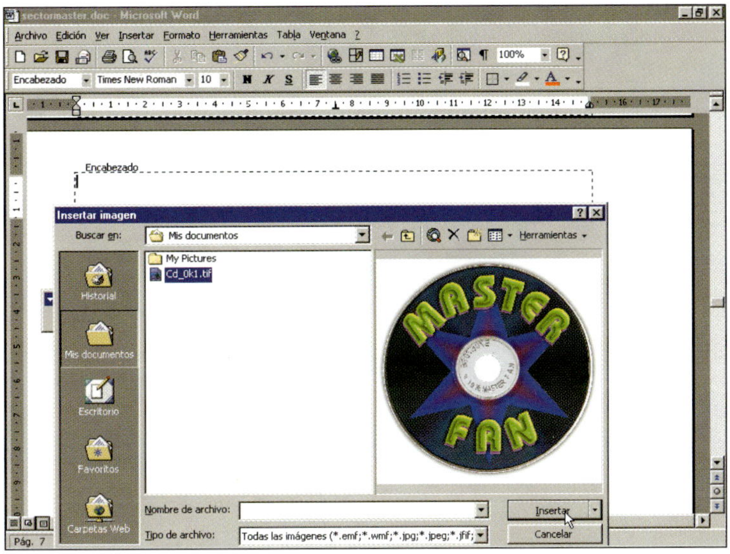

Nota

El logotipo de su empresa debe haber sido escaneado previamente para poderlo insertar. Si no posee escáner, seleccione la opción Imágenes prediseñadas...(Word le solicitará el CD-ROM de instalación si no ha instalado previamente la galería de imágenes) para obtener ejemplos gráficos e imágenes.

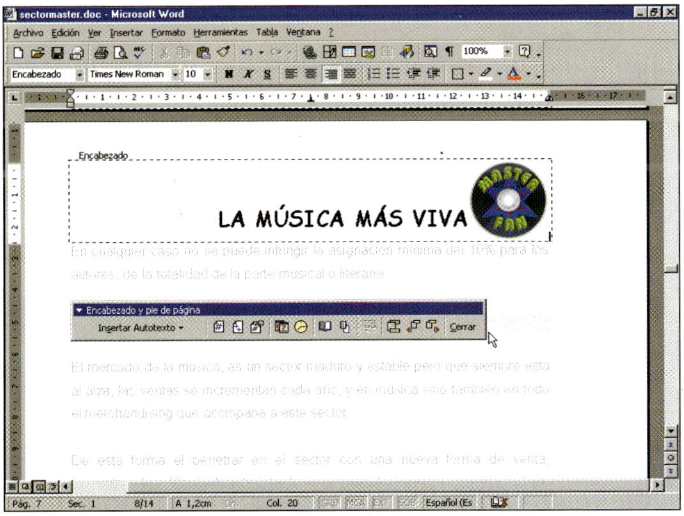

5. Hacer clic sobre el botón Insertar.

6. Alinear la imagen a la derecha, izquierda o centro del encabezado.

7. Escribir un texto o lema de la empresa si se desea.

8. Hacer clic sobre el botón Cerrar.

Insertar una nota al pie

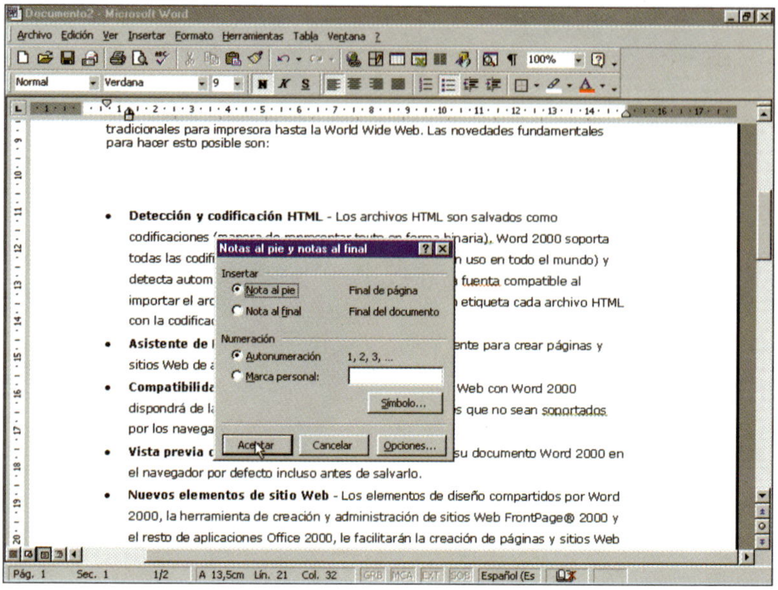

1. Situar el cursor a continuación de la palabra a la que se desee hacer la referencia.

2. Abrir el menú Insertar.

3. Seleccionar la opción Nota al pie...

4. Activar la opción Nota al pie del apartado Insertar.

5. Hacer clic sobre el botón Aceptar.

6. El cursor se desplaza automáticamente a la parte inferior de la página e inserta un número volado.

7. Escribir el comentario o referencia de la nota al pie.

8. Observar los números volados en el texto y en la nota al pie.

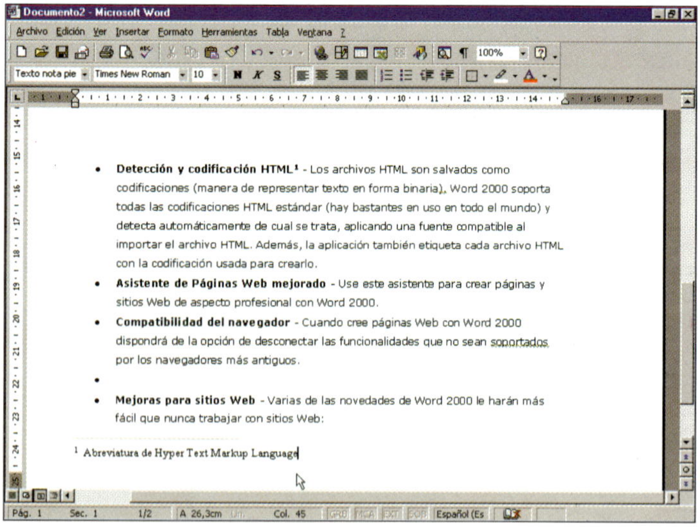

Nota

Si trabaja en vista Normal, Word muestra un panel de notas donde es posible visualizar las notas y los separadores. Seleccione la opción Notas al pie del menú Ver si desea visualizar las notas al pie en la vista Normal.

Visualizar en el documento las notas al pie

1. Si tiene establecida una nota al pie en un documento puede visualizarla de varias formas:

2. Sitúe el puntero del ratón sobre el número de la nota en el texto hasta que aparezca junto al cursor un cuadro amarillo con el contenido de la nota al pie.

3. También puede seleccionar el comando Notas al pie del menú Ver para poder visualizar el contenido de las notas.

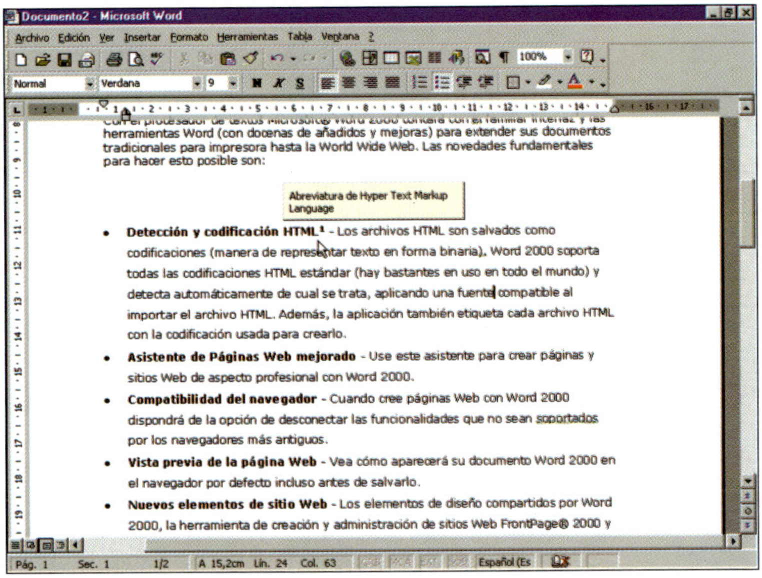

4. Para desplazar las notas al pie de cada una de las páginas al final del documento sitúese con el cursor en la nota al pie correspondiente.

5. Haga clic con el botón derecho del ratón y seleccione la opción Convertir en nota al final.

6. Este procedimiento traslada automáticamente el contenido de la nota al pie al final del documento.

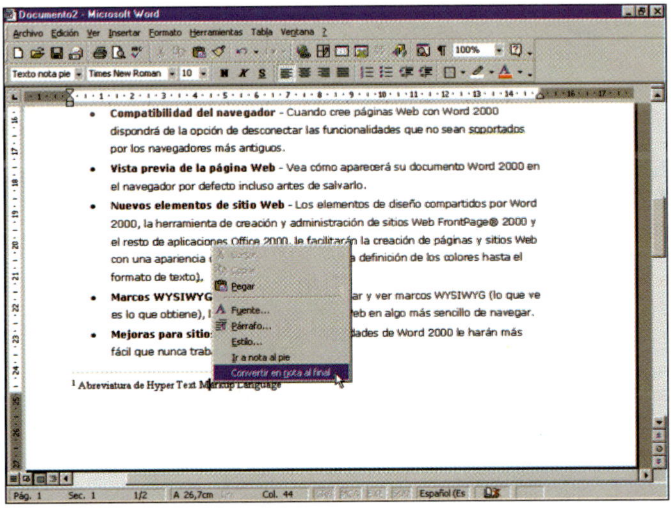

Nota

Es recomendable utilizar las notas al pie para escribir notas bibliográficas. Recuerde que el formato estándar es: Nombre del autor, Título del libro (Ciudad: Nombre de la editorial, año de edición), página de referencia.

NOTAS AL PIE

Agregar un título

Los títulos se utilizan para nombrar el contenido de un capítulo, tabla, ilustración, gráfico, etc. y son imprescindibles para crear tablas de ilustraciones o datos y referencias cruzadas.

1. Abrir o crear un documento que comprenda tablas de datos o ilustraciones.

2. Seleccionar una tabla de datos.

3. Abrir el menú Insertar.

4. Seleccionar la opción Título...

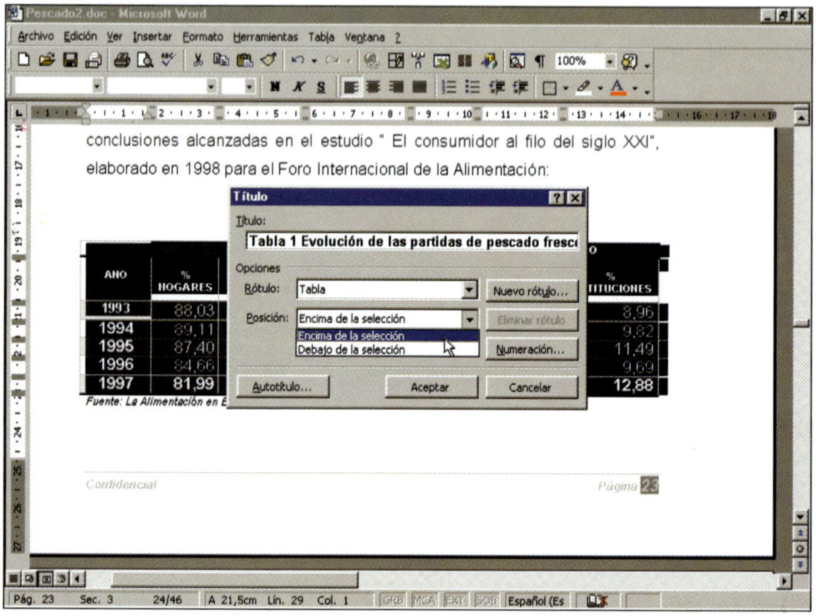

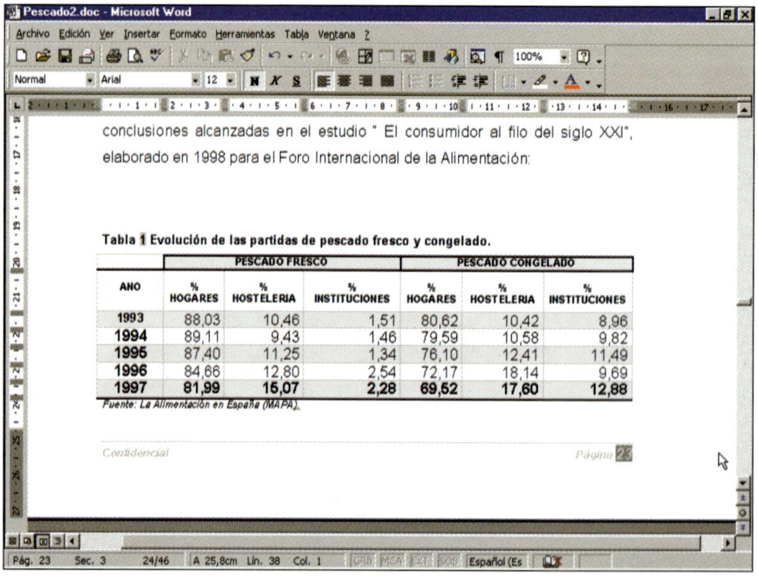

5. Escribir el título de la tabla a continuación del texto Tabla 1, en el apartado Título.

6. Seleccionar la opción Encima de la selección en la caja de lista Posición.

7. Hacer clic sobre el botón Aceptar para insertar el título de la tabla.

Marcar elementos

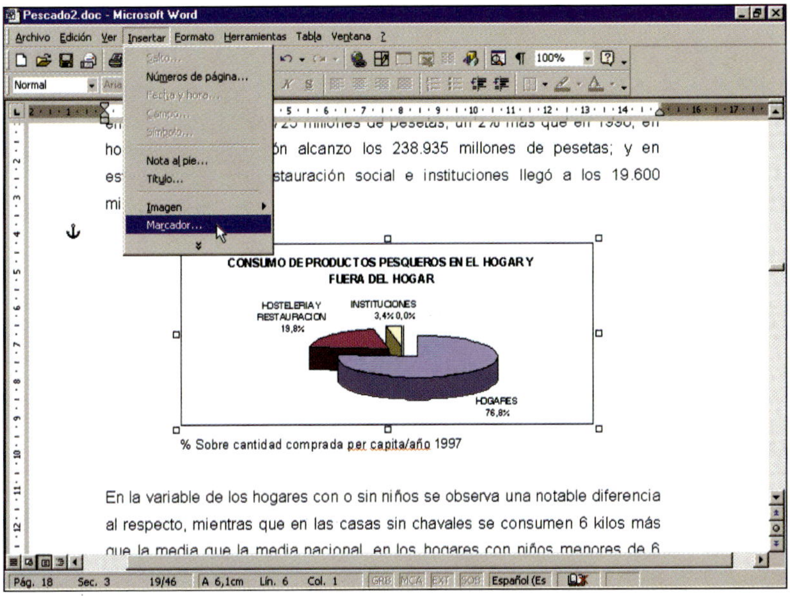

Los marcadores se utilizan para desplazarse a una posición determinada de un documento y localizar textos, párrafos, gráficos, tablas, etc.

1. Abrir o crear un documento extenso que posea un elemento gráfico y seleccionar dicho elemento.

2. Abrir el menú Insertar.

3. Seleccionar la opción Marcador...

4. Escribir un nombre de marcador (no es posible escribir más de cuarenta caracteres o espacios en blanco) que identifique el elemento seleccionado.

5. Hacer clic sobre el botón Agregar.

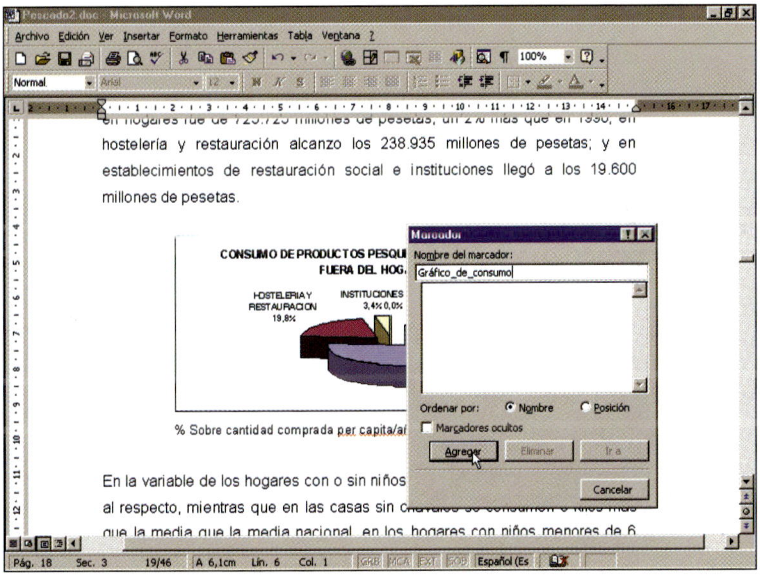

Nota

Los marcadores son utilizados para localizar párrafos importantes en cada uno de los documentos.

Desplazarse al elemento marcado

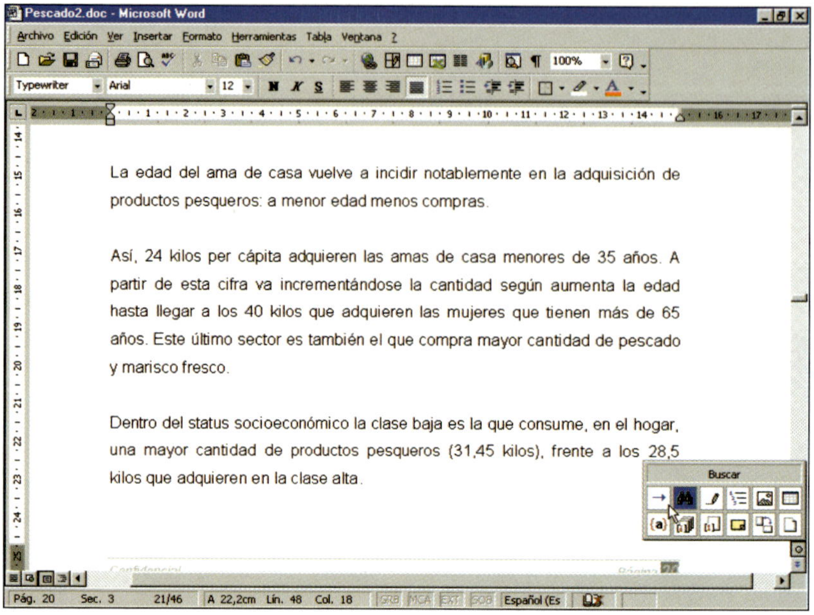

1. Hacer clic sobre el icono de la barra de desplazamiento vertical.

2. Seleccionar el icono Ir a (la flecha).

3. Hacer clic sobre Marcador en el apartado Ir a.

4. Abrir la caja de lista Nombre del marcador, si posee más de un marcador en el documento.

5. Seleccionar el marcador que desee localizar.

6. Hacer clic sobre los botones Ir a y Cerrar respectivamente.

7. Si desea localizar varios marcadores en un documento, hacer clic sobre los botones Búsqueda anterior y Búsqueda siguiente de la barra de desplazamiento vertical.

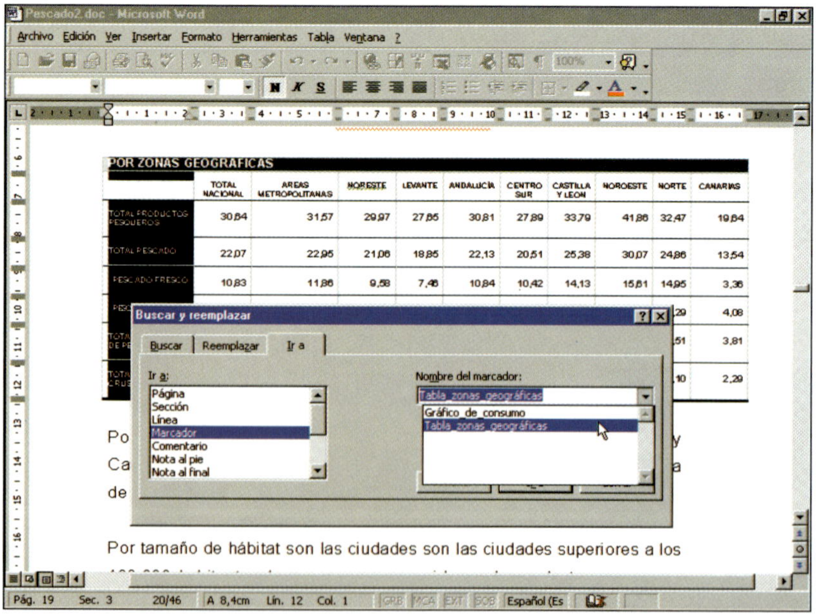

También puede desplazarse con **<Control+I>**

Crear referencias cruzadas

Antes de crear referencias cruzadas tiene que haber insertado algún elemento de referencia como títulos o marcadores, entre otros.

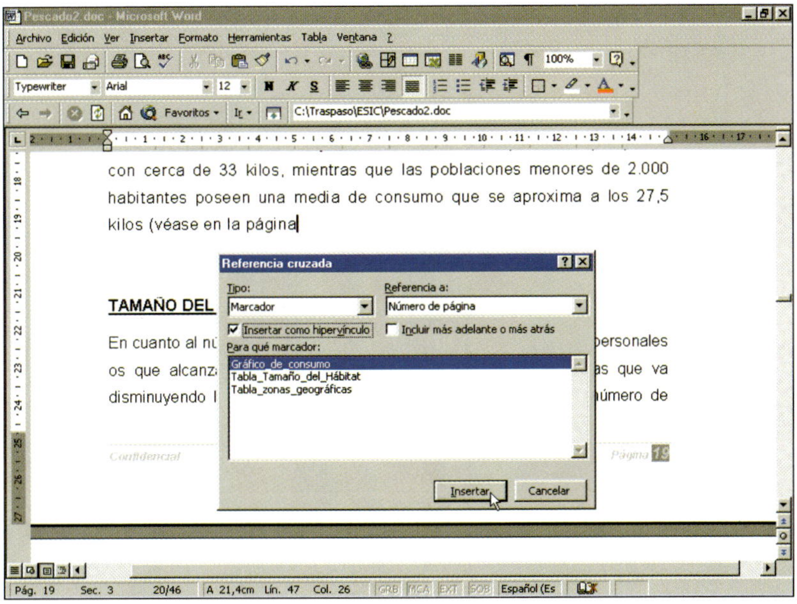

1. Abrir o crear un documento que posea títulos o marcadores.

2. Situar el cursor a continuación de una referencia, por ejemplo, “véase página”.

3. Abrir el menú Insertar y seleccionar la opción Referencia cruzada...

4. Seleccionar en el apartado Tipo el elemento con el cual desee realizar una referencia (por ejemplo Marcador).

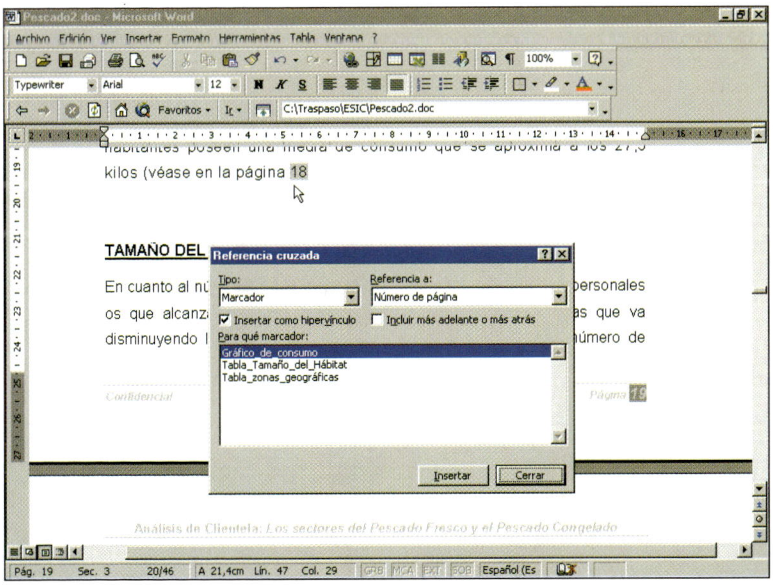

5. Seleccionar el elemento para hacer la referencia en el apartado Para qué marcador.

6. Hacer clic sobre el botón Insertar y Cerrar respectivamente, para insertar la referencia de la tabla seleccionada.

7. Si la opción Insertar como hipervínculo es activada, permite desplazarse automáticamente al elemento de referencia haciendo clic sobre la referencia.

Crear un índice alfabético

1. Abrir o crear un documento de varias páginas.

2. Seleccionar una de las palabras que desee que aparezca en el índice.

3. Abrir el menú Insertar y seleccionar la opción Índice y tablas...

4. Activar la solapa Índice y hacer clic sobre el botón Marcar entrada...

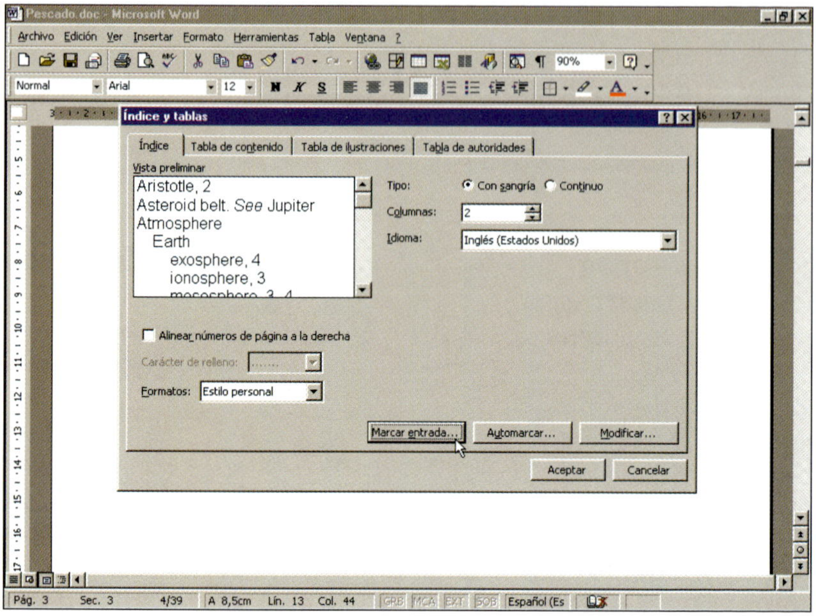

5. Aparecerá el cuadro de diálogo Marcar entrada de índice, con la palabra selecciona-da en el cuadro del apartado Entrada.

6. El cuadro de diálogo Marcar entrada de índice permanece abierto para que proceda a marcar varios elementos, sin necesidad de abrir el menú nuevamente.

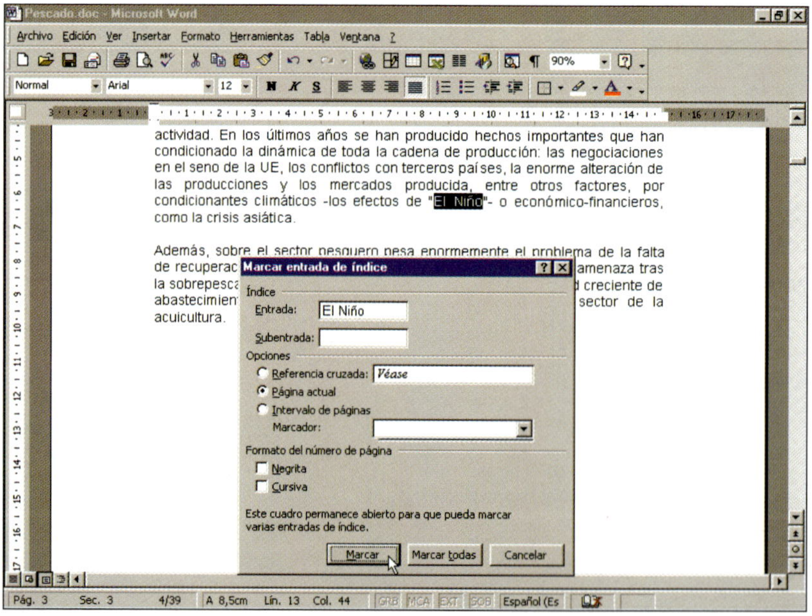

No olvide marcar las entradas más importantes

Crear un índice alfabético

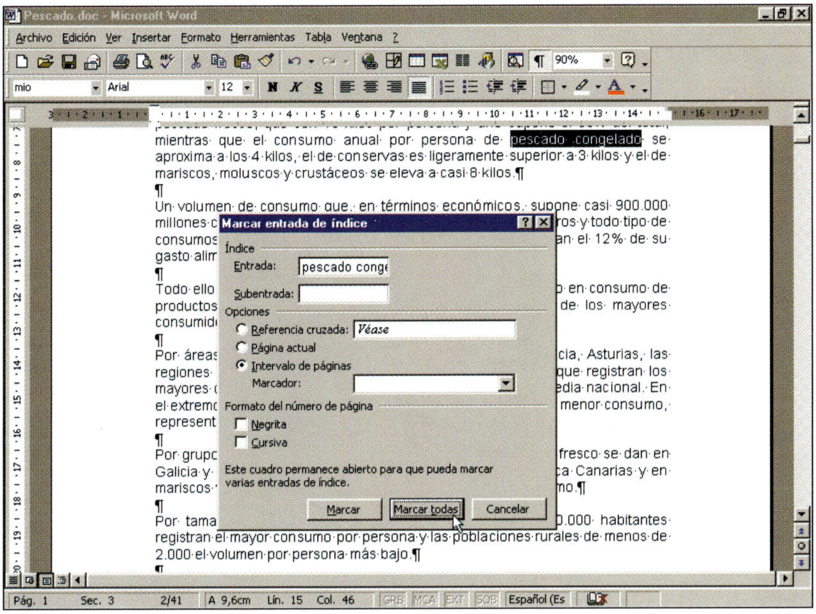

7. Hacer clic sobre el botón Marcar.

8. Seleccionar otra palabra en el documento ayudándose de las barras de desplazamiento y hacer clic nuevamente sobre el botón Marcar.

9. Proceder tantas veces como sea necesario, a marcar las palabras seleccionadas para realizar el índice. Para marcar una palabra con todas sus entradas, hacer clic sobre el botón Marcar todas.

10. Hacer clic sobre el botón Cerrar.

11. Situar el cursor en la última página del documento **(<Control+Fin>)**, abrir el menú Insertar y seleccionar la opción Índice y tablas...

12. Activar la solapa Índice, seleccionar la opción Con viñetas en el apartado Formatos y hacer clic sobre el botón Aceptar.

13. En breves instantes, Word procederá a realizar el índice alfabético en el formato seleccionado (Con viñetas).

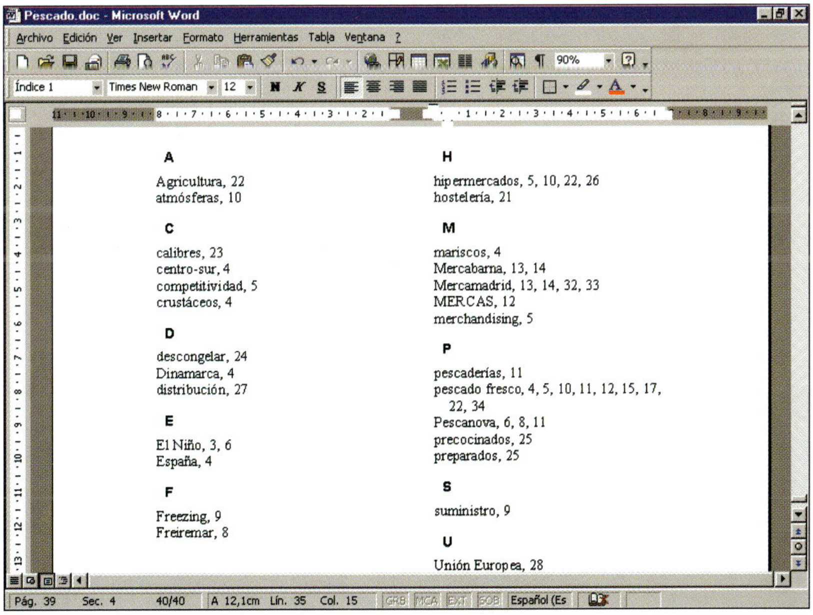

Pulse la tecla **<F9>** sobre el índice para actualizar cambios

Crear una tabla de contenidos

1. Abrir o crear un documento similar a un informe o libro.

2. Seleccionar primeramente los títulos de los capítulos del documento, informe o libro.

3. Asignar a cada uno de ellos el estilo Título 1.

4. Seleccionar los títulos de los apartados del documento.

5. Asignar a cada uno de ellos el estilo Título 2.

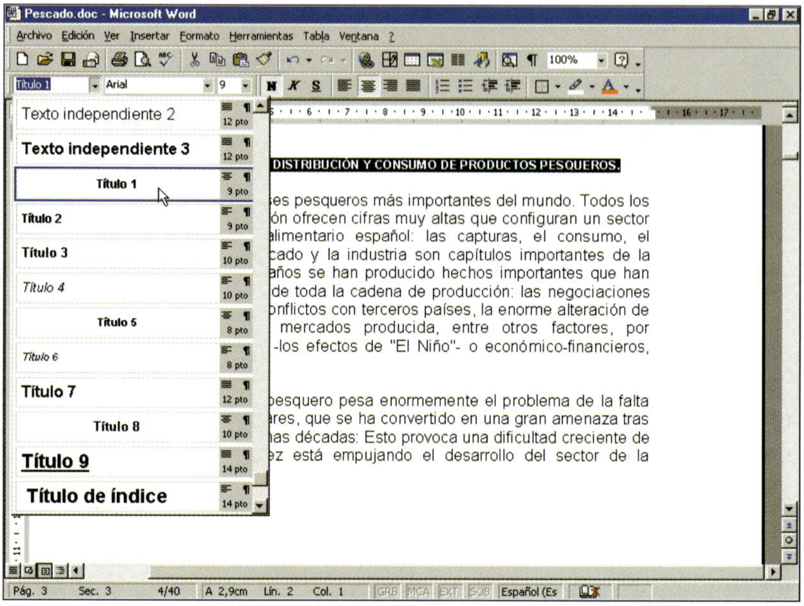

6. Seleccionar los títulos de los subapartados del documento.

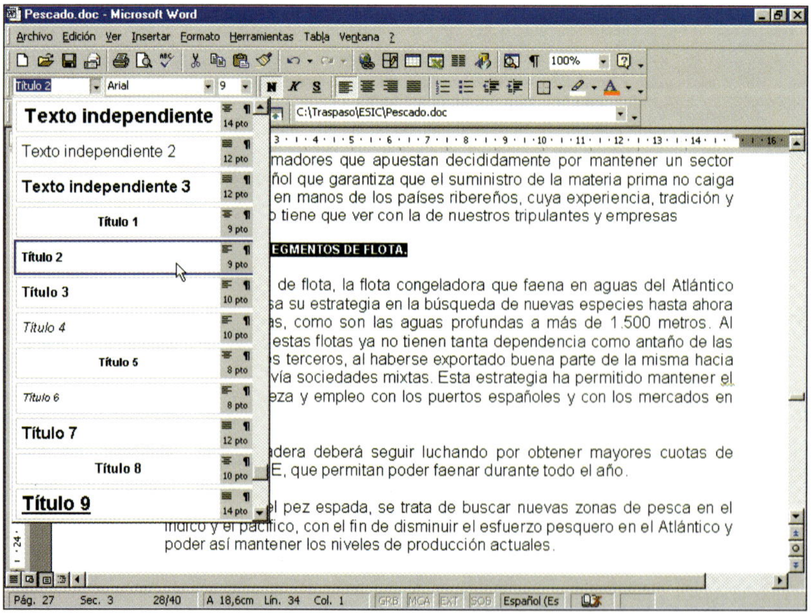

7. Asignar a cada uno de ellos el estilo Título 3 y así sucesivamente, cuantas veces sea necesario.

Crear una tabla de contenidos

8. Abrir el menú Insertar y seleccionar la opción Índice y tablas...

9. Activar la solapa Tabla de contenido y hacer clic sobre el botón Opciones...

10. En el apartado Estilos disponibles, aparecerán los estilos que posee el documento.

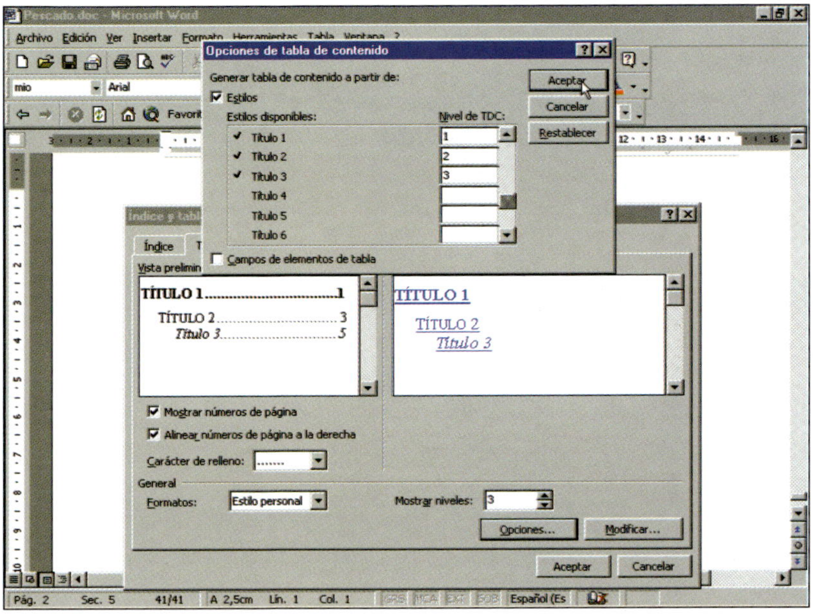

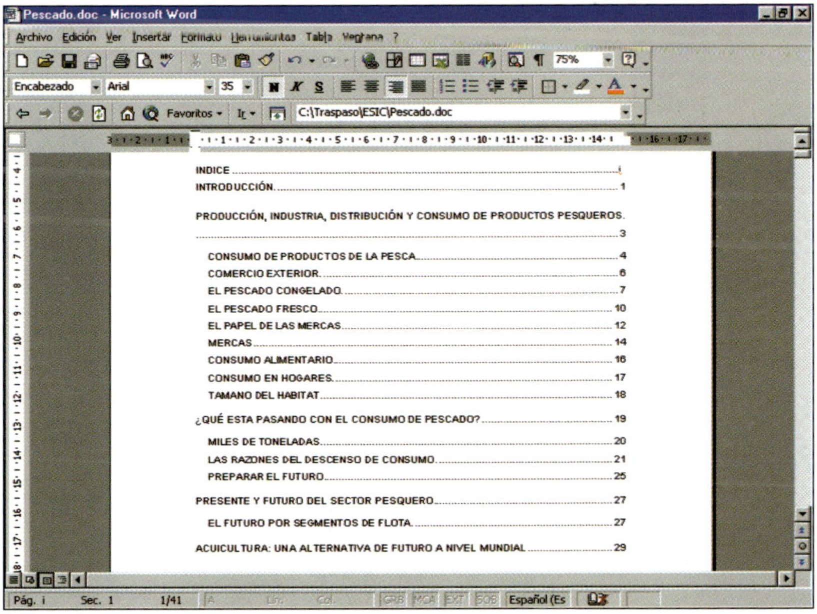

11. Desplazar la caja de lista correspondiente al apartado Nivel de TDC y observar que los niveles 1, 2 y 3 corresponden a los Títulos 1,2 y 3.

12. Hacer clic sobre el botón Aceptar.

13. Seleccionar el formato que se desee, por ejemplo Formal y hacer clic sobre el botón Aceptar.

Crear autotextos

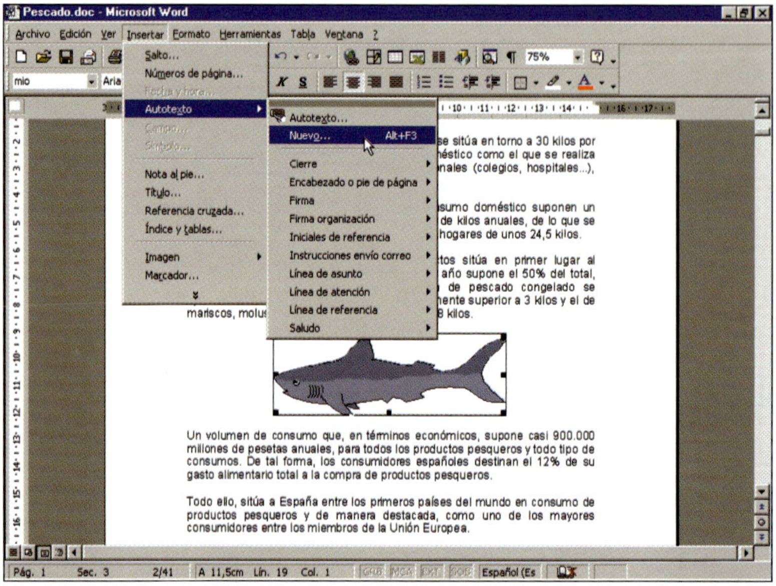

Los autotextos permiten insertar rápidamente textos y gráficos utilizados con frecuencia. Por defecto, Word 97 posee autotextos clasificados por temas.

1. Seleccionar el texto o gráfico en el documento.

2. Abrir el menú Insertar.

3. Seleccionar la opción Autotexto... y Nuevo...

4. Seleccionar el nombre con el que se desee identificar el autotexto.

5. Hacer clic sobre el botón Aceptar.

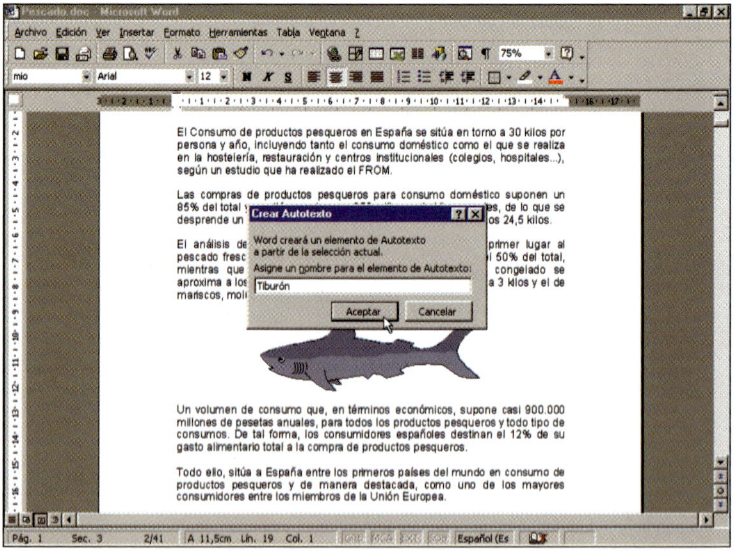

Nota

Una vez que finalice la sesión de Word, los autotextos quedarán definidos para todos sus documentos.

Insertar autotextos definidos

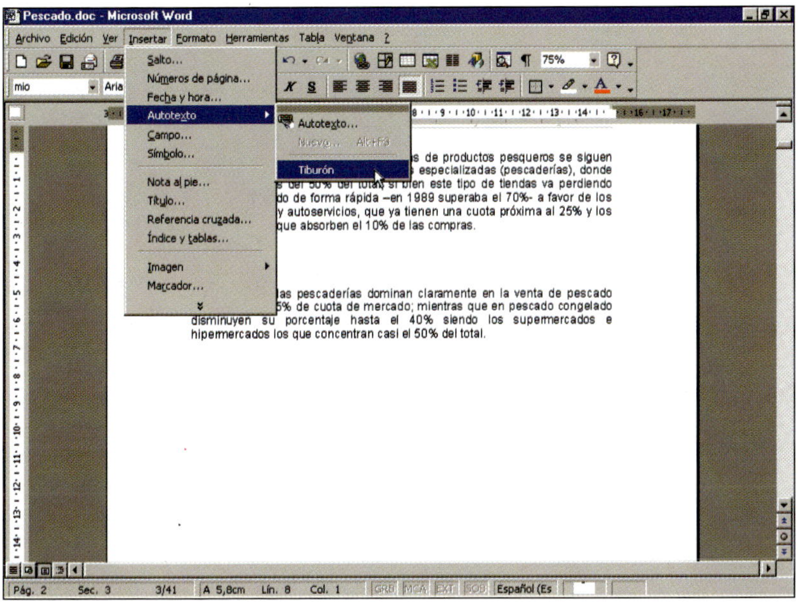

1. Abrir el menú Insertar.

2. Seleccionar la opción Autotexto...

3. Seleccionar en el submenú Autotexto el nombre del autotexto definido.

Eliminar autotextos

1. Abrir el menú Insertar.

2. Seleccionar la opción Autotexto y la subopción Autotexto...

3. Buscar y seleccionar el nombre del autotexto que se desee eliminar.

4. Hacer clic sobre el botón Eliminar.

5. Hacer clic sobre el botón Aceptar.

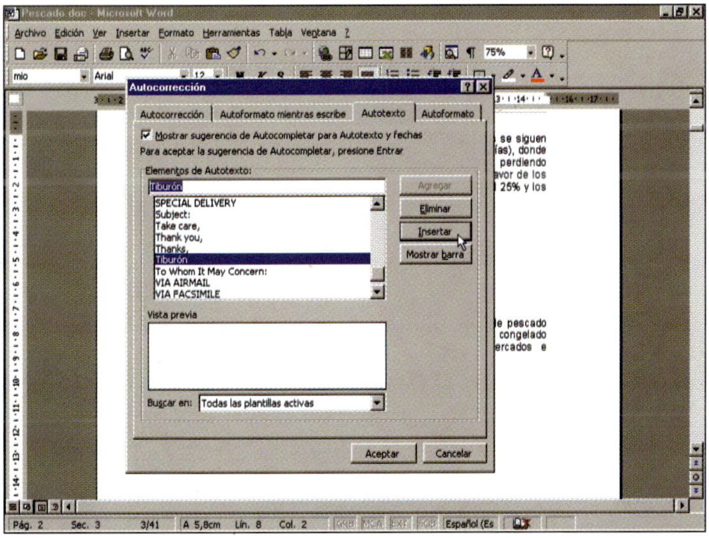

Ventana ?

6. Formatos especiales

Los formatos especiales proporcionan a los documentos diferentes aspectos de gran riqueza gráfica y profesional.

- Letras capitales.
- Formatos de caracteres y fuentes.
- Bordes y sombreado.

Microsoft Word

Crear una letra capital

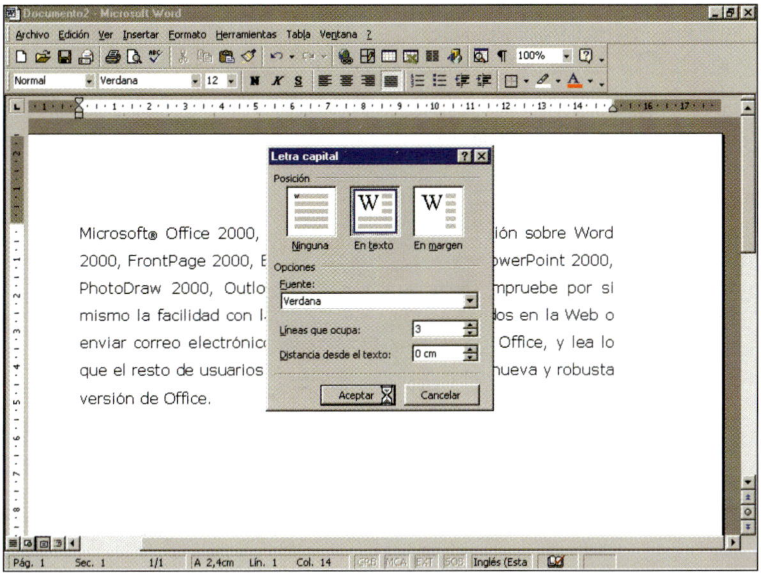

1. Crear o abrir un documento.

2. Situar el cursor en el párrafo donde se desee la letra capital.

3. Abrir el menú Formato.

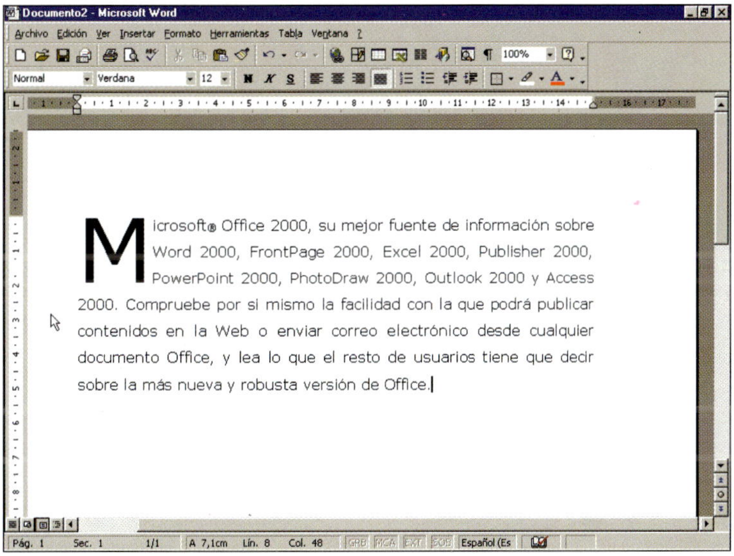

4. Seleccionar la opción Letra capital...

5. Seleccionar la posición de la letra capital, por ejemplo, En texto.

6. Hacer clic sobre el botón Aceptar para insertar la letra capital en el párrafo.

Nota

Para la posición En texto, la letra capital queda alineada con respecto al margen izquierdo del texto. En cambio, En margen, sitúa la letra capital fuera del margen establecido para el párrafo.

Aplicar formatos a la letra capital

1. Situar el cursor en el párrafo que posea la letra capital.

2. Abrir el menú Formato.

3. Seleccionar la opción Letra capital...

4. Modificar la fuente de letra. Para ello, abrir la caja de lista del apartado fuente y seleccionar otro tipo de fuente. Por ejemplo, Arial u otra similar.

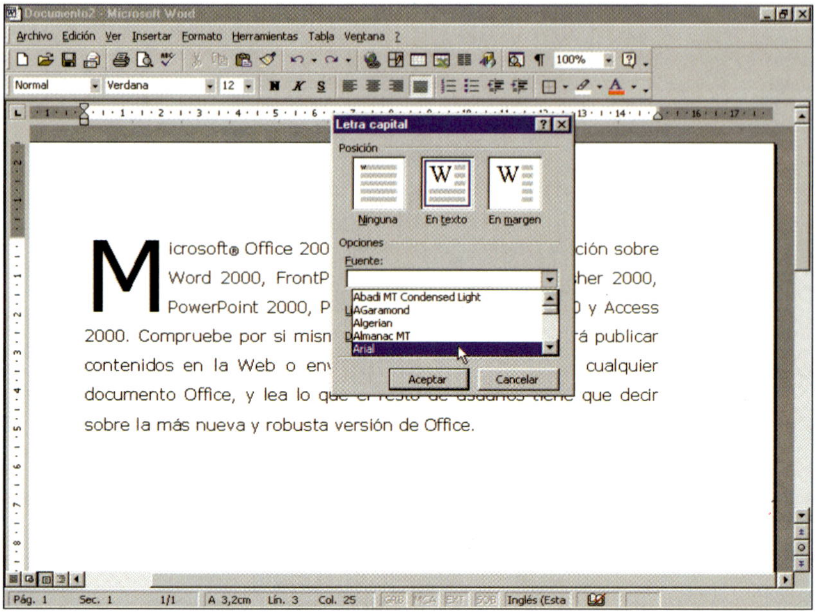

5. Para aumentar el tamaño de la letra, especificar un mayor número de líneas en el apartado Líneas que ocupa.

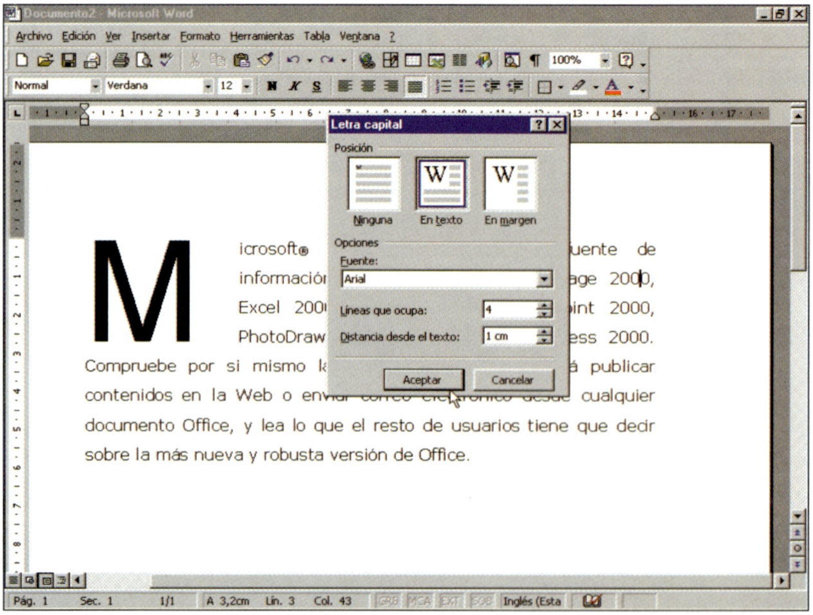

6. Si se desea obtener una distancia mayor entre el párrafo y la letra capital, especificar los centímetros de distancia en el apartado Distancia desde el texto.

7. Hacer clic sobre el botón Aceptar para asignar el nuevo formato.

Crear superíndices y subíndices

1. Seleccionar el carácter o palabra que se desee como superíndice o subíndice.

2. Abrir el menú Formato.

3. Seleccionar la opción Fuente...

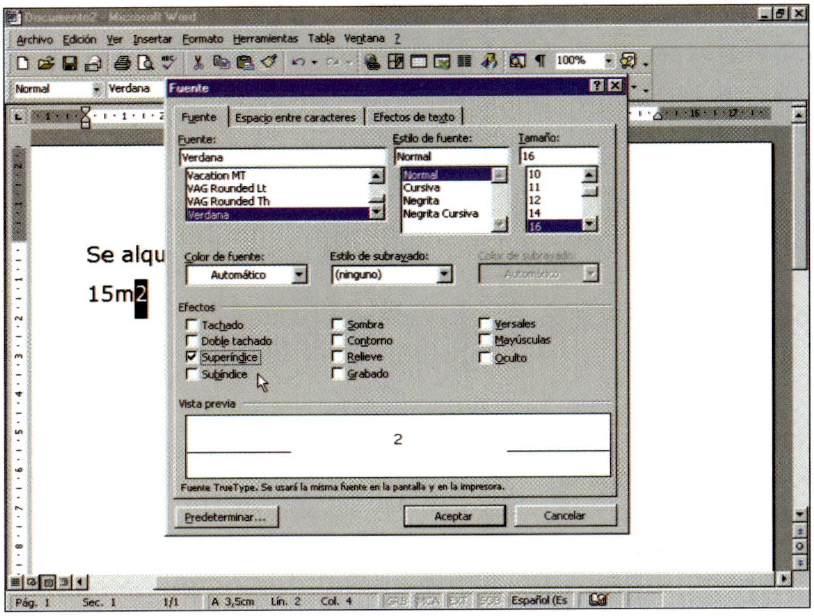

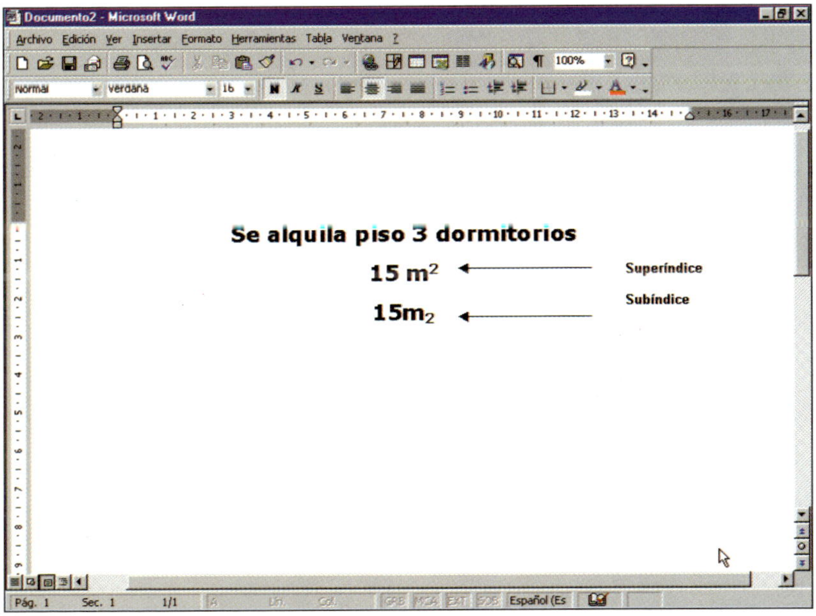

4. En la solapa Fuentes, activar la opción Superíndice o Subíndice del apartado Efectos, según se desee.

5. Hacer clic sobre el botón Aceptar.

Ocultar texto en un documento

1. Seleccionar el texto que se desee ocultar de un documento.

2. Abrir el menú Formato.

3. Seleccionar la opción Fuente...

4. En la solapa Fuente, activar la opción Oculto del apartado Efectos.

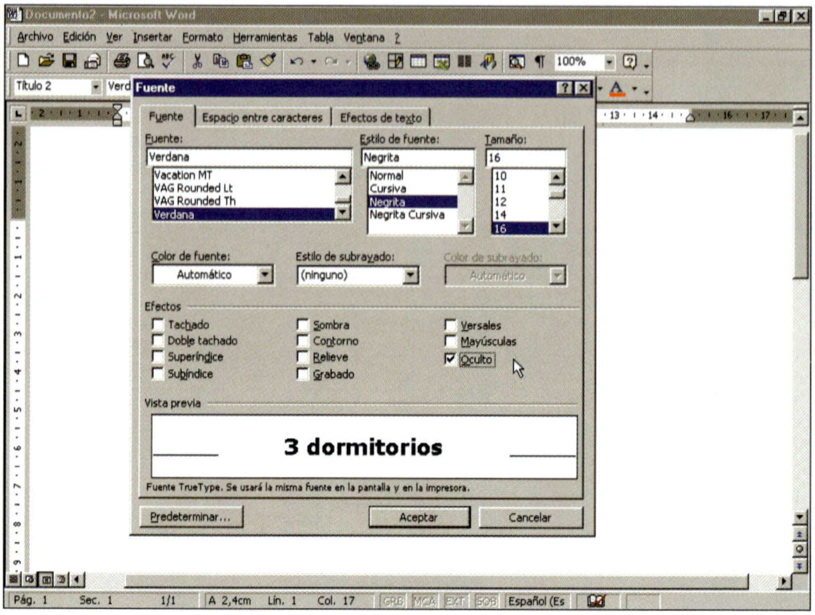

5. Hacer clic sobre el botón Aceptar.

6. Automáticamente, el texto oculto queda identificado con un subrayado de puntos.

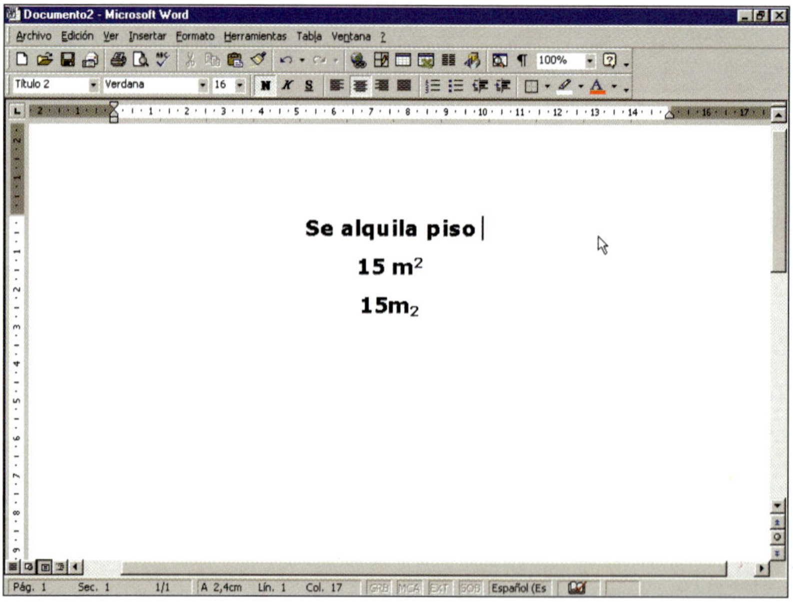

7. Este texto no se muestra o imprime por defecto, sino que se indica previamente en las opciones de impresión.

8. Si desea visualizar el texto oculto, haga clic sobre el icono de la barra de herramientas Estándar.

Puede utilizar texto oculto en informes

Cambiar el espacio entre caracteres

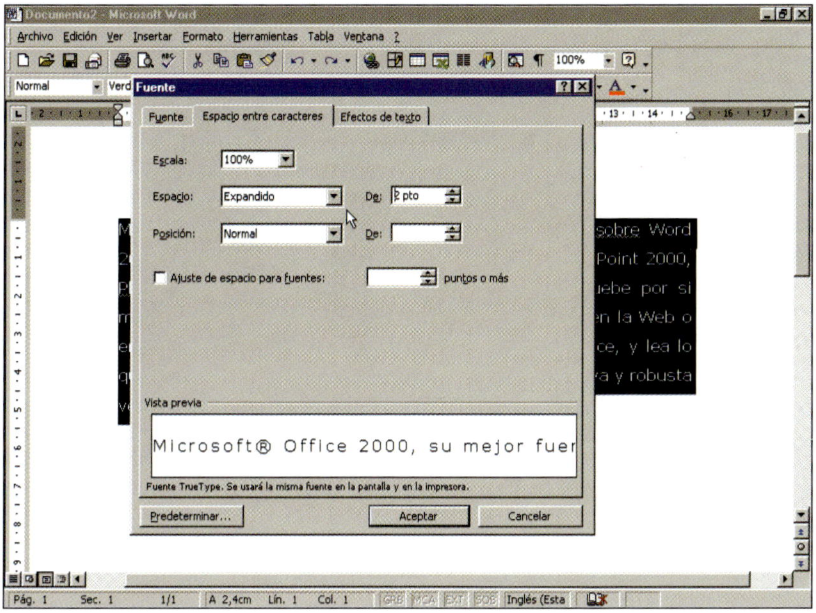

1. Seleccionar el texto en el que desee cambiar el espacio entre caracteres.

2. Abrir el menú Formato.

3. Seleccionar la opción Fuente...

4. Mostrar la solapa Espacio entre caracteres.

5. Abrir la caja de lista Espacio y seleccionar la opción Expandido o Comprimido.

6. Por defecto, Word introduce un valor en puntos en el apartado De, correspondiente al espacio de expansión o compresión.

7. Introduzca nuevos valores para visualizar los cambios que se producen.

8. Hacer clic sobre el botón Aceptar.

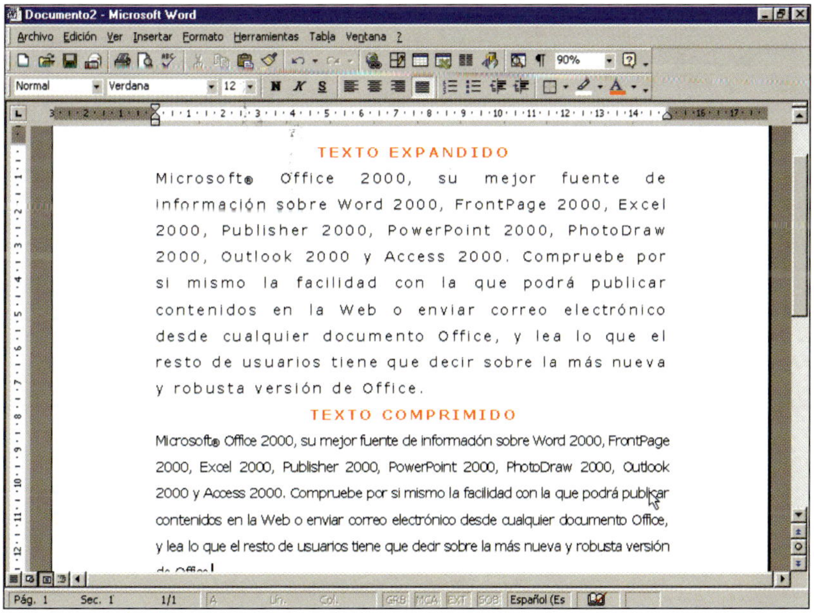

Cambiar el tamaño o tipo de fuente por defecto

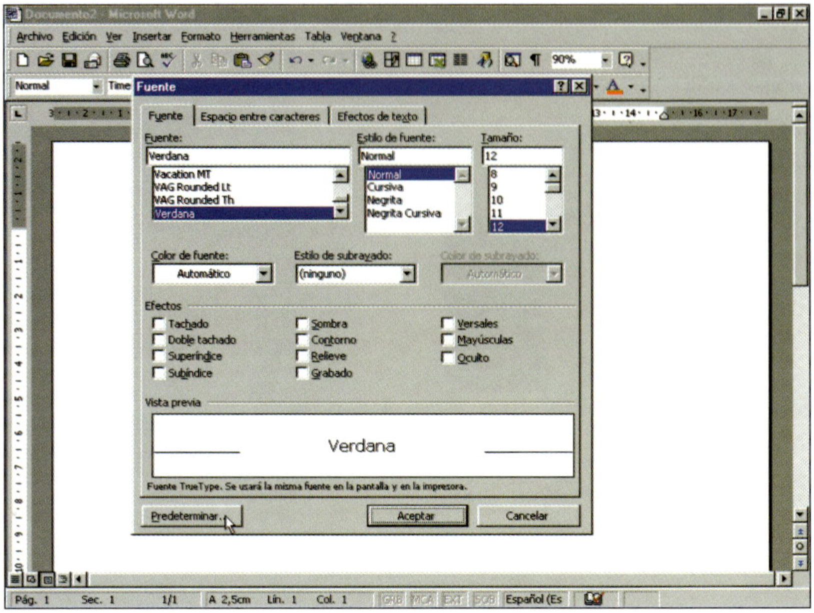

1. Abrir el menú Formato.

2. Seleccionar la opción Fuente...

3. Aplicar el tipo de fuente deseado y su tamaño. Por ejemplo, Verdana 12 Ptos.

4. Hacer clic sobre el botón Predeterminar...

5. Hacer clic sobre el botón Sí, para cambiar el tipo de fuente seleccionada en todos los documentos nuevos basados en la plantilla NORMAL.

6. Crear un documento nuevo para observar la nueva fuente de letra establecida por defecto.

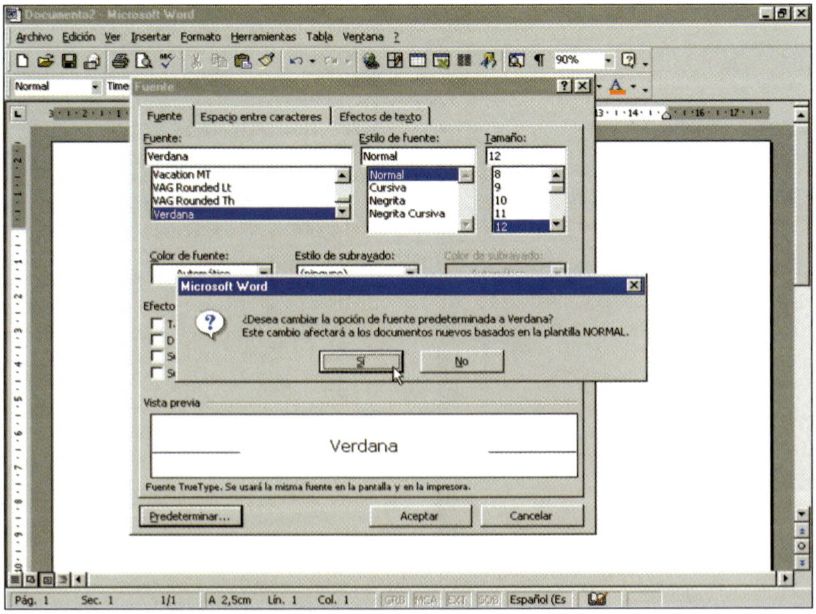

Trate de encontrar nuevas fuentes tipográficas

Crear un borde en una línea o página

1. Situar el cursor en la línea en que se desee crear el borde.
2. Abrir el menú Formato y seleccionar la opción Bordes y sombreado...
3. En la solapa Bordes, hacer clic sobre una de las opciones del apartado Valor.
4. Observar el tipo de borde que se desee aplicar en el apartado Valor.

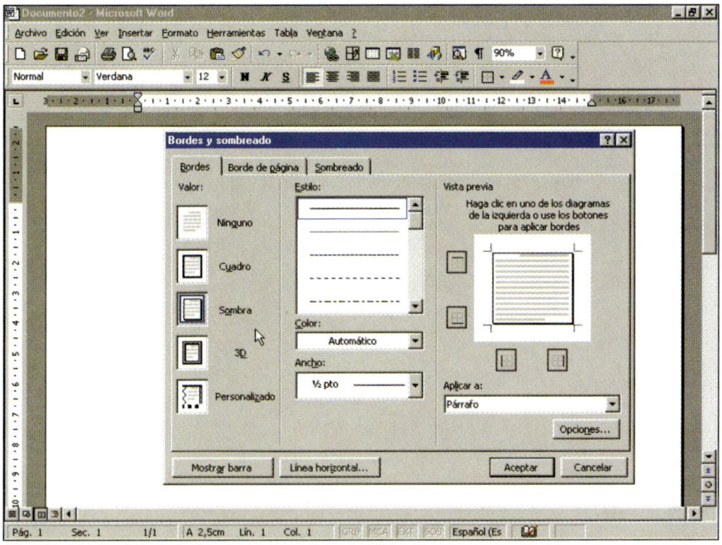

Nota

Para agregar un borde a un texto o párrafo determinado, seleccionar dicho texto o párrafo y realizar exactamente los pasos anteriormente mencionados.

5. Seleccionar el tipo de estilo de línea en el apartado Estilo.

6. También se puede seleccionar un color para el estilo de línea.

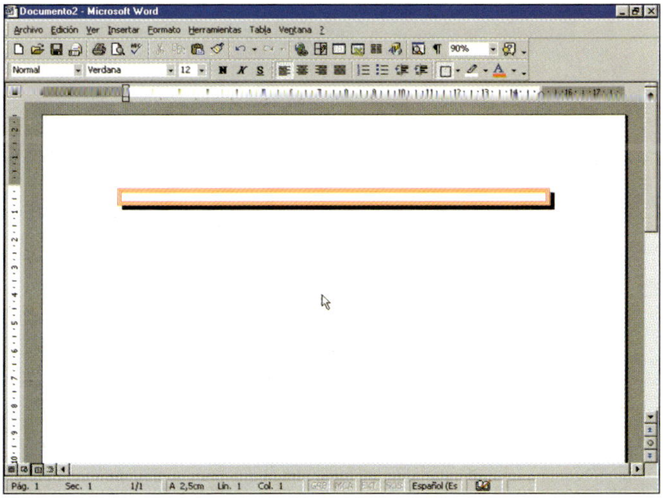

7. Por último, hacer clic sobre el botón Aceptar. Si se desea crear un borde en una página, realizar los pasos anteriormente descritos en la solapa Borde de página.

Nota

El ancho de un borde se establece a través de las sangrías que posee cada párrafo.

Establecer el tamaño de un borde

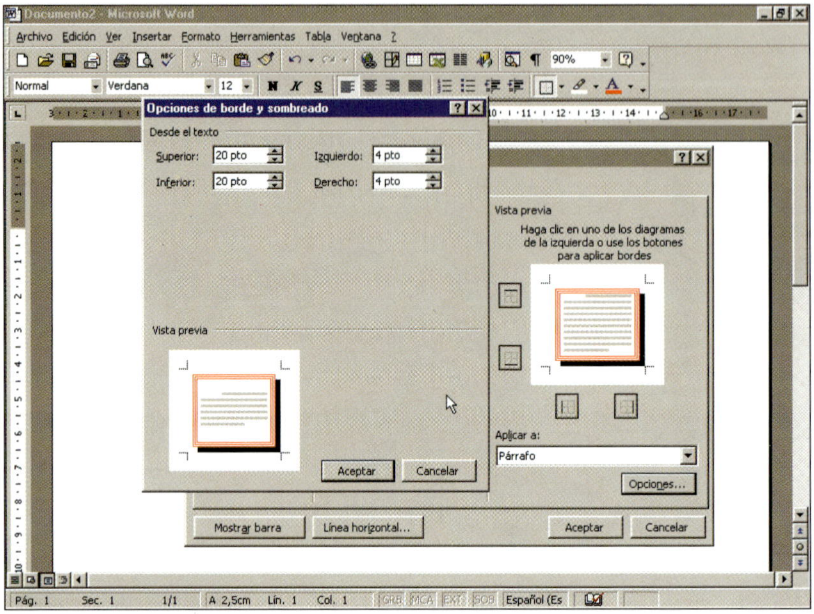

1. Seleccionar el borde que se desee modificar.

2. Abrir el menú Formato y seleccionar la opción Bordes y sombreado...

3. Hacer clic sobre el botón Opciones..., especificar el espacio desde el texto en los apartados Superior e Inferior. Por ejemplo, 15 Ptos.

Nota

Si desea centrar el texto en el interior de un borde deberá seleccionar el propio párrafo y centrarlo como si se tratase un párrafo normal. Seleccione y haga clic sobre el icono Centrar de la barra de herramientas Formato.

4. Hacer clic sobre los botones Aceptar.

5. También es posible establecer el tamaño de un borde mediante el teclado. Situar el cursor en el inicio de la línea o párrafo.

6. Pulsar la tecla <**Intro**> tantas veces como sea necesario.

7. Escribir el texto que se desee en uno de los párrafos.

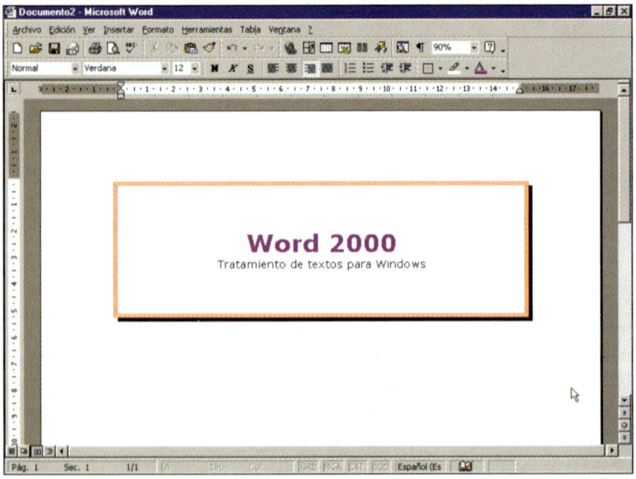

No confunda los bordes con las tablas

Crear una línea horizontal con diseño

1. Abrir el menú Formato.

2. Seleccionar la opción Bordes y sombreado...

3. Hacer clic sobre el botón Línea horizontal.

4. Seleccionar cualquiera de las líneas que contiene el cuadro de diálogo Línea horizontal. Se trata de imágenes prediseñadas que Word 2000 ha instalado como líneas horizontales.

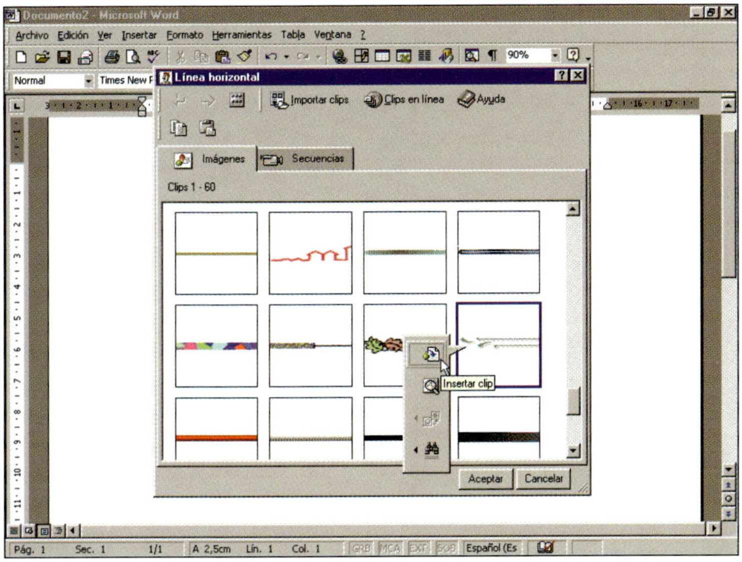

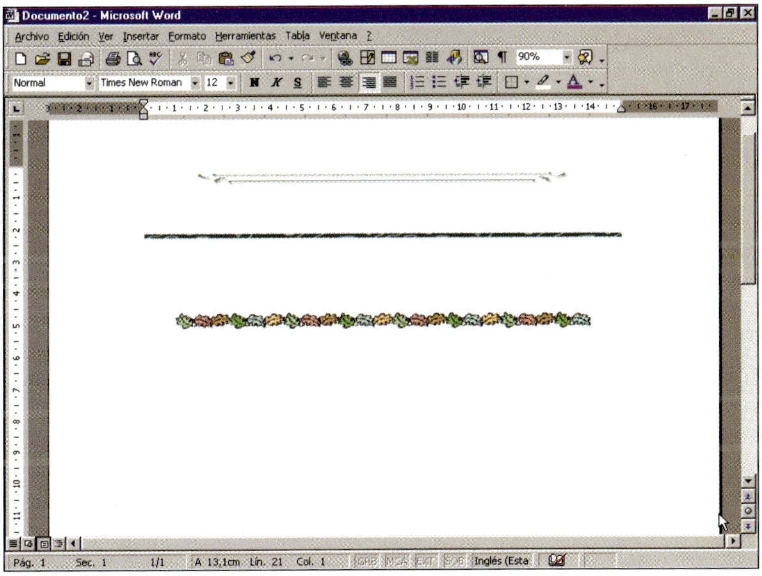

5. Haga clic sobre la línea que desee y active el primer icono que aparece para insertarlo en el documento. Si no lo encuentra, inserte el CD-ROM de instalación para que Word lo instale en su ordenador.

Nota

Es condición indispensable poseer el CD-ROM de Word 2000 u Office 2000 para poder instalar los diversos componentes gráficos o herramientas que no se hayan instalado previamente. También puede conseguir otros archivos gráficos a través de Internet (Clips en línea).

Eliminar un borde

1. Seleccionar el borde que se desee eliminar.

2. Abrir el menú Formato.

3. Seleccionar la opción Bordes y sombreado...

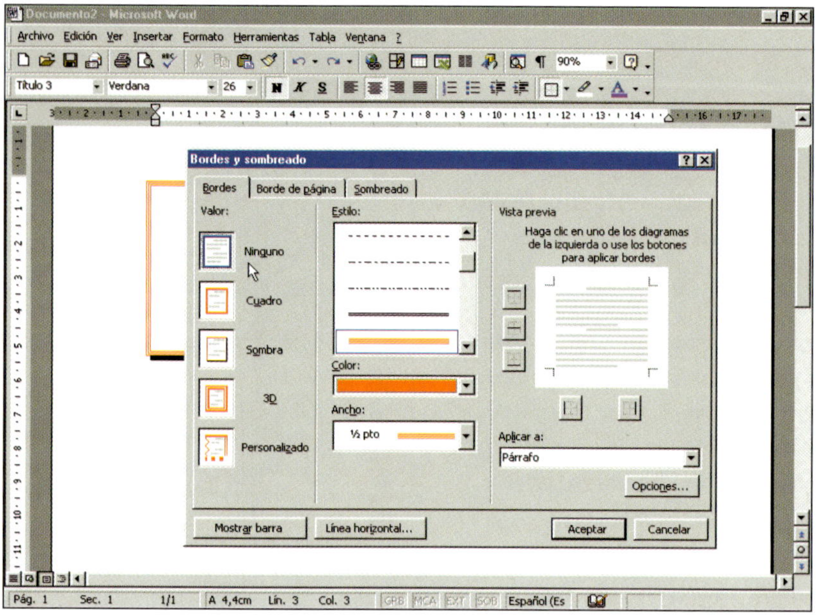

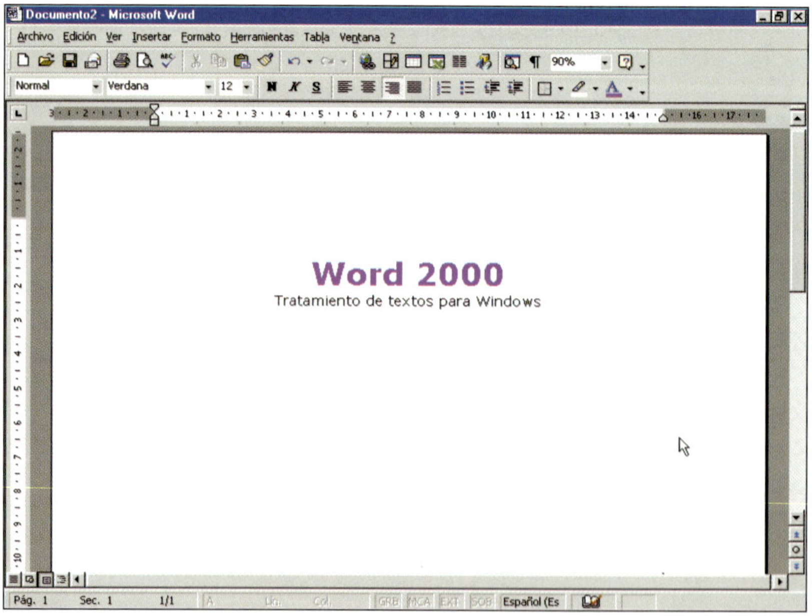

4. En la solapa Bordes, activar la opción Ninguno, correspondiente al apartado Valor.

5. Hacer clic sobre el botón Aceptar.

Barra de herramientas Bordes

Con la barra de herramientas Bordes, puede aplicar bordes y sombreado directamente sobre el área seleccionada.

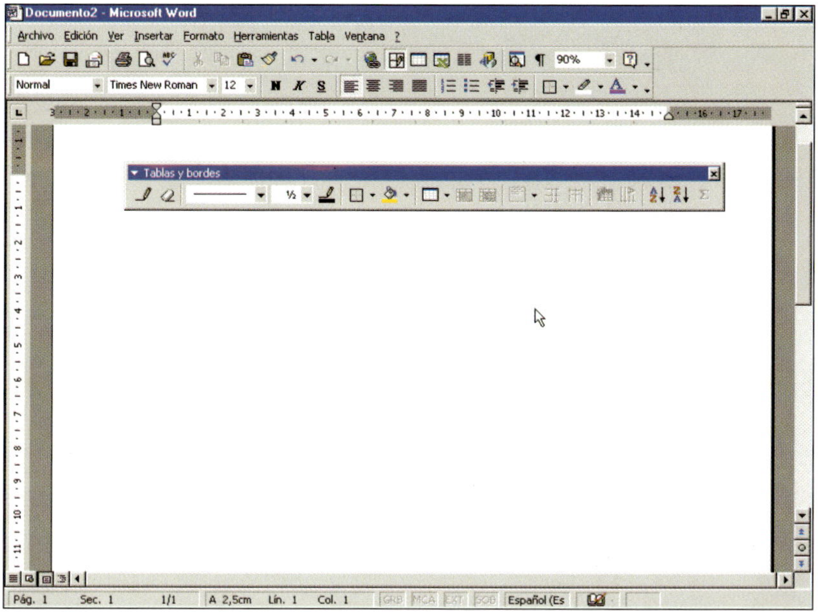

1. Para visualizar la barra de herramientas Bordes, abrir el menú Ver y seleccionar la opción Barra de herramientas, subopción Tablas y bordes.

Desplazar la barra de herramientas al lugar más idóneo para trabajar.

Icono	***Nombre***	***Función***
	Estilo de línea (caja de lista)	Especifica el estilo de línea a aplicar. Existen varios tipos de línea en función del tamaño de puntos y el estilo de línea.
½	Grosor de línea	Especifica los valores numéricos de la línea.
	Color Borde	Establece el color del borde.
	Bordes	Agrega un tipo de borde, dependiendo de la selección previa.
	Color de sombreado	Especifica el color de sombreado.

7. Creación y edición de documentos gráficos

En este capítulo se tratarán los procesos más importantes para crear documentos con elementos gráficos, destacando la inserción de imágenes, gráficos y columnas periodísticas.

- Imágenes y gráficos.
- Aplicaciones complementarias.
- Columnas.
- Ajuste de formas.

Importar una imagen

Las imágenes y gráficos que pueden incluirse en los documentos proceden de muy diversas fuentes y formatos: imágenes previamente escaneadas, imágenes y gráficos de Office 2000 (disponibles en el CD-ROM de instalación) o a través de los comandos importar, copiar y pegar de aplicaciones gráficas.

1. Crear o abrir un documento.

2. Abrir el menú Insertar y seleccionar la opción Imagen, subopción Imágenes prediseñadas...

3. En la galería de Imágenes, seleccionar la temática que se desee y la imagen correspondiente.

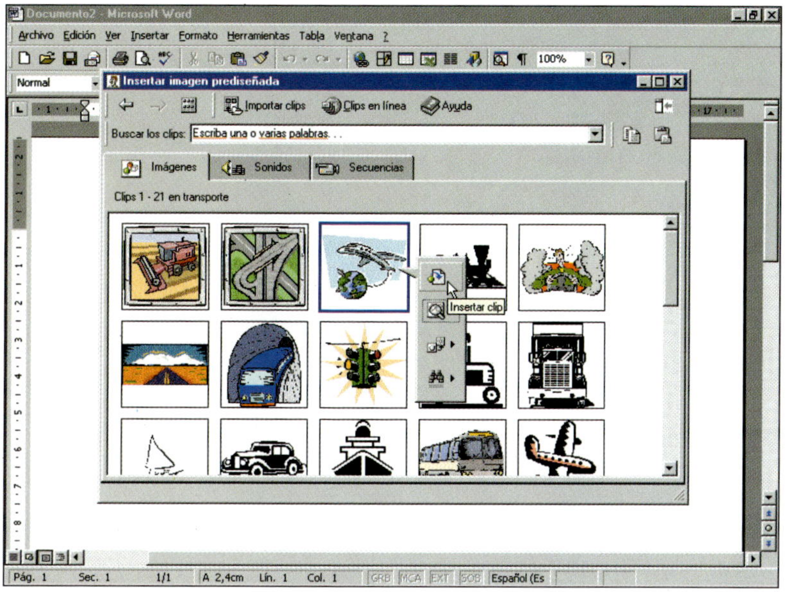

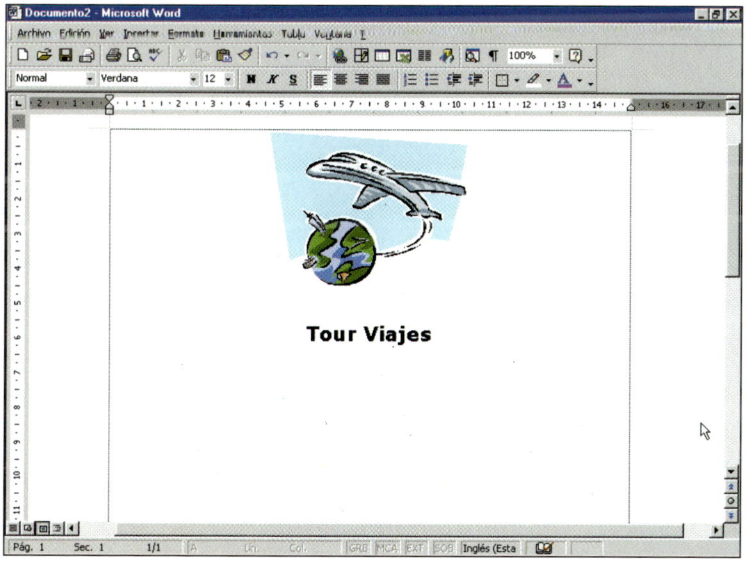

4. Hacer clic sobre el icono Insertar clip para agregarla al documento activo.

Tipos de formatos gráficos

Para insertar imágenes y gráficos, es recomendable que conozca los diferentes formatos con los que puede trabajar Word 2000 para realizar su importación satisfactoriamente. La importación se realiza a través de filtros gráficos, que previamente han sido instalados en su ordenador. A continuación, se enumeran los diferentes filtros gráficos y sus extensiones.

Filtros gráficos – Formato	*Extensión*
Filtro de gráficos Hanako	(.JSH, .JAH, .JBH)
Metarchivo de Computer Graphics	(.CGM)
Archivo CorelDRAW	(.CDR)
Archivo PostScript Encapsulado	(.EPS)
Filtros gráficos FlashPix	(.FPX)
Metarchivo mejorado	(.EMF)
Archivo Graphics Interchange Format	(.GIF)
Archivo JPEG File Interchange Format	(.JPG)
Archivo Kodak Photo CD	(.PCD)
Archivo Macintosh PICT	(.PCT)
Archivo Micrografx Designer/Draw	(.DRW)
Archivo PC Paintbrush	(.PCX)
Archivo Portable Network Graphics	(.PNG)
Archivo Tagged Image File Format	(.TIF)
Archivo Targa	(.TGA)
Archivo de Mapa de bits de Windows	(.BMP, .RLE, .DIB)
Metarchivo de Windows	(.WMF)
Archivo WordPerfect Graphics	(.WPG)

Recuerde instalar los filtros gráficos

Importar una imagen escaneada

1. Grabar la imagen escaneada en una carpeta con un formato legible por Word 2000 (véase la tabla de filtros gráficos).

2. Situar el cursor en el lugar donde se desee insertar la imagen.

3. Abrir el menú Insertar y seleccionar la opción Imagen, subopción Desde archivo...

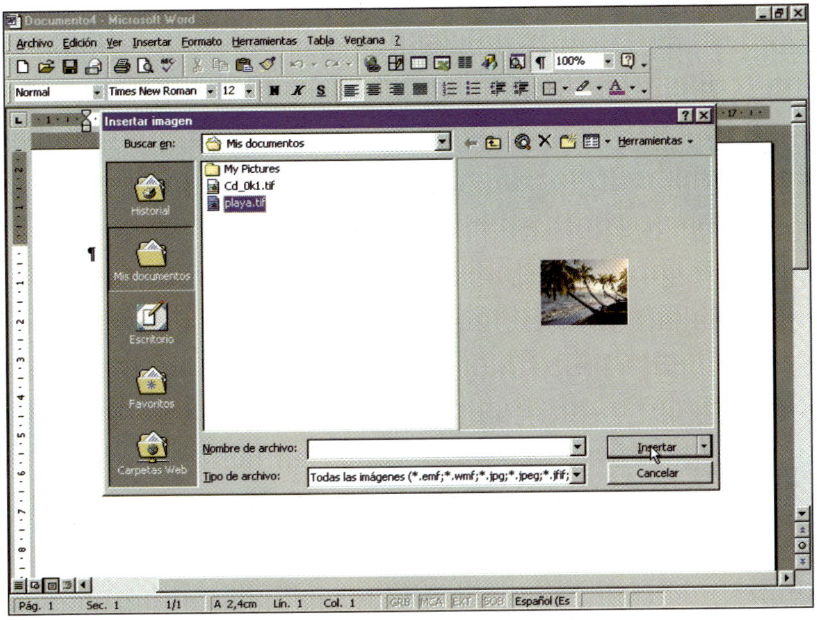

4. Buscar y seleccionar la carpeta donde haya grabado la imagen.

5. Seleccionar el nombre del archivo con el que haya identificado la imagen.

6. Hacer clic sobre el botón Insertar.

Cree una carpeta específica para sus imágenes

Escalar una imagen

1. Abrir el menú Insertar y seleccionar la opción Imagen, subopción Imágenes prediseñadas... o Desde archivo...

2. Seleccionar un archivo gráfico y hacer clic sobre el botón Insertar.

3. Aparecerán ocho puntos de control en el contorno de la imagen.

4. Hacer clic en cualquiera de los puntos de control situados en los vértices y desplazar el cuadro de selección diagonalmente sin dejar de pulsar el botón del ratón para cambiar el tamaño proporcionalmente.

Trabaje en modo diseño de impresión

Recortar una imagen

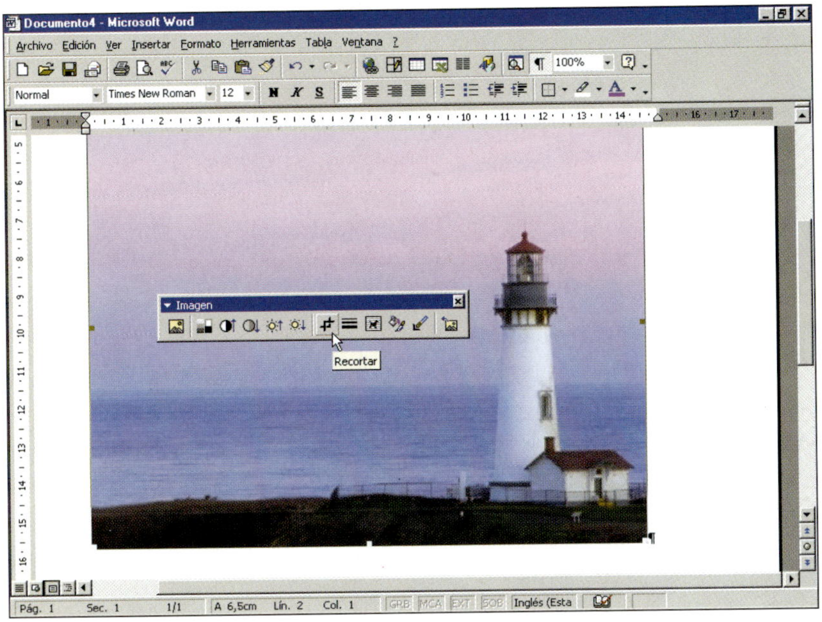

1. Seleccionar la imagen que se desee recortar y pulsar el botón derecho del ratón para seleccionar la opción Mostrar barra de herramientas Imagen.

2. Hacer clic sobre el icono Recortar de la barra de herramientas Imagen.

3. Hacer clic sobre uno de los puntos de control.

4. Desplazar el punto de control hacia la derecha o izquierda, para recortar el extremo deseado, sin dejar de pulsar el botón del ratón.

5. Recortar cada uno de los puntos de control para acotar el segmento de la imagen.

6. Hacer clic sobre el icono Recortar de la barra de herramientas Imagen para desactivar la opción Recortar.

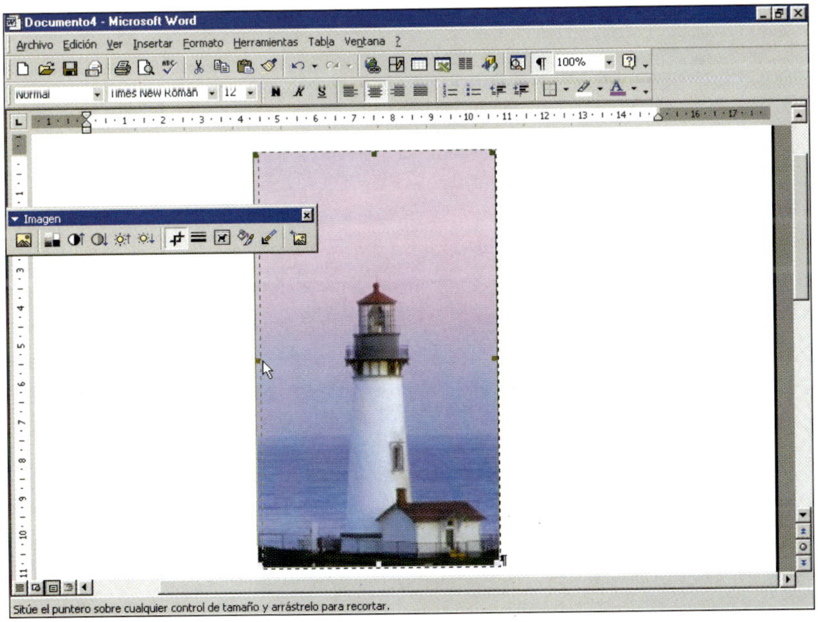

Dibujar objetos

1. Abrir el menú Ver y seleccionar la opción Barra de herramientas, submenú Dibujo para mostrar la barra de herramientas Dibujo.

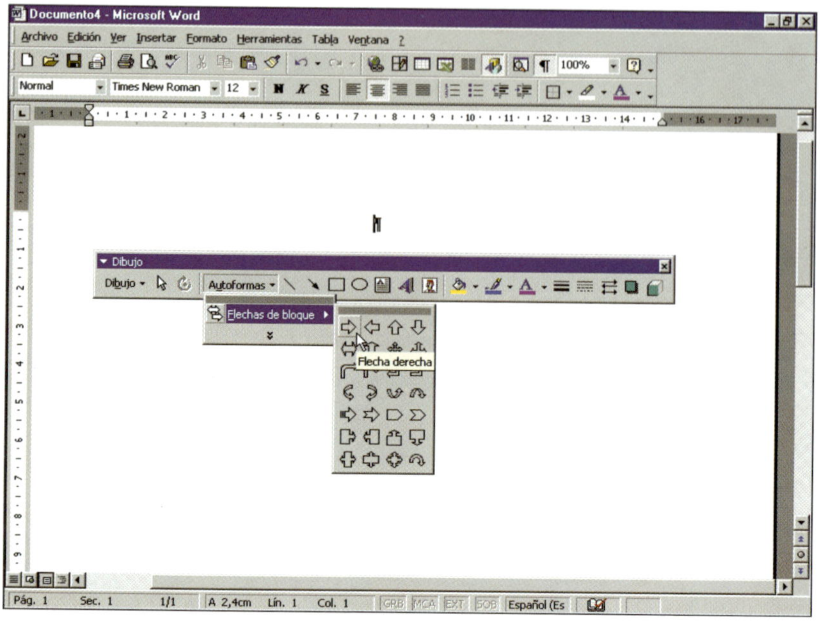

2. Situar la barra en un lugar idóneo para visualizar todas las funciones (arrastrando la barra con el puntero del ratón sobre el título de la barra de herramientas).

3. Hacer clic sobre el icono Autoformas y seleccionar la opción Flechas de bloque.

4. Seleccionar una de ellas. Por ejemplo, Flecha derecha.

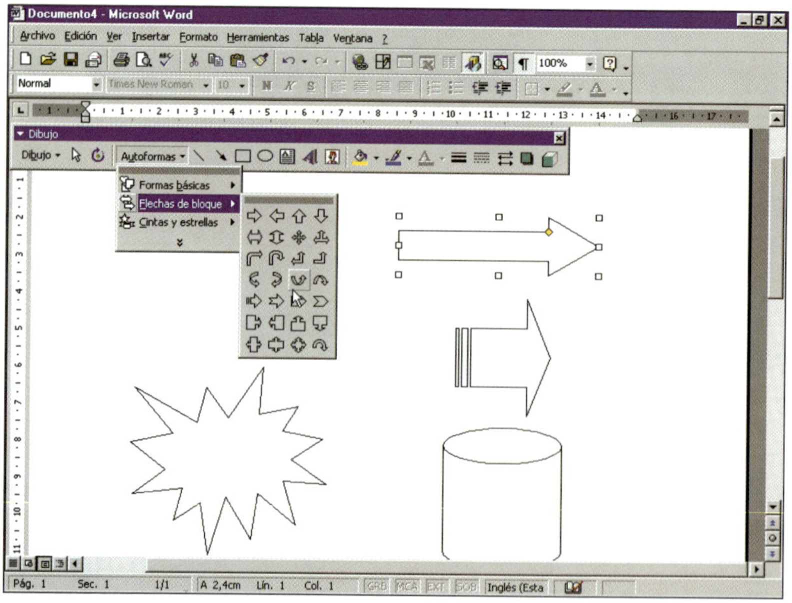

5. Cuando el puntero del ratón se convierta en una cruz, hacer clic sobre el documento y desplazar el puntero del ratón diagonalmente hacia abajo.

6. Para realizar otro objeto, hacer clic sobre el icono correspondiente y seleccionar el objeto que se desee.

Puede ocultar las imágenes para acelerar la edición

Selección, edición y desplazamiento de objetos

1. Hacer clic sobre una de las líneas que delimitan el objeto para seleccionarlo.

2. Automáticamente aparecerán ocho puntos de control (excepto en los objetos línea y flecha, que poseen dos puntos) indicando su selección.

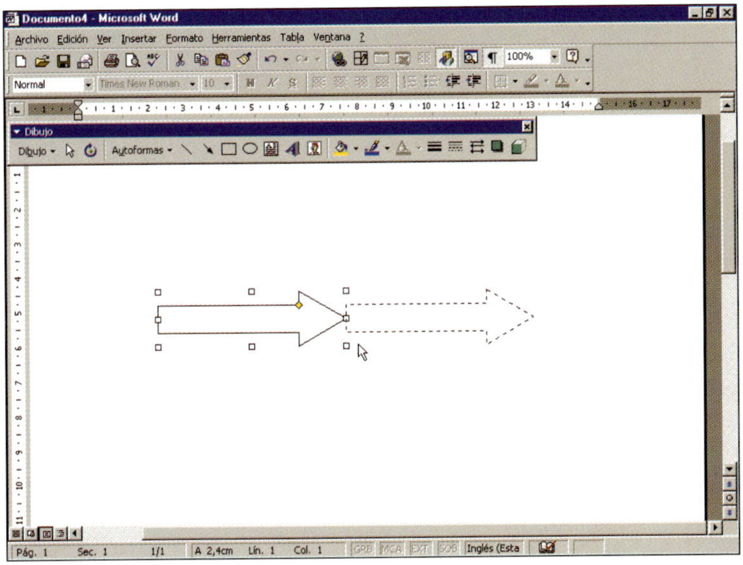

3. Hacer clic sobre el objeto sin dejar de pulsar el botón del ratón y desplazar el objeto hacia cualquier lugar del documento.

4. Soltar el botón del ratón para situar el objeto en el lugar deseado.

5. Hacer clic en uno de los puntos de control y desplazar la arista o vértice hacia el lugar que se desee para aumentar o disminuir el objeto.

6. Si desea aumentar la longitud de una línea, haga clic en uno de sus extremos y desplace el puntero del ratón hasta el extremo deseado.

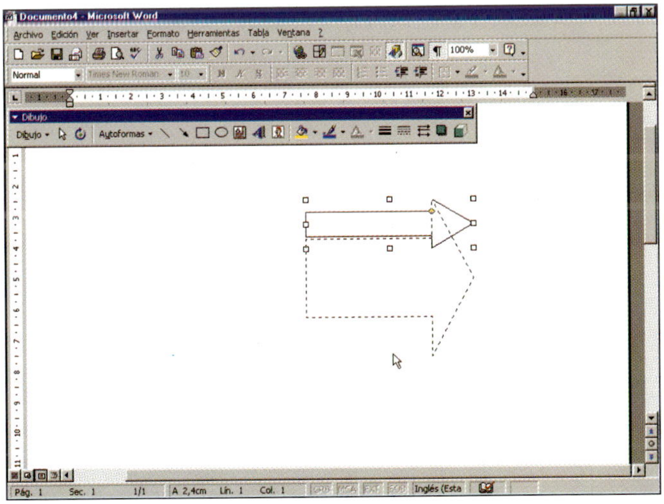

Nota

*Si desea girar un objeto, haga clic sobre el icono, sitúese sobre el punto de control de giro (círculo de color verde), haga clic sobre dicho control y arrastre el objeto en la dirección en la que desee que gire. Manteniendo pulsada la tecla **<Control>**, el objeto girará sobre la base del controlador opuesto.*

Objetos 3D

1. Hacer clic sobre el botón Autoformas de la barra de herramientas Dibujo.

2. Seleccionar la opción Flechas en bloque y hacer clic sobre uno de los objetos (por ejemplo, flecha cuádruple).

3. Insertar dicha flecha en el documento.

4. A continuación, hacer clic sobre el icono 3D de la barra de herramientas Dibujo.

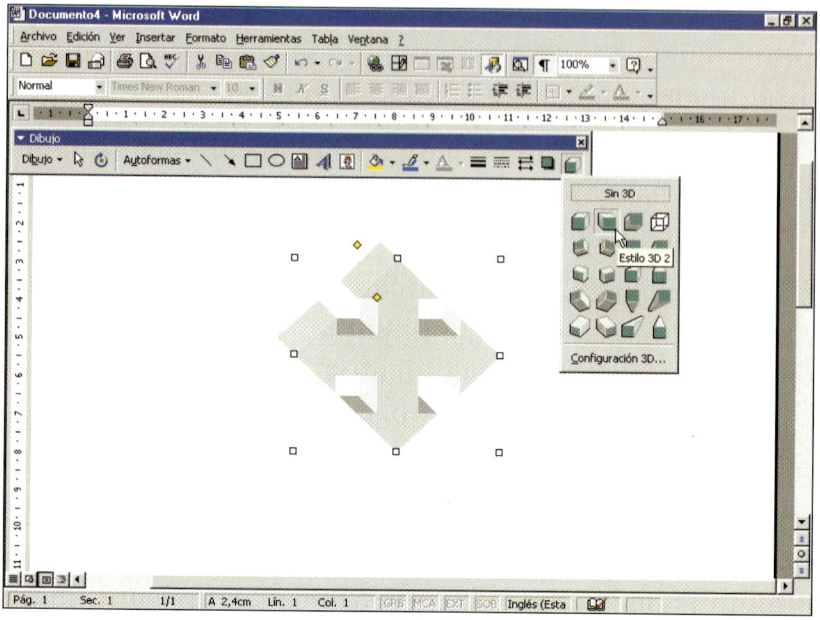

5. Hacer clic sobre la opción Estilo 3D 2. Automáticamente, aparecerá la figura con un aspecto de tres dimensiones (no todos los elementos están disponibles en formato 3D).

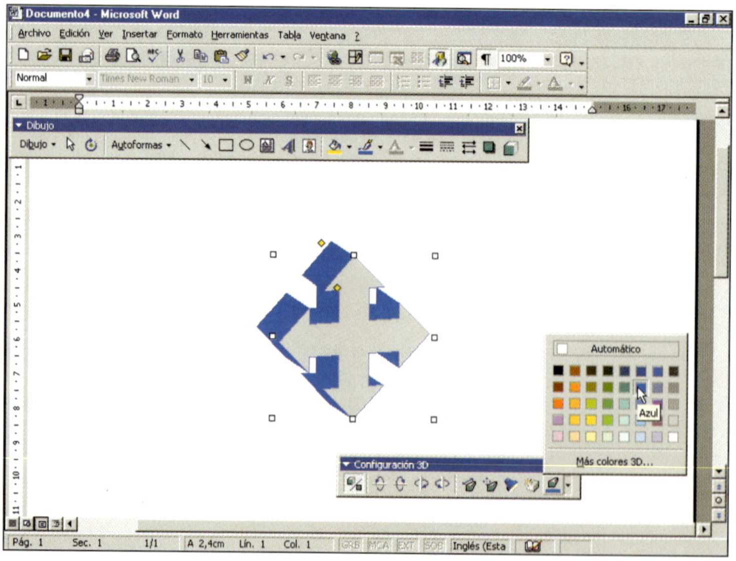

6. En el apartado Sombras, puede seleccionar la situación de la sombra en el objeto.

7. En el apartado Configuración... del icono 3D, podrá especificar los valores de giro, profundidad, dirección, estructura, colores e iluminación para cada objeto 3D.

Aplicar colores y estilos de líneas

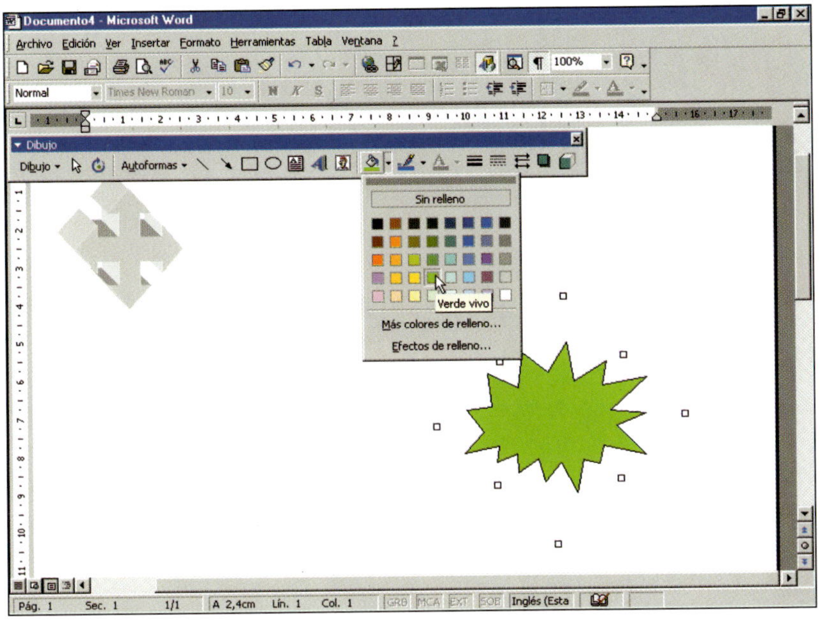

1. Seleccionar el objeto que se desee.

2. Hacer clic sobre el icono y seleccionar un color.

3. También se dispone de las opciones Más colores de relleno... y Efectos de relleno... para ampliar y disponer de colores, tramas y texturas.

4. A continuación, hacer clic sobre el icono y seleccionar un color.

5. Hacer clic sobre el icono para seleccionar el estilo de línea. Por ejemplo, 3 Ptos.

6. Mediante el icono podrá insertar texto en el interior de los elementos.

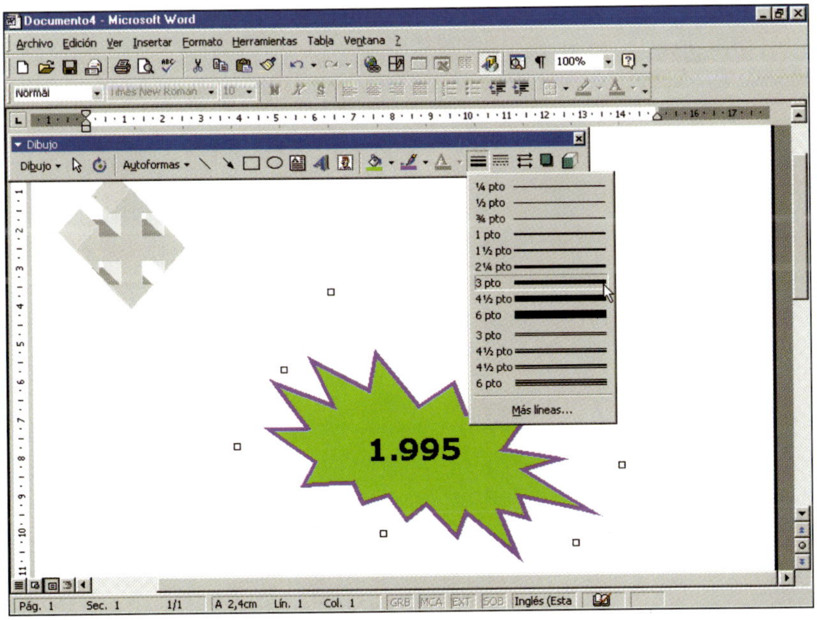

Cómo crear flechas

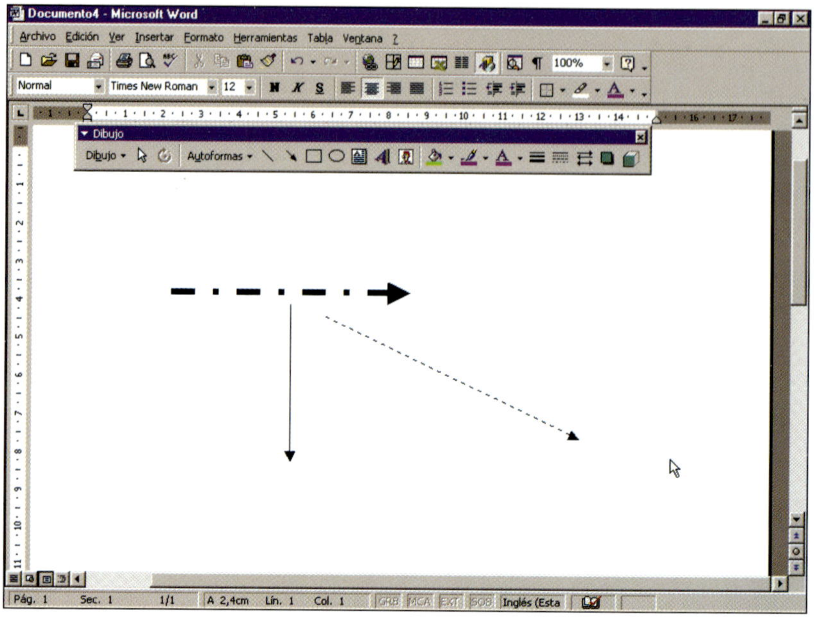

1. Hacer clic en el icono Cuando el puntero del ratón se convierta en una cruz, hacer clic sobre el documento y desplazar el puntero del ratón hacia un extremo.

2. Hacer doble clic sobre la flecha.

3. En el cuadro de diálogo Formato de autoforma, especificar el estilo, grosor y tipo de línea.

4. A continuación, establecer el estilo de flecha y tamaño de punta.

5. También se pueden especificar las magnitudes accediendo a la solapa Tamaño.

6. Hacer clic sobre el botón Aceptar.

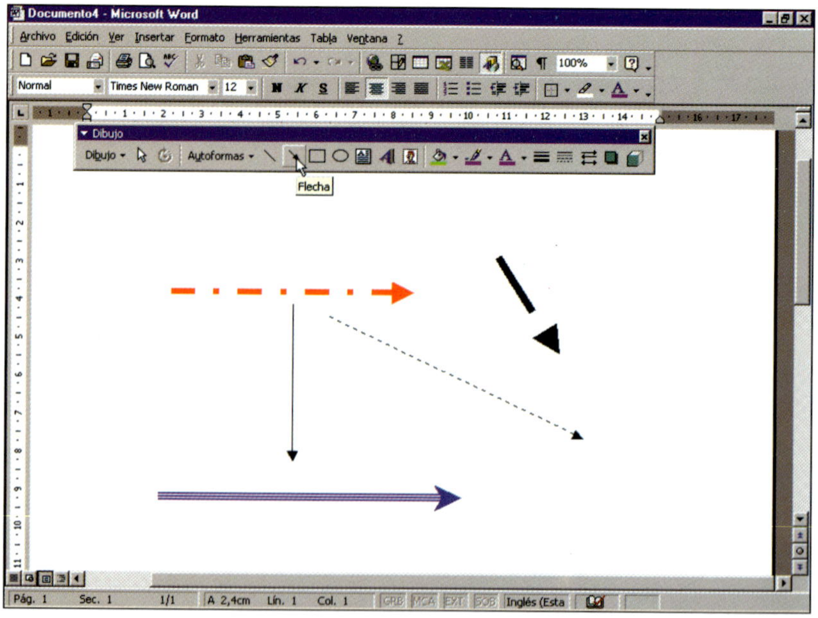

Situar objetos detrás del texto

1. Insertar o dibujar un objeto con un fondo coloreado.

2. Situar el objeto sobre un texto. No importa que lo cubra.

3. Seleccionar dicho objeto y hacer clic sobre el icono **Dibujo** en la barra de herramientas Dibujo.

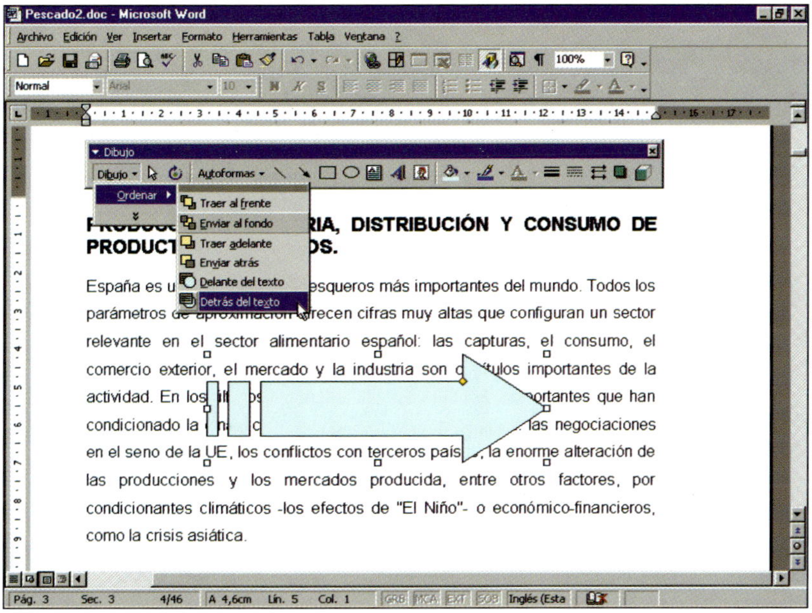

4. Seleccionar la opción Ordenar, subopción Detrás del texto

5. Automáticamente el objeto quedará por delante del texto.

6. Todos los objetos realizados con la barra de herramientas Dibujo podrán situarse detrás del texto.

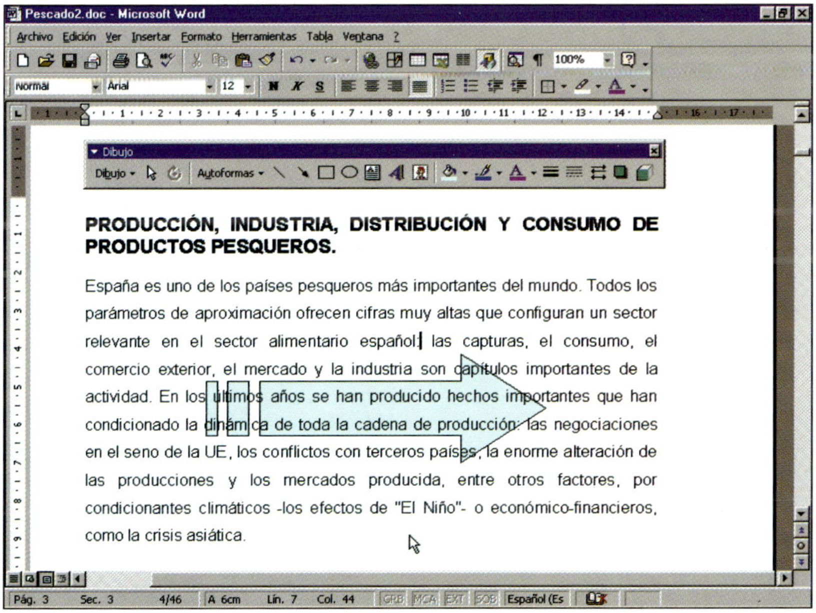

Crear llamadas

1. Hacer clic sobre el icono Autoformas y seleccionar uno de los cuadros de llamada.

2. Situar el puntero del ratón en la posición donde se desee iniciar la llamada.

3. Sin dejar de pulsar el botón del ratón, desplazar el puntero hasta donde se desee situar el texto y escribir el texto en el cuadro.

4. Hacer doble clic sobre la llamada para mostrar el cuadro de diálogo Formato de autoforma.

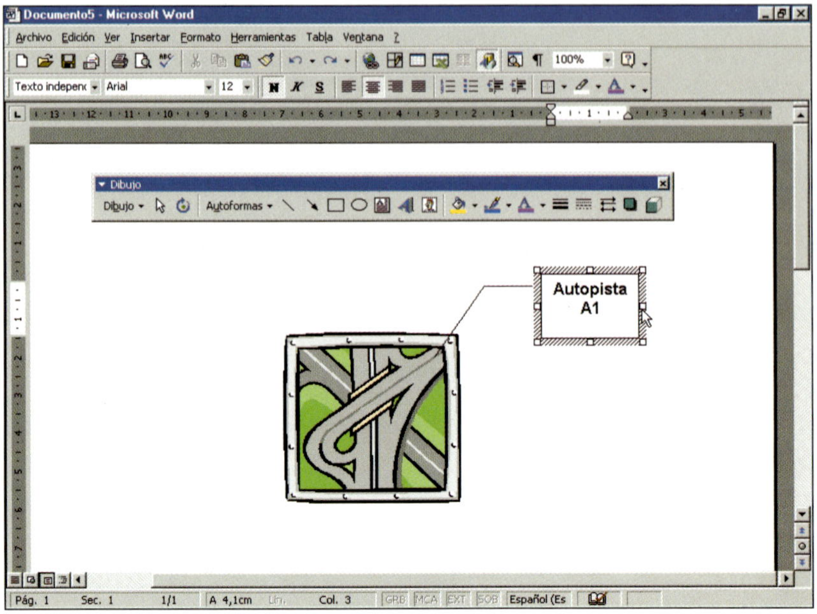

5. Mostrar la solapa Cuadro de texto y hacer clic en el botón Formato de llamada.

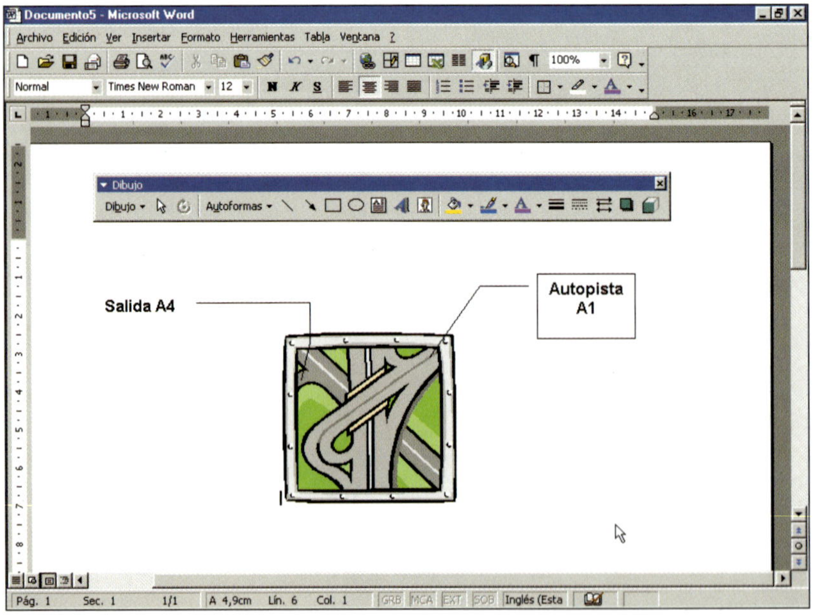

6. Desactivar la opción Borde del texto y hacer clic sobre el botón Aceptar.

7. Situar el cursor en el interior de la llamada y escribir el texto que se desee.

8. Continuar creando llamadas, utilizando las diversas variantes de formato.

Crear cuadros de texto

1. Hacer clic sobre el icono de la barra de herramientas Dibujo y situar el puntero del ratón en la posición donde se desee crear el cuadro.

2. Posteriormente, desplazar el puntero sin soltar el botón del ratón para situar el cuadro.

3. Escribir el texto que se desee.

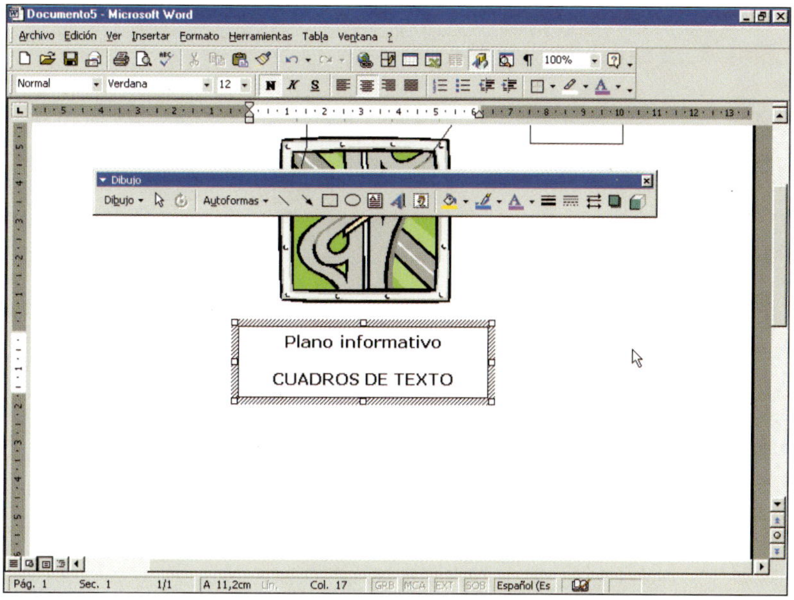

Nota

Para dar formato al texto de un cuadro, aplicar los mismos procedimientos de un párrafo. Además, los cuadros de texto se pueden situar en las imágenes.

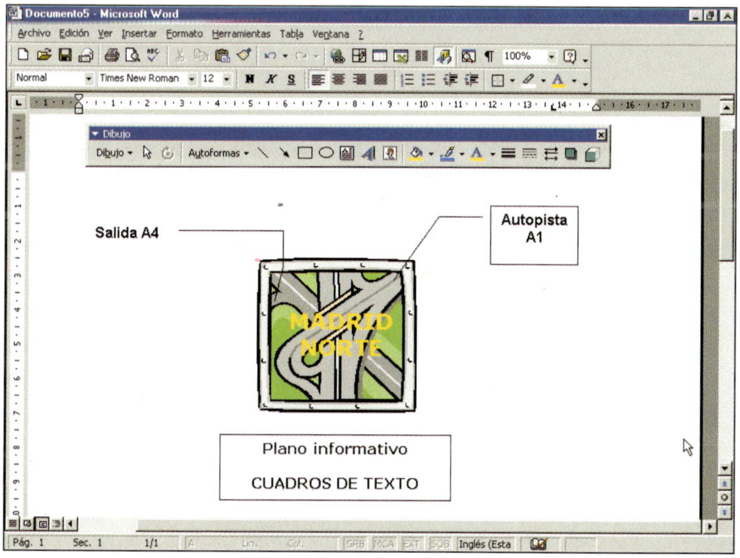

4. Para dar formato al cuadro, hacer doble clic sobre el mismo y aplicar los formatos de líneas y color en la solapa Colores y líneas.
5. Para aumentar o disminuir el cuadro, utilizar los diferentes puntos de control desplazando los lados del cuadro hasta conseguir el tamaño deseado.
6. Se pueden crear cuadros de texto sin líneas, activando esta opción en el apartado Línea de la solapa Colores y líneas.

Efectos de texto con WordArt

WordArt es una aplicación integrada en Word 2000, destinada a realizar efectos de texto útiles para enfatizar los documentos.

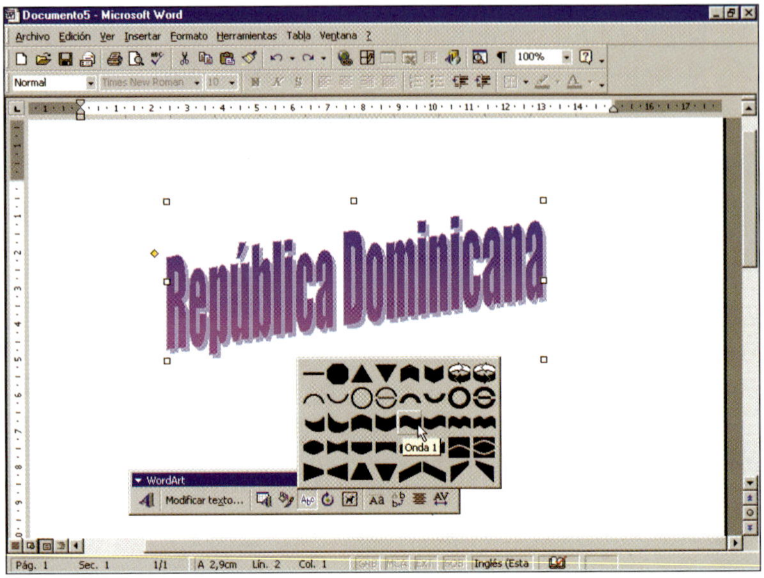

1. Abrir el menú Insertar.
2. Seleccionar la opción Imagen, subopción WordArt...
3. Automáticamente, una galería de estilos se muestra en pantalla.
4. Seleccionar uno de ellos y hacer clic sobre el botón Aceptar.
5. Escribir el texto que se desee y hacer clic sobre el botón Aceptar. También puede especificar el tipo de fuente en este cuadro de diálogo si lo desea.
6. Aumentar el texto como si de una imagen u objeto se tratase.
7. Hacer clic sobre el icono [Abc] y seleccionar una de las formas.
8. Situar y desplazar el puntero del ratón sobre el punto amarillo de control para fijar el ángulo de la base del texto.
9. Seleccionar el elemento de WordArt y situarlo en el lugar que se desee.

Realizar una marca de agua

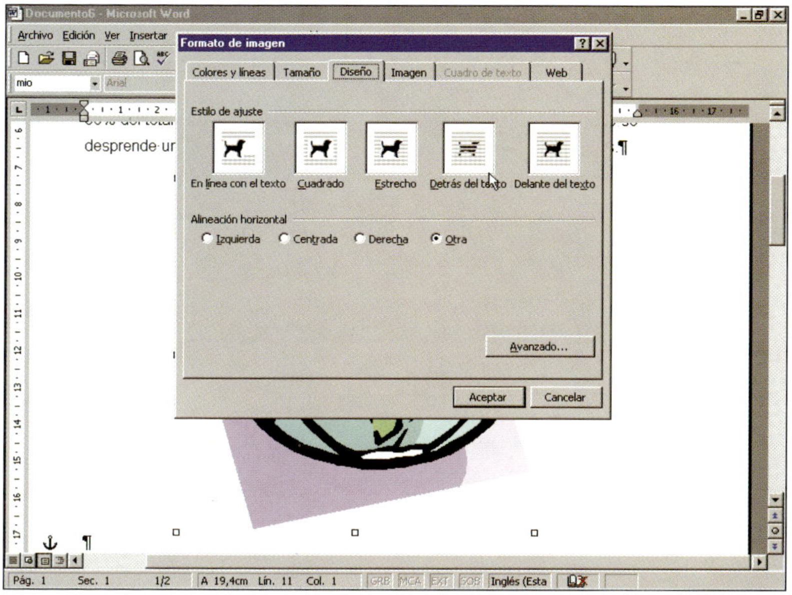

Una marca de agua es una imagen de fondo que aparece detrás del texto de una página.

1. Insertar una imagen u objeto gráfico en un documento que contenga texto.
2. Seleccionar el objeto gráfico.
3. Escalar el objeto al tamaño deseado.
4. Pulsar el botón derecho del ratón y seleccionar la opción Formato de imagen... del menú contextual.
5. En la solapa Diseño, seleccionar la opción Detrás del texto en el apartado Estilo de ajuste.
6. A continuación, hacer clic sobre el botón Aceptar. Si fuese necesario desplazar nuevamente la imagen u objeto, deberá asegurarse de seleccionarlo previamente.

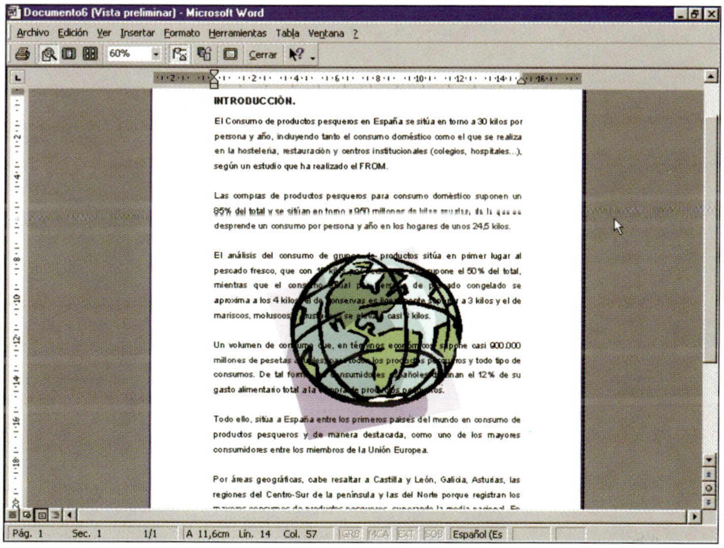

Nota

En las marcas de agua también es posible utilizar textos e imágenes escaneadas. Ayúdese del Zoom, para manipular las imágenes u objetos gráficos por el documento.

Añadir gráficos

Microsoft Graph 2000, es una aplicación que permite representar cualquier dato en un formato gráfico a través de diversos tipos de diagramas (áreas, barras, columnas, líneas, circulares, dispersión, etc.).

1. Abrir el menú Insertar.

2. Seleccionar la opción Objeto...

3. Mostrar la solapa Crear nuevo y seleccionar el tipo de objeto gráfico de Microsoft Graph 2000.

4. Hacer clic sobre el botón Aceptar.

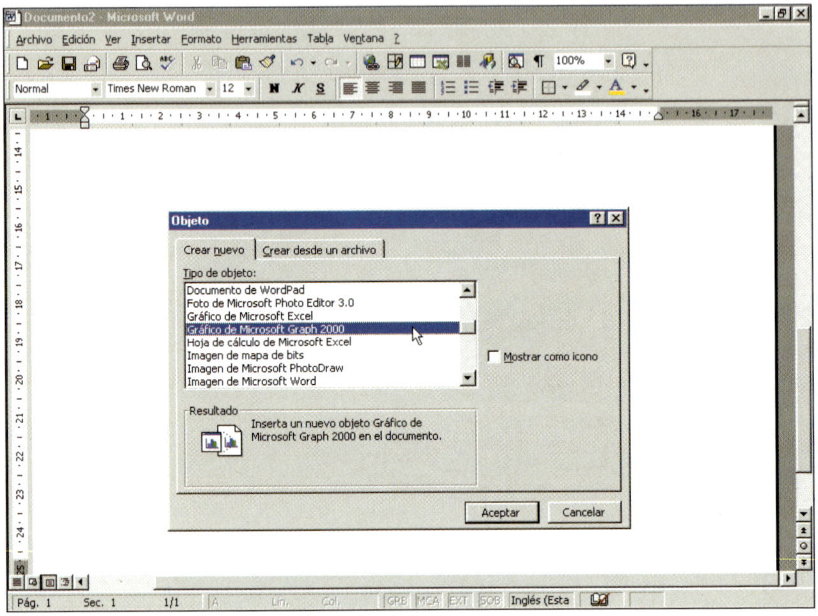

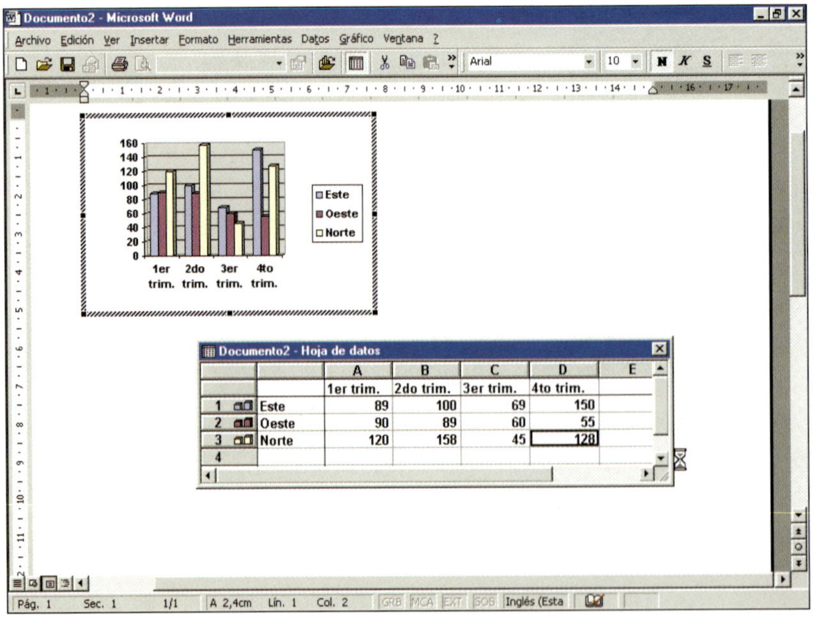

5. Al activar Microsoft Graph, aparece automáticamente una nueva ventana con nuevos menús y una barra de herramientas. La ventana contiene la hoja de datos y un gráfico por defecto representando los datos de la hoja.

6. Situarse en cada celda de la hoja de datos y reemplazar los datos con los de una nueva tabla.

Añadir gráficos

7. A continuación, en el menú Gráfico o en la barra de herramientas Estándar, puede seleccionar el tipo de gráfico que desee. Si no está disponible dicha barra, abrir el menú Ver y seleccionar la opción Barra de herramientas...

8. Seleccionar el icono Tipo de gráfico y seleccionar el tipo de gráfico que se desee. Como puede apreciar, el cambio es totalmente automático.

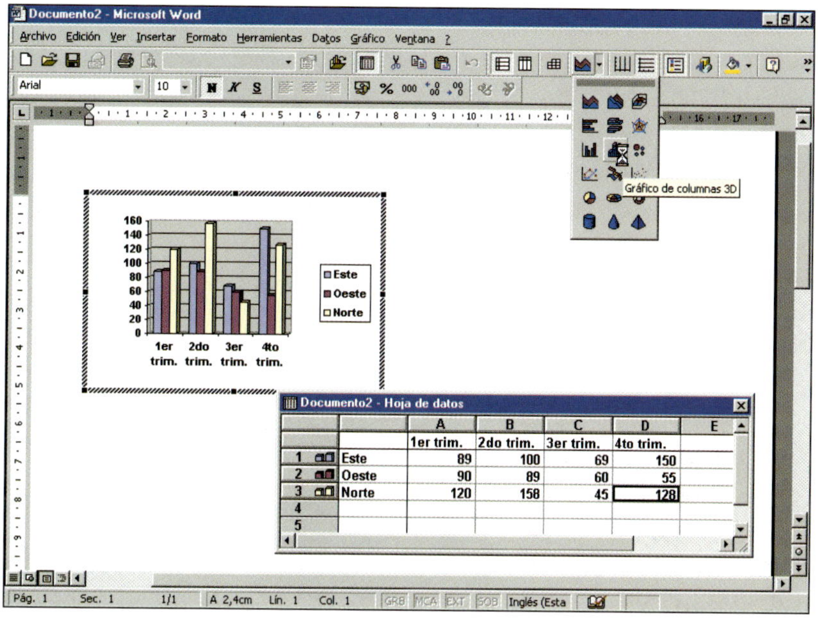

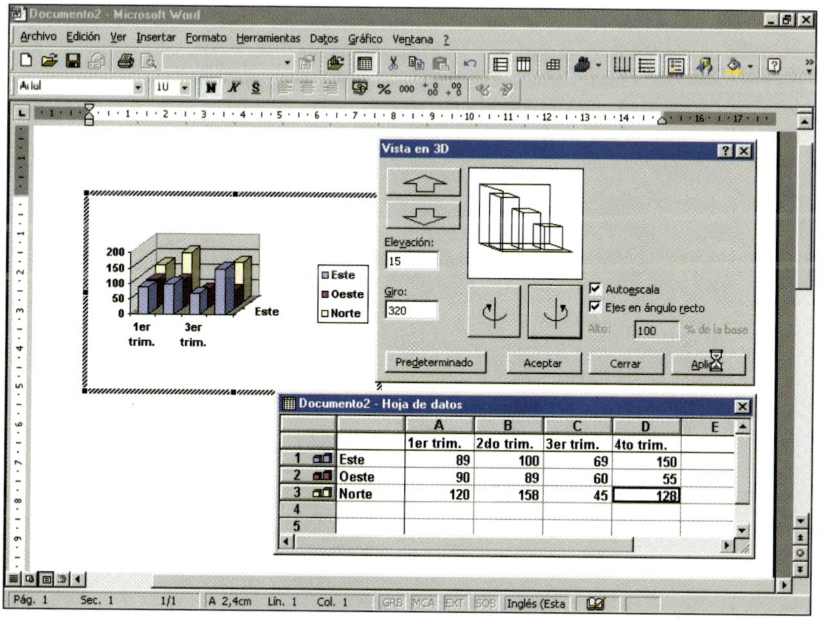

9. También dispone de gráficos en 3D de diversos tipos.

10. Para presentar una vista específica en 3D, abrir el menú Gráfico y seleccionar la opción Vista en 3D... para definir el ángulo y elevación del gráfico.

11. Hacer clic sobre el botón Aceptar.

Añadir gráficos

12. Hacer clic fuera del cuadro del gráfico para insertarlo en el documento.

13. Seleccionar el gráfico y situarlo en el lugar preciso del documento.

14. También se puede aumentar o disminuir su tamaño con el mismo tratamiento que una imagen.

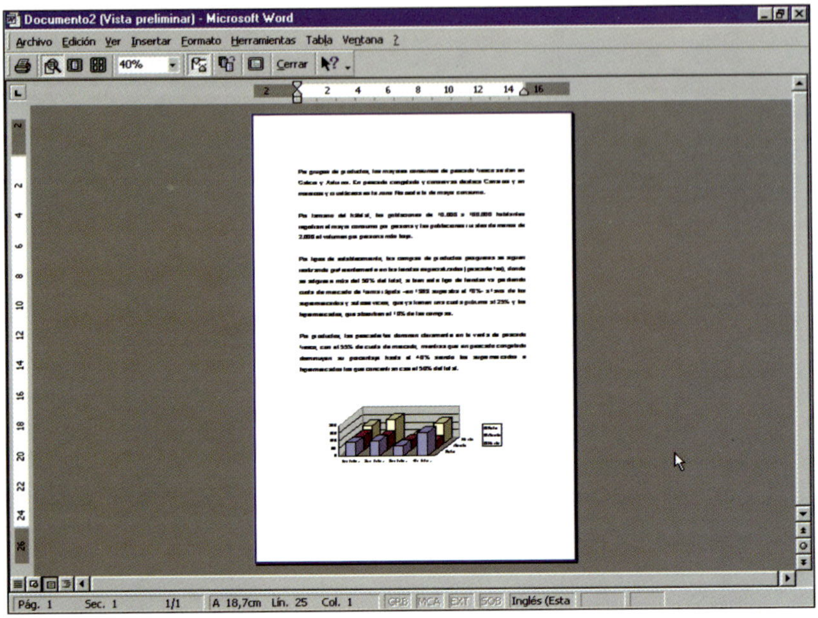

15. Para editar nuevamente el gráfico, hacer doble clic sobre el mismo.

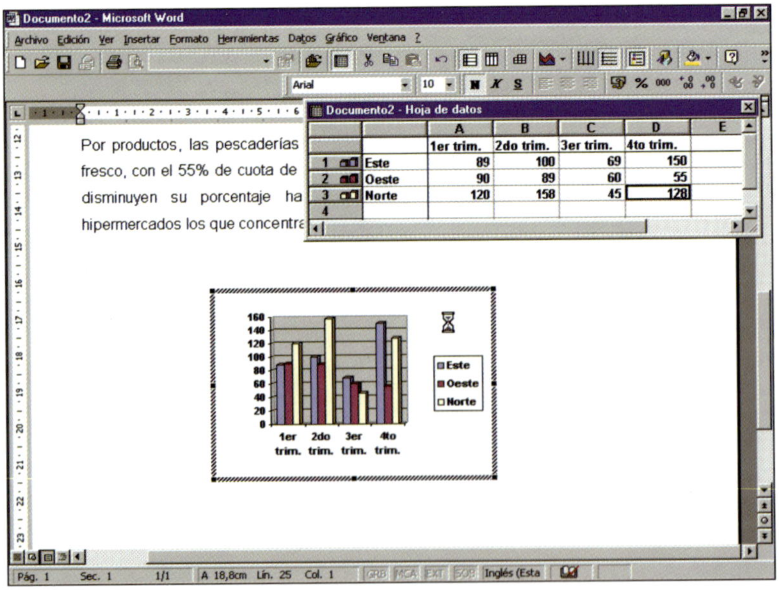

Haga doble clic para editar los datos del gráfico

Columnas simples en un documento

Cuando se crea un documento nuevo, Word trata al documento completo como una sola sección. Se crean varias secciones para poder establecer documentos con diferentes tipos de columnas en sus páginas.

1. Abrir un documento que contenga, al menos, una página de texto.
2. Situar el cursor en cualquier lugar del documento.
3. Hacer clic sobre el icono ▤, disponible en la barra de herramientas Estándar.

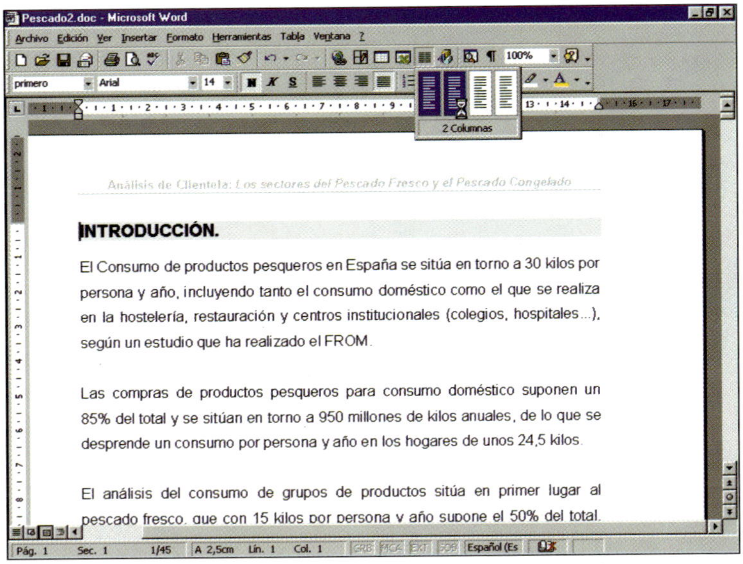

4. Arrastrar el puntero del ratón para seleccionar el número de columnas deseado, por ejemplo, las dos primeras columnas.
5. Automáticamente, el texto aparecerá situado en el documento en dos columnas.

Nota

El modo de trabajo Diseño de impresión, es el ideal para poder visualizar realmente las columnas.

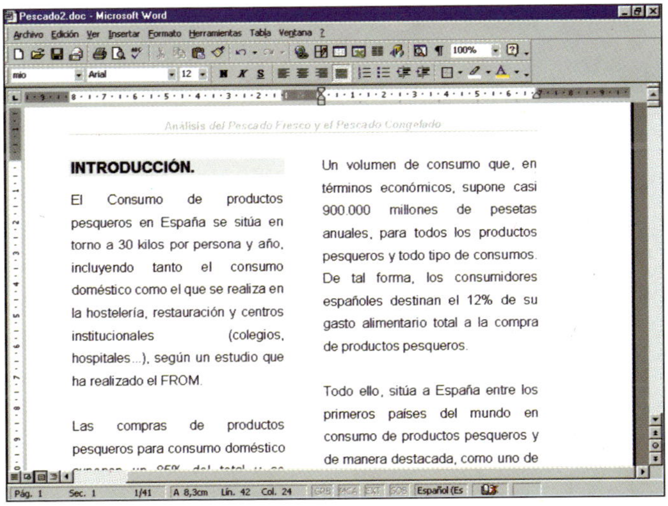

Nota

Las columnas simples en un documento, son aquellas que sólo tienen un tipo de formato de columna para todo el documento. Es decir, una sola sección.

COLUMNAS

Columnas simples en un documento nuevo

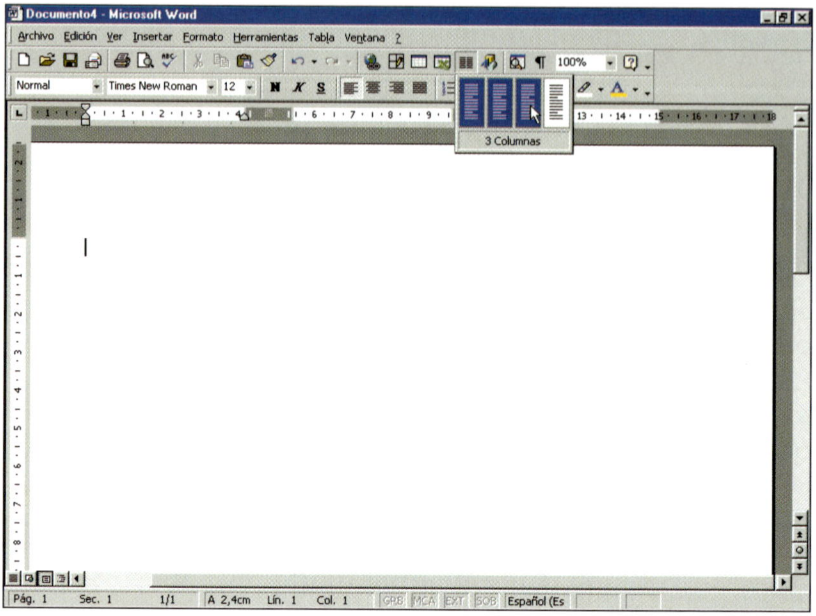

1. Hacer clic sobre el icono

2. Hacer clic sobre el icono

3. Especificar el número de columnas arrastrando el puntero del ratón.

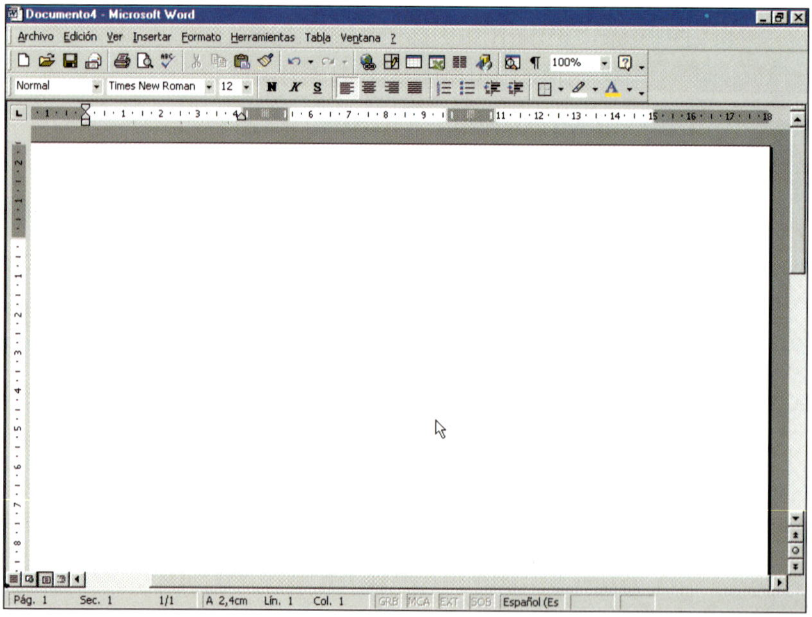

4. Seleccionar, por ejemplo, tres columnas.

5. Si no se visualizaran las líneas que delimitan las columnas, abrir el menú Herramientas.

Por defecto, las columnas se aplican al documento completo

Columnas simples en un documento nuevo

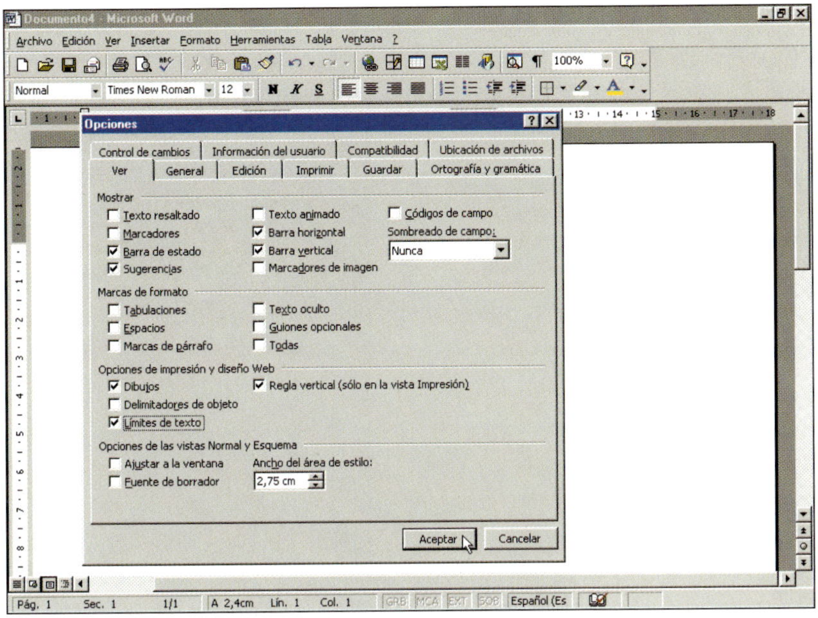

6. Seleccionar la opción Opciones... del menú Herramientas.

7. Mostrar la solapa Ver.

8. Activar la opción Límites de texto del apartado Mostrar.

9. Hacer clic sobre el botón Aceptar.

10. Comenzar a escribir como si de un texto normal se tratase.

11. Los formatos de fuente y párrafo se comportan de la misma forma para aplicar los diferentes formatos a las columnas.

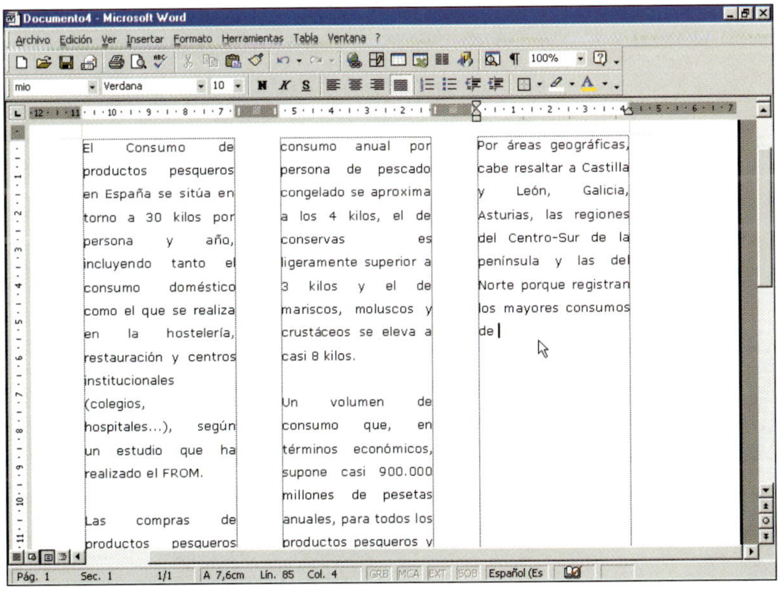

Columnas múltiples en un documento

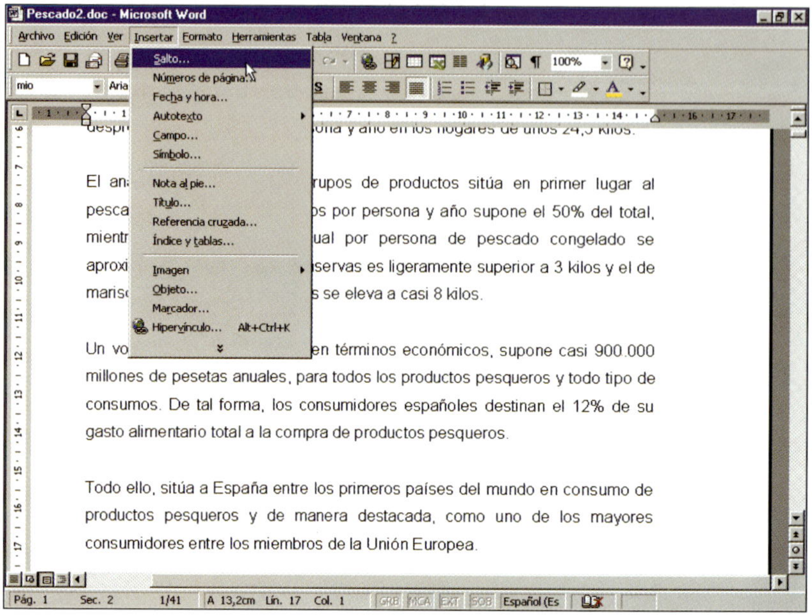

1. Abrir un documento que posea varias páginas.

2. Situar el cursor exactamente en el lugar en el que se desee crear una nueva sección (a partir de ese lugar se creará una sección).

3. Abrir el menú Insertar.

COLUMNAS

4. Seleccionar la opción Salto...

5. En el apartado Tipos de saltos de sección, activar la opción Continuo.

6. Hacer clic sobre el botón Aceptar.

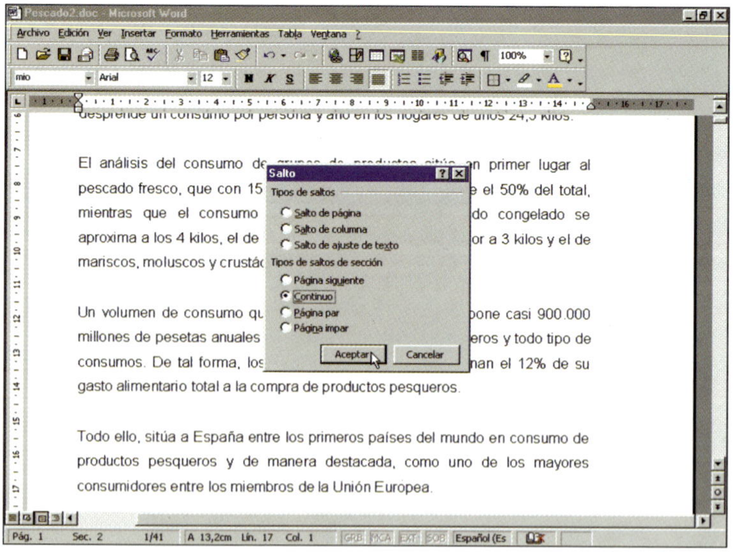

Nota

Para visualizar las secciones, observar la barra de estado (parte inferior de la pantalla).

Columnas múltiples en un documento

7. A continuación, insertar en otro párrafo más adelante otro salto de sección continuo para cerrar la sección número dos.

8. De esta forma se creará una tercera sección.

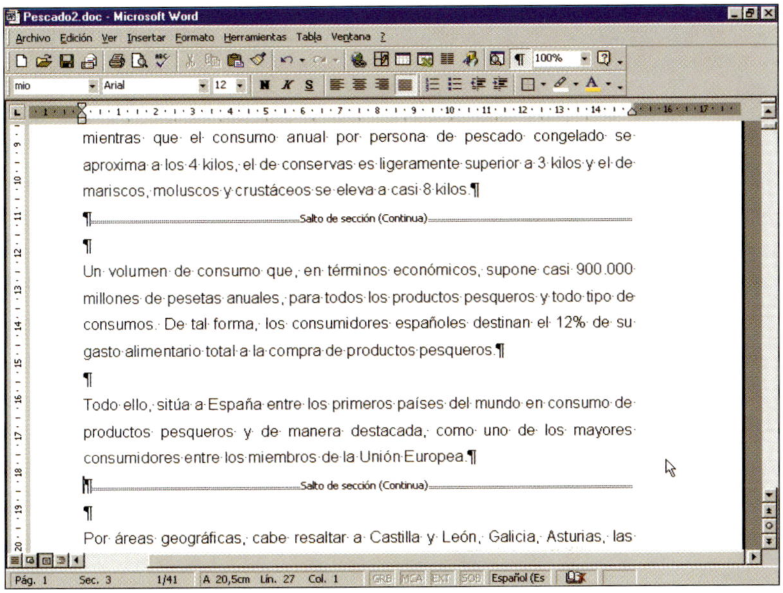

Nota

Si desea ver en pantalla los saltos de sección, haga clic en el icono ¶

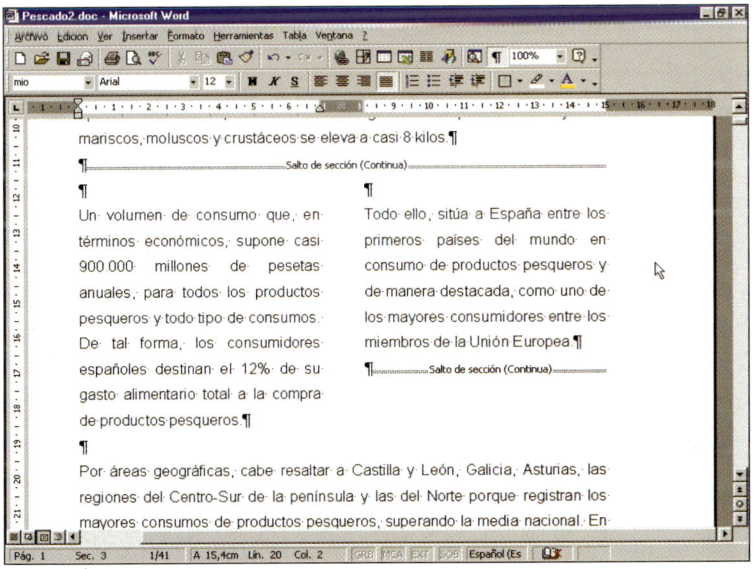

9. Situar el cursor en cualquier lugar de la segunda sección.

10. Hacer clic sobre el icono

11. Especificar el número de columnas que se desee. Por ejemplo, dos.

Columnas múltiples en un documento

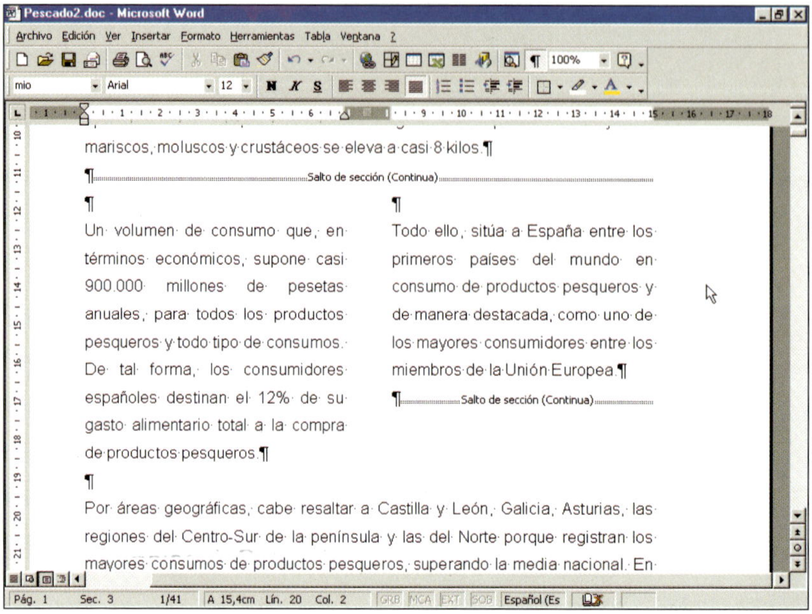

12. Posteriormente, situar el cursor en la sección número tres.

13. Abrir el menú Formato.

14. Seleccionar la opción Columnas...

15. Seleccionar la opción Tres columnas.

16. Hacer clic sobre el botón Aceptar.

17. Visualizar el documento por completo para observar las secciones con diferentes columnas.

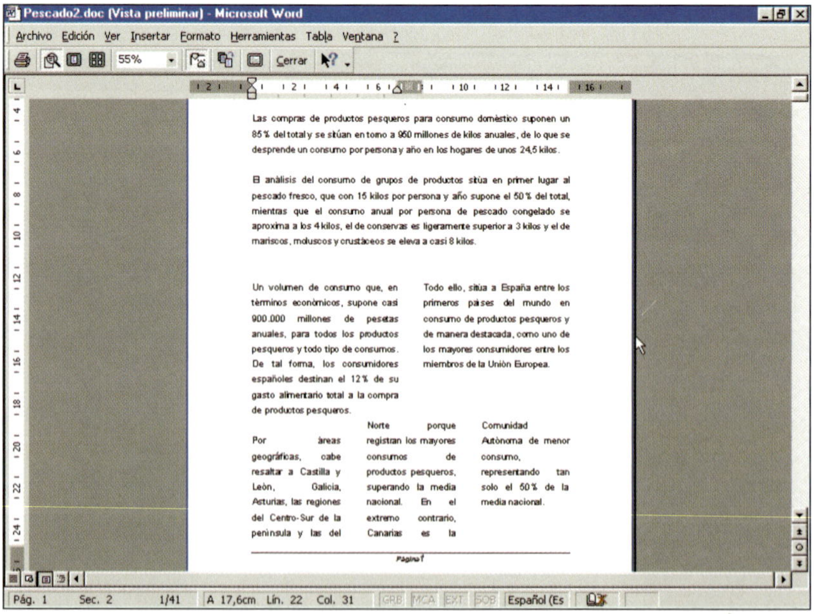

COLUMNAS

También es posible ajustar las columnas con el ratón

Cambiar el ancho y espacio de las columnas

1. Situar el cursor sobre una de las secciones que contengan columnas.

2. Abrir el menú Formato.

3. Seleccionar la opción Columnas...

4. Desactivar la opción Columnas de igual ancho si estuviera activa.

5. En el apartado Ancho y espacio, especificar en centímetros el ancho de cada una de las columnas.

Cambiar el ancho y espacio de las columnas

6. El apartado Muestra le ayudará a visualizar el formato de las columnas antes de aceptar los cambios.

7. Especificar en centímetros el espacio que se desee entre las columnas.

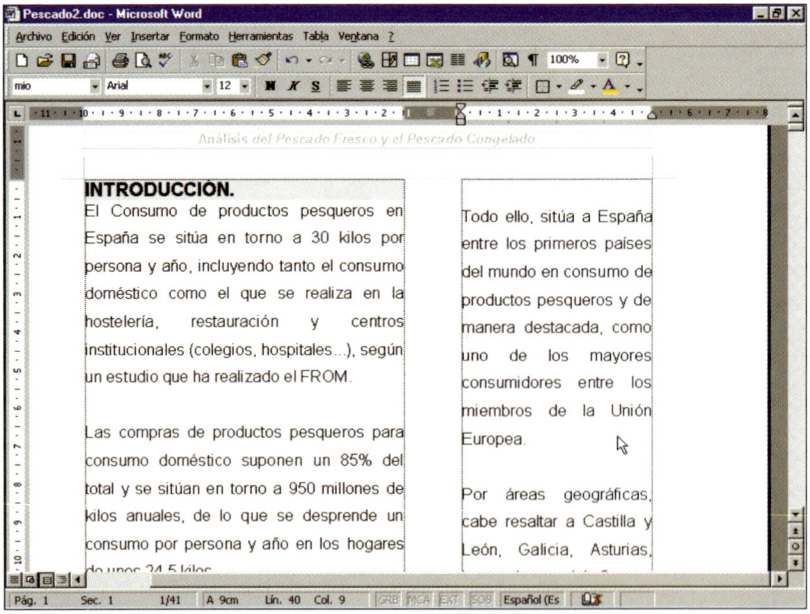

8. Este espacio delimita la separación entre las columnas contiguas.

9. Hacer clic sobre el botón Aceptar.

10. Observar los cambios realizados en las columnas.

No aplique demasiadas columnas en un documento

Agregar una línea de separación entre las columnas

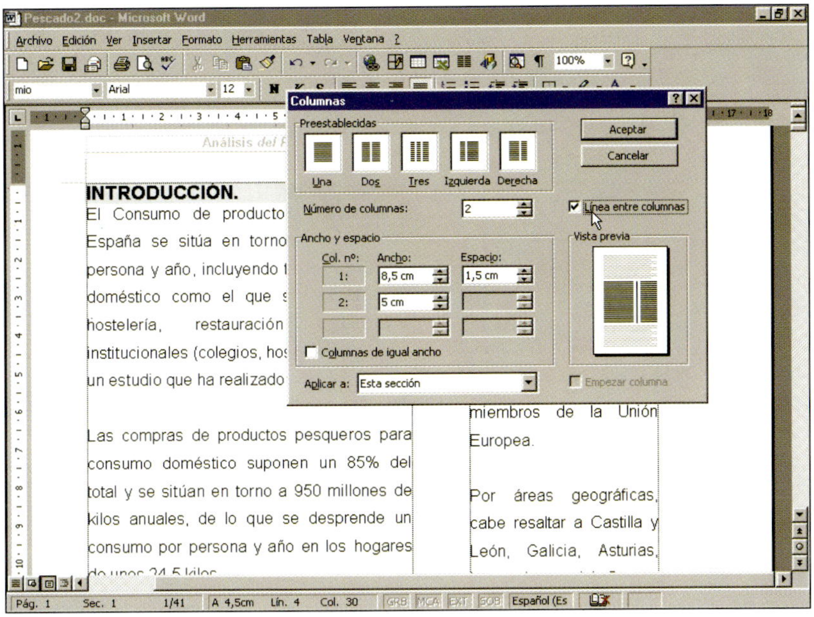

1. Situar el cursor sobre una de las secciones que contengan columnas.

2. Abrir el menú Formato.

3. Seleccionar la opción Columnas...

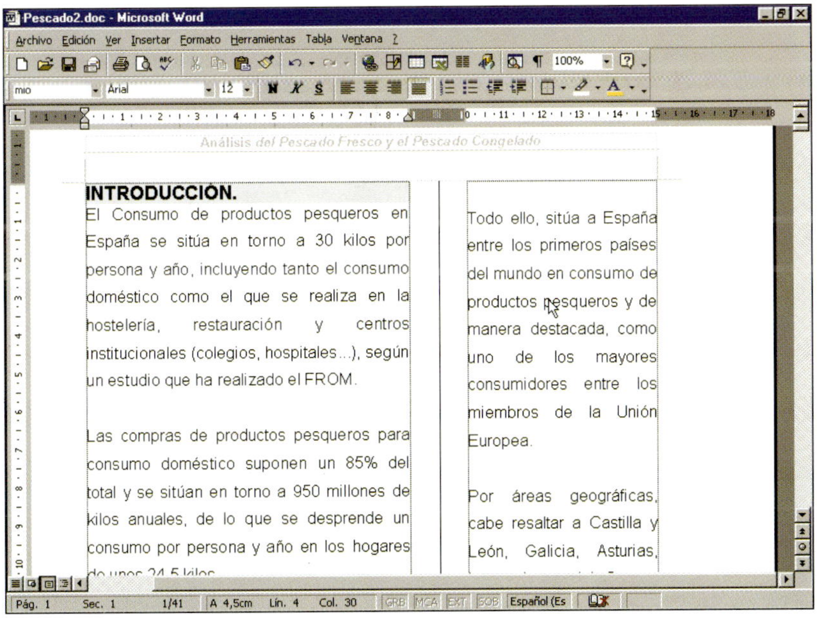

4. Activar la opción Línea entre columnas.

5. Hacer clic sobre el botón Aceptar.

Establecer un salto de columna

1. Situar el cursor exactamente en el lugar donde se desee terminar el texto en la columna.

2. Abrir el menú Insertar.

3. Seleccionar la opción Salto...

4. Activar la opción Salto de columna.

5. Hacer clic sobre el botón Aceptar.

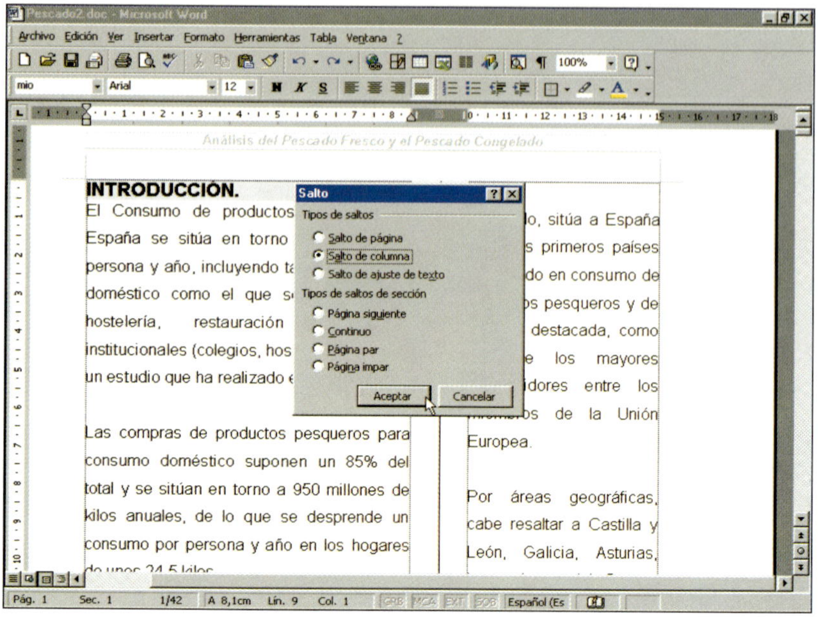

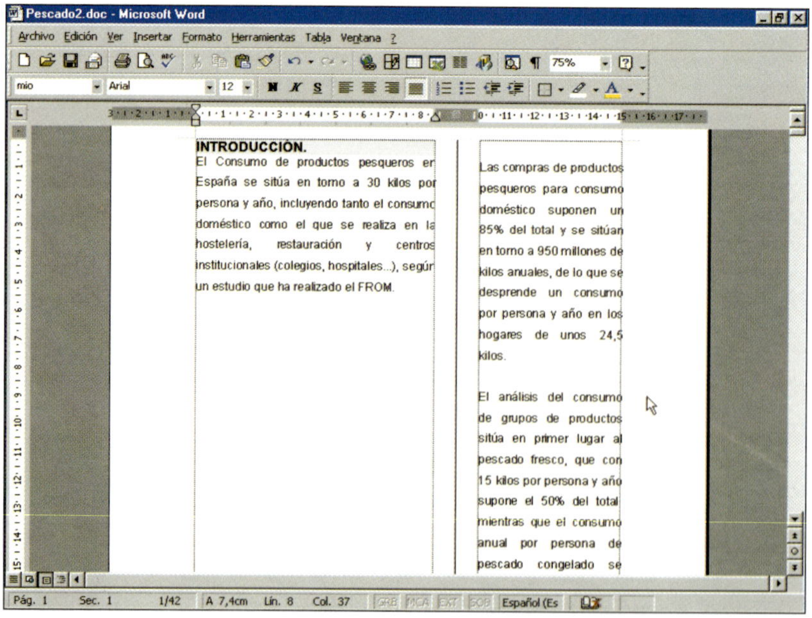

6. Automáticamente, la columna donde insertó el salto de columna queda “colgada”, habiendo pasado el texto a la siguiente columna.

El salto de columna provoca una ruptura de texto forzada

Tipos de ajuste

El ajuste es la capacidad que tiene Word 2000 para situar, encajar y perfilar los objetos gráficos en los documentos.

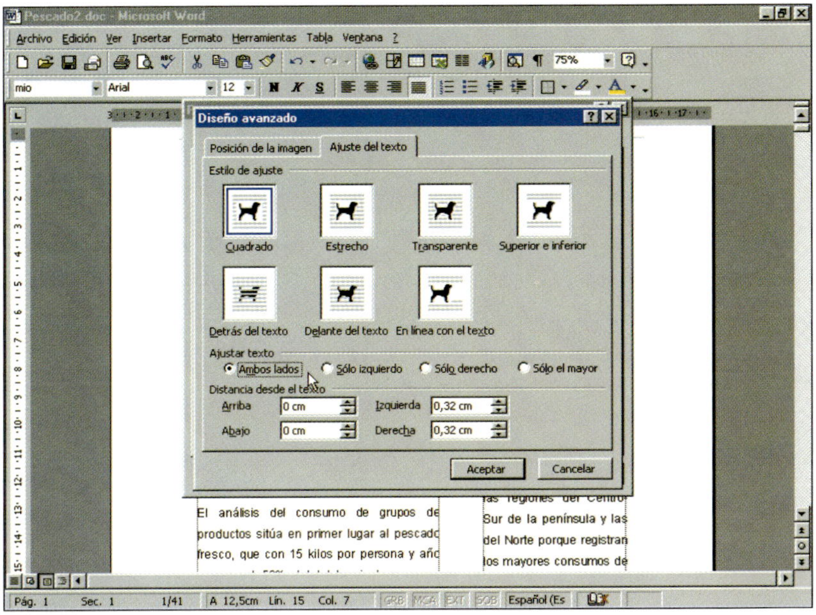

1. Insertar un elemento gráfico en un documento y seleccionarlo.

2. Abrir el menú Formato y seleccionar la opción Imagen....

3. Mostrar la solapa Diseño y hacer clic en el botón Avanzado.

4. Seleccionar la opción Cuadrado del apartado Estilo de ajuste.

5. Seleccionar la opción Ambos lados en el apartado Ajustar texto.

6. Hacer clic sobre los respectivos botones Aceptar para cerrar los cuadros de diálogo.

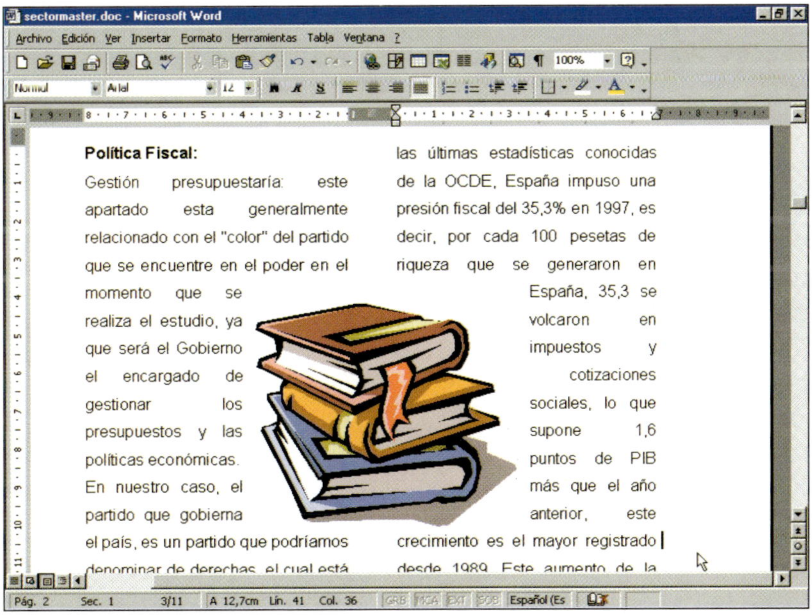

AJUSTE DE FORMAS

Tipos de ajuste

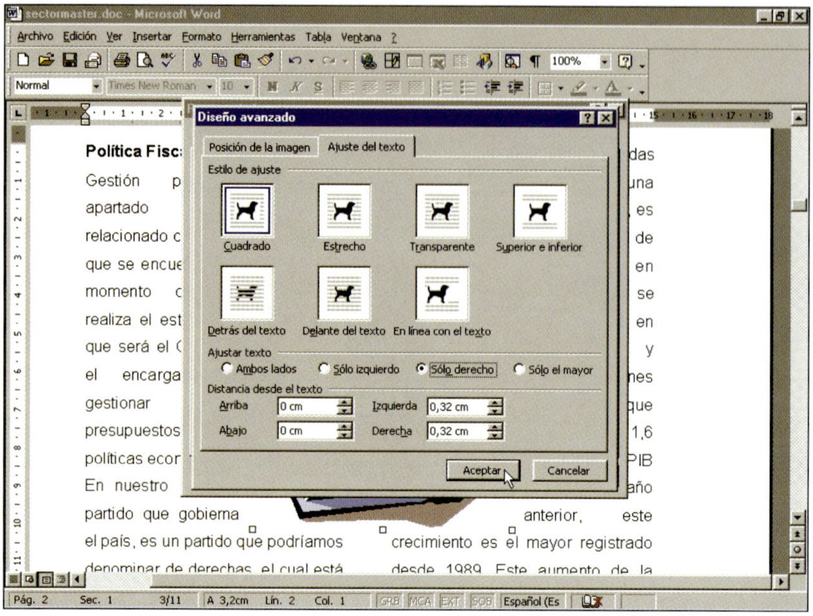

1. Hacer clic sobre el objeto gráfico con el botón derecho del ratón.

2. Seleccionar la opción Formato de imagen...

3. En la solapa Diseño hacer clic en el botón Avanzado, seleccionar la opción Estrecho.

4. Seleccionar la opción Sólo derecha, en el apartado Ajustar al texto.

5. Hacer clic sobre el botón Aceptar.

6. Observar cómo el elemento se ajusta directamente sobre la parte derecha del texto. Si se desplaza la imagen por el documento, se ajustará automáticamente.

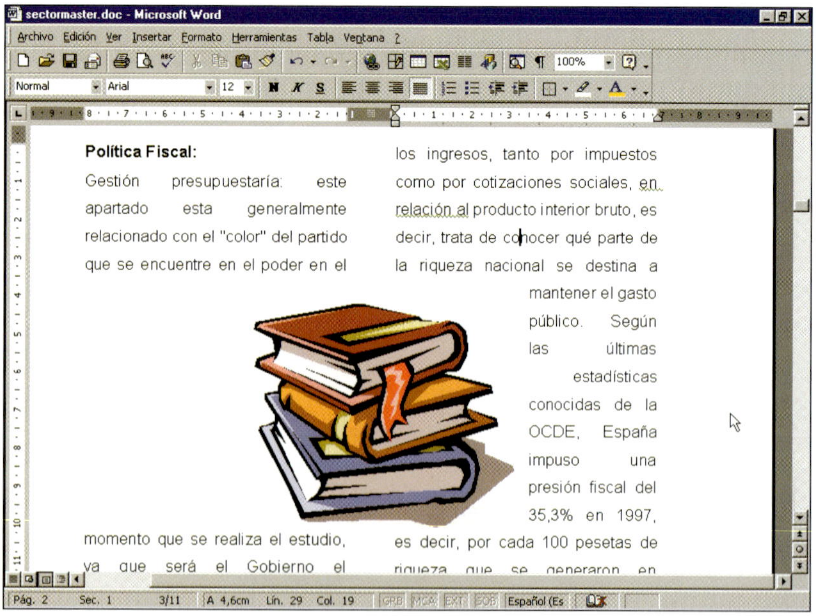

Especifique siempre una distancia desde el texto

Modificar puntos de ajuste

1. Seleccionar un elemento gráfico.

2. Pulsar el botón derecho del ratón y seleccionar la opción Formato de imagen...

3. En la solapa Diseño, seleccionar la opción Estrecho.

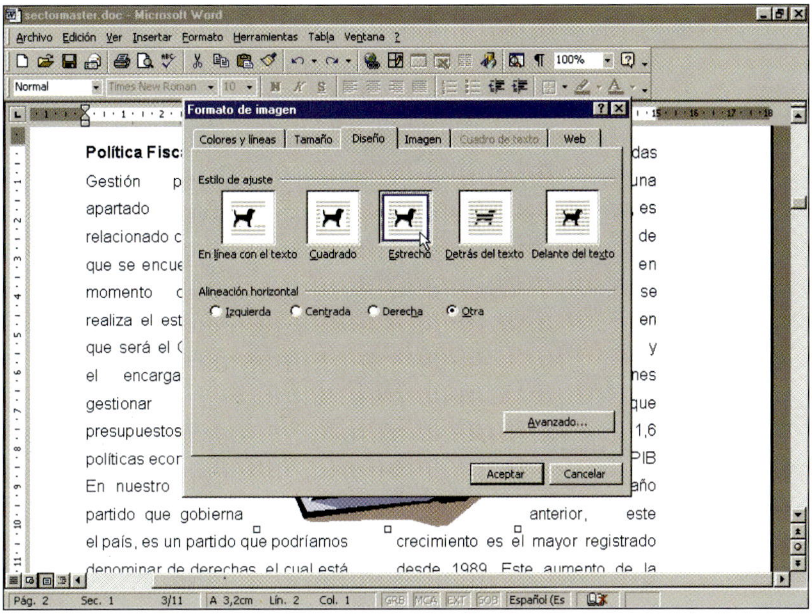

4. Hacer clic sobre el botón Aceptar.

5. Mostrar la barra de herramientas Imagen. Para ello, Abrir el menú Ver y seleccionar la opción Barras de herramientas.

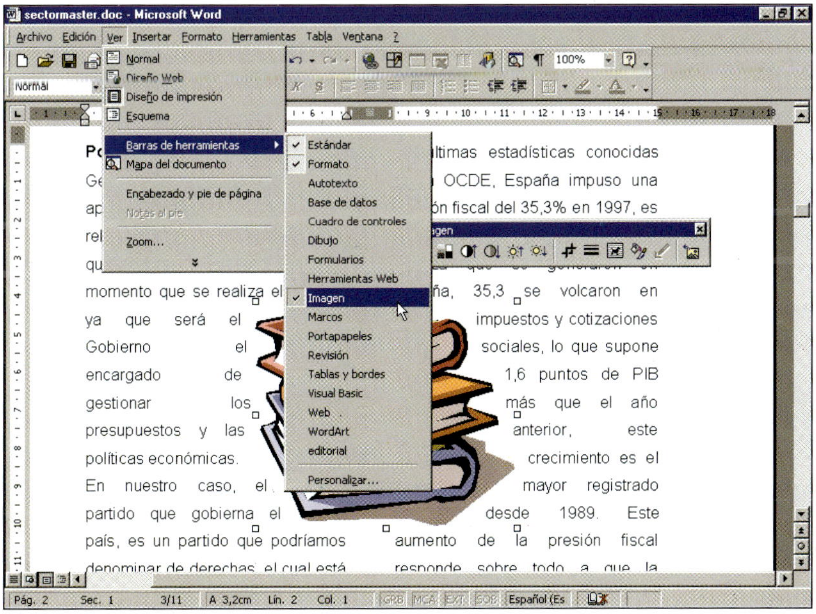

Modificar puntos de ajuste

6. Hacer clic sobre el icono Ajuste de texto de la barra de herramientas Imagen.

7. Seleccionar la opción Modificar puntos de control. Automáticamente, una serie de puntos cubre los parámetros del objeto gráfico.

8. Desplazar los puntos de control de ajuste hacia los extremos que se deseen.

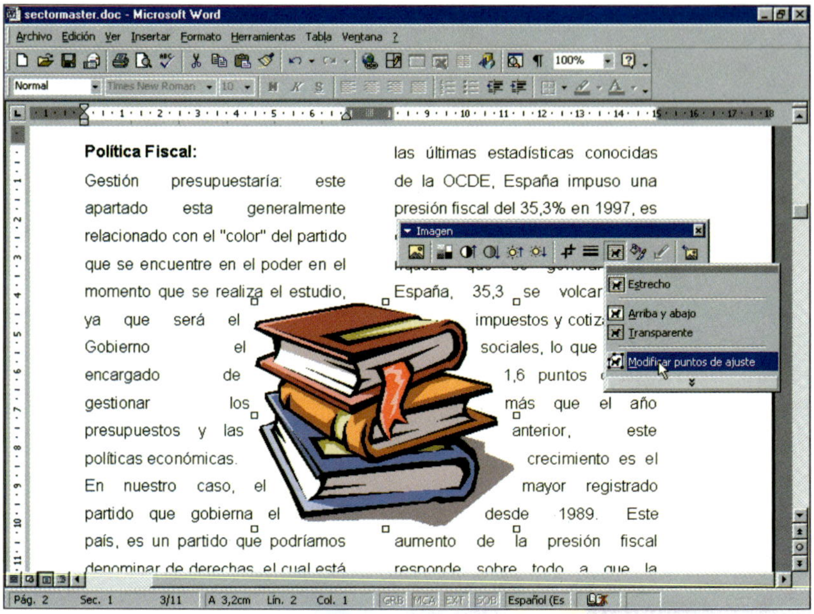

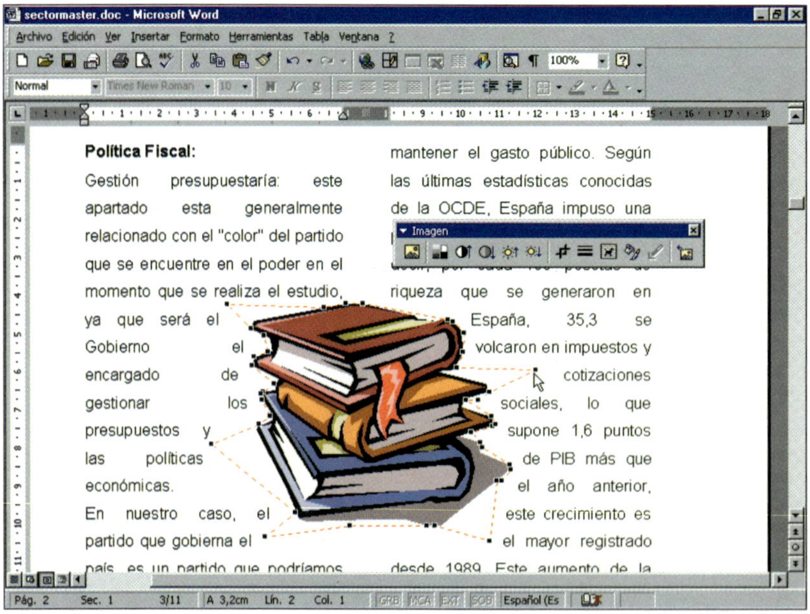

9. El texto se adaptará automáticamente a los nuevos ajustes de los puntos componiéndose nuevamente el texto del documento.

a Ventana ?

8. Herramientas de edición

En este capítulo se tratarán las herramientas que Word incluye para ayudar a la edición de documentos. Esta ayuda se traduce en mejorar la calidad de escritura y conexión mediante las diferentes herramientas.

- Ortografía y gramática.
- Diccionario de sinónimos.
- Guiones.
- Contar palabras.
- Autocorrección.
- Destacar-marcar.

Microsoft Word

Ortografía y gramática automática

Antes de imprimir un documento se recomienda verificar su contenido, especialmente su ortografía y gramática. Word posee dos formas de corregir el texto en un documento: automáticamente o a través de un comando específico.

1. Abrir el menú Herramientas.

2. Seleccionar la opción Opciones…

3. Mostrar la solapa Ortografía y Gramática.

4. Activar las opciones Revisar gramática mientras escribe y Revisar gramática con ortografía.

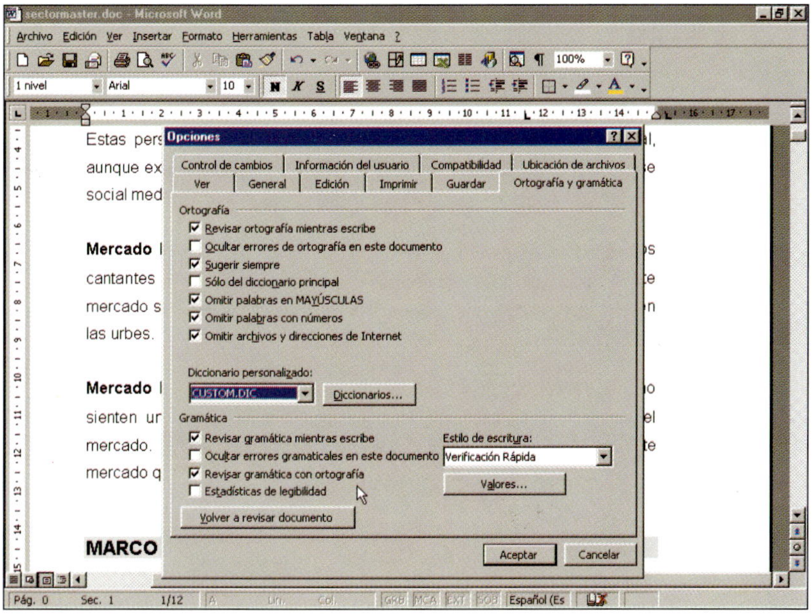

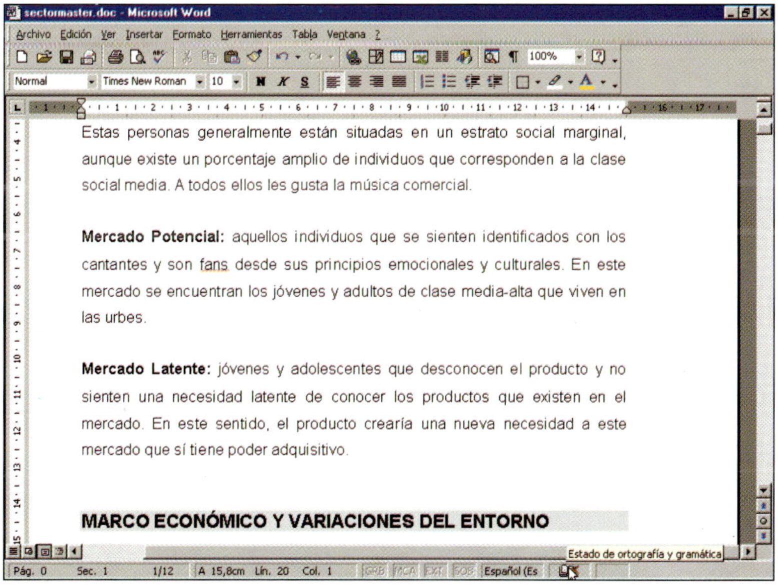

5. Hacer clic en el botón Aceptar.

6. Observar como un nuevo icono se presenta en la barra de estado informando sobre el estado de la corrección.

ORTOGRAFÍA

ORTOGRAFÍA

Ortografía y gramática automática

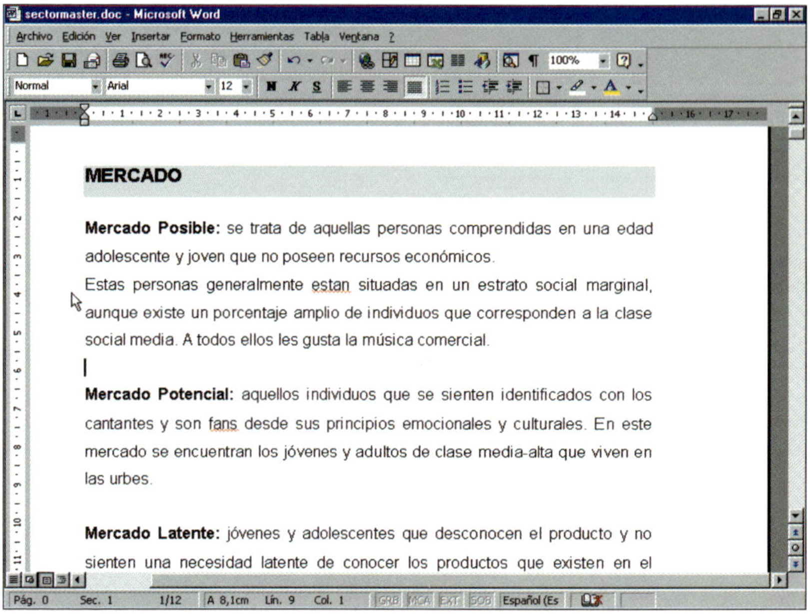

7. A continuación, escribir un párrafo cualquiera con errores ortográficos, para que Word pueda revisarlos.

8. Automáticamente, Word subraya con una línea roja ondulada la primera palabra que se haya escrito de forma incorrecta.

9. Hacer clic con el botón derecho del ratón sobre la palabra.

10. Rápidamente, aparecerá un menú contextual con las posibles correcciones.

11. Seleccionar la palabra correcta entre las posibles para rectificar el error.

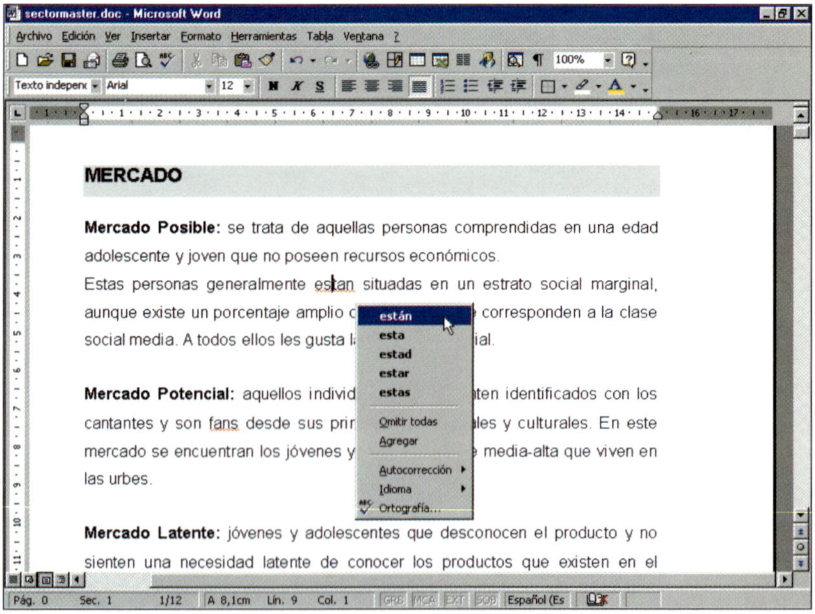

Ortografía y gramática automática

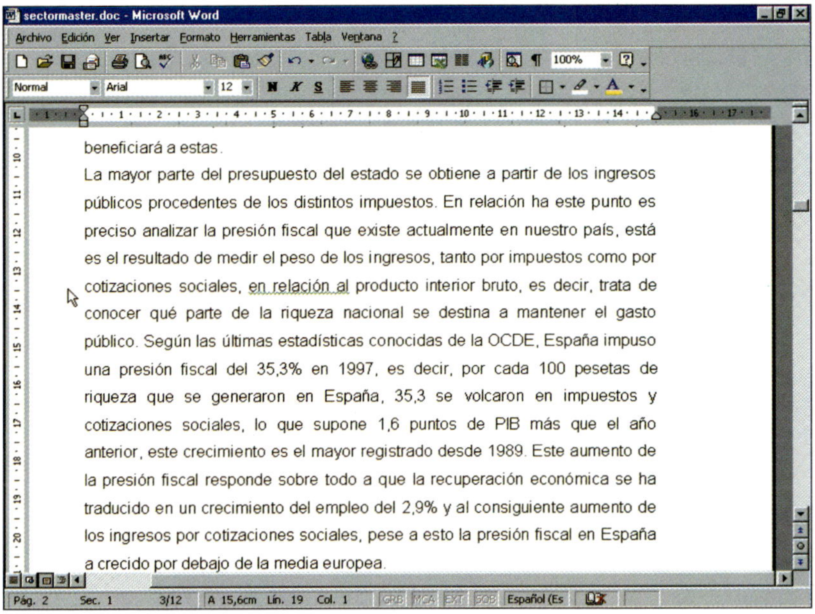

12. A continuación, escribir una frase con un error gramatical. Por ejemplo, una frase que contenga la expresión "en relación al producto".

13. Automáticamente, Word subraya con una línea verde ondulada las palabras "en relación al".

14. Hacer clic con el botón derecho del ratón sobre una de las palabras subrayadas.

15. Aparecerá un menú contextual con una explicación de la expresión incorrecta y su posible corrección.

16. Seleccionar la expresión correcta (con relación al) para subsanar el error si se considera oportuna la rectificación.

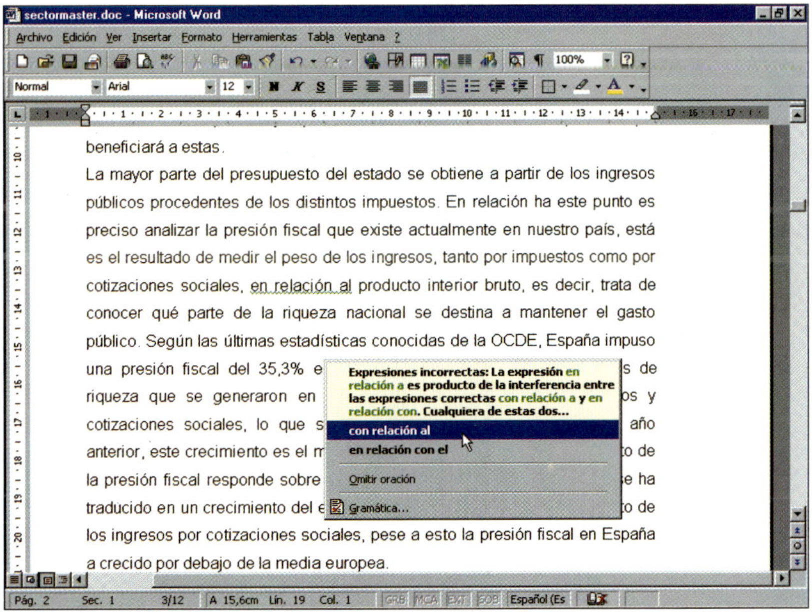

Revisión ortográfica y gramatical

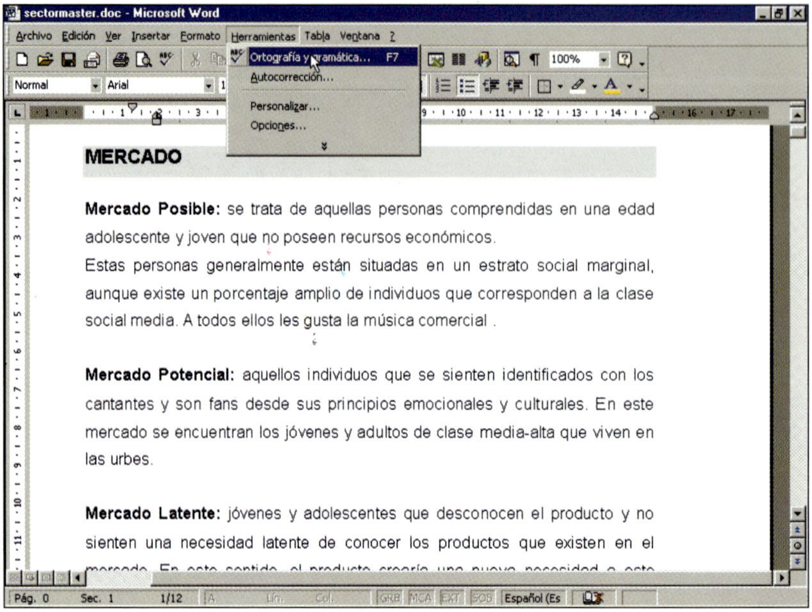

1. Abrir un documento de texto.

2. Abrir el menú Herramientas.

3. Seleccionar la opción Ortografía y gramática.

4. Automáticamente, un nuevo cuadro de diálogo presentará los primeros errores ortográficos y gramaticales que haya encontrado.

5. Si es así, existen varias posibilidades: omitir la palabra, cambiarla por otra, agregarla al diccionario principal o agregarla al sistema de autocorrección.

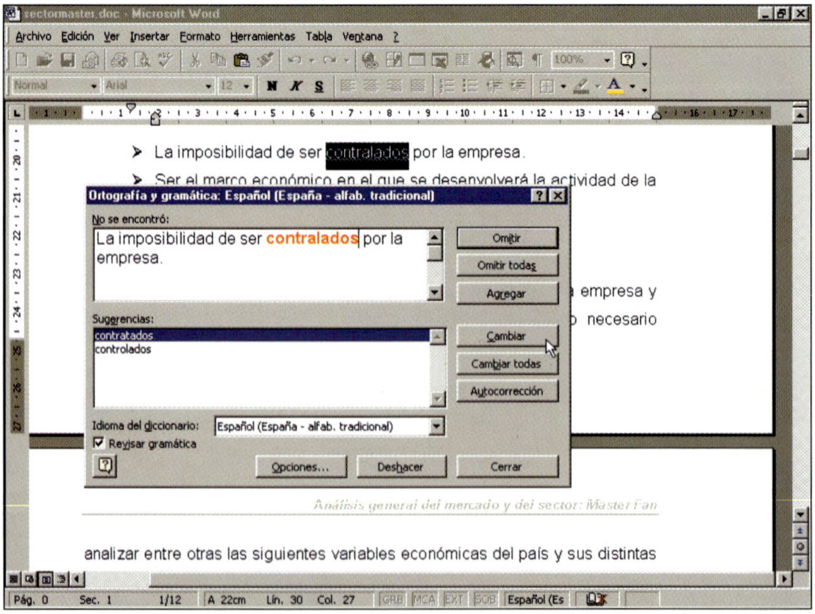

Pulse la tecla **<F7>** para activar el corrector ortográfico

Revisión ortográfica y gramatical

6. Abrir el menú Herramientas y seleccionar la opción Opciones...

7. Mostrar la solapa Ortografía y gramática.

8. Hacer clic sobre el botón Valores…

9. Esta opción le permitirá especificar las reglas gramaticales.

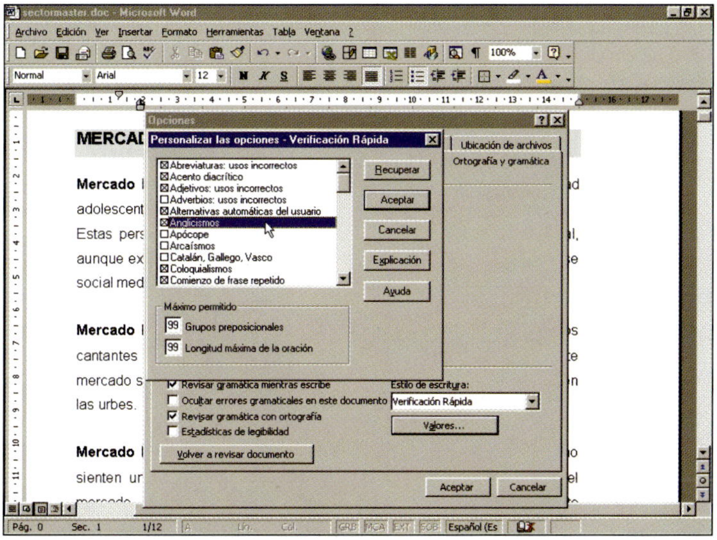

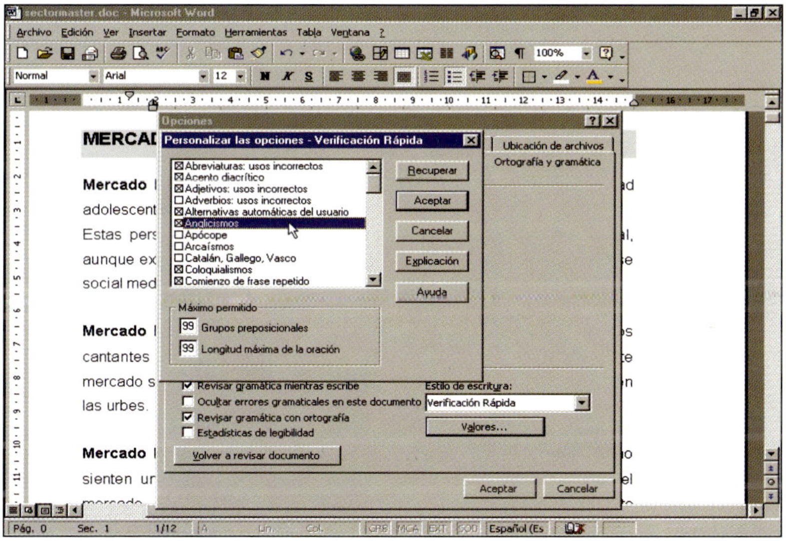

10. Active aquellas reglas gramaticales con las que desee corregir sus documentos.

11. Haga clic sobre el botón Aceptar.

ORTOGRAFÍA

Nota

Word 2000 proporciona diversos niveles de verificación que podrá seleccionar mediante la caja de lista Estilo de escritura.

Buscar un sinónimo

Es una herramienta de gran valor para los usuarios de procesadores de texto. Ayuda a la realización y redacción de documentos, permitiendo al usuario buscar palabras o expresiones con el mismo significado o alguna acepción equivalente a un término.

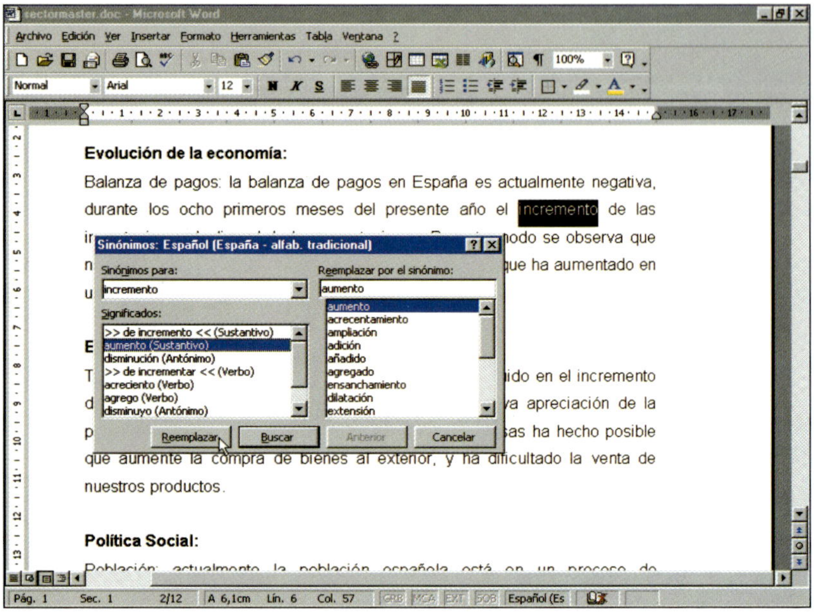

1. Seleccionar una palabra del documento.
2. Abrir el menú Herramientas.
3. Seleccionar la opción Idioma, submenú Sinónimos...
4. Automáticamente, Word presenta un listado con diferentes sinónimos de la palabra seleccionada, dependiendo de su significado. Seleccione el significado con el cual quiere escribir la palabra.
5. Seleccionar uno de los sinónimos.
6. Hacer clic sobre el botón Reemplazar.
7. También puede hacer clic con el botón derecho del ratón y seleccionar el comando Sinónimos.

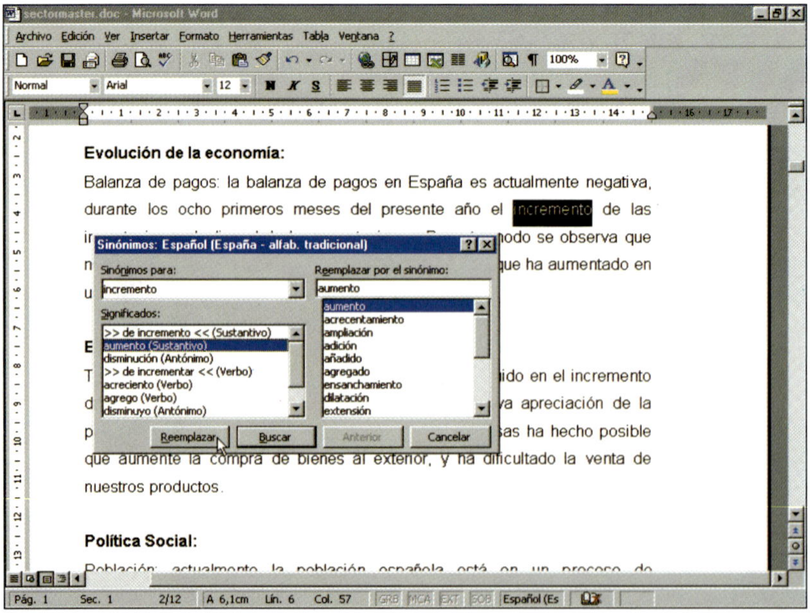

Pulse las teclas **<Mayús+F7>** para activar los sinónimos

Dividir palabras automáticamente

Los guiones se utilizan para separar palabras en un texto justificado, permitiendo adaptar mejor el texto a los márgenes de los documentos. Esta división se realiza mediante la separación de sílabas de forma automática o manual.

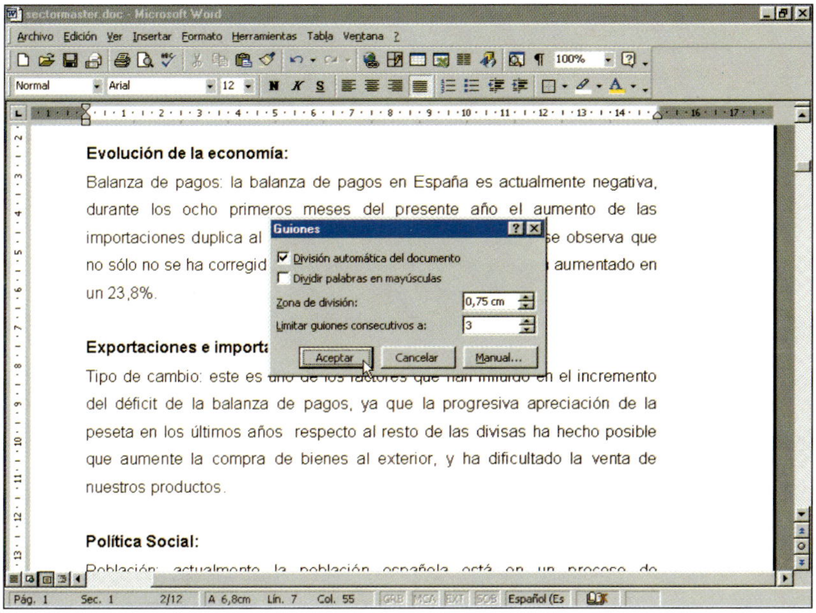

1. Abrir un documento de texto.
2. Abrir el menú Herramientas y seleccionar el menú Idioma, submenú Guiones...
3. Si se desea, especificar el número de guiones consecutivos entre líneas.
4. Activar la opción División automática del documento.
5. Hacer clic sobre el botón Aceptar.

GUIONES

6. Automáticamente, el documento se ajusta perfectamente a la alineación justificada mediante guiones.

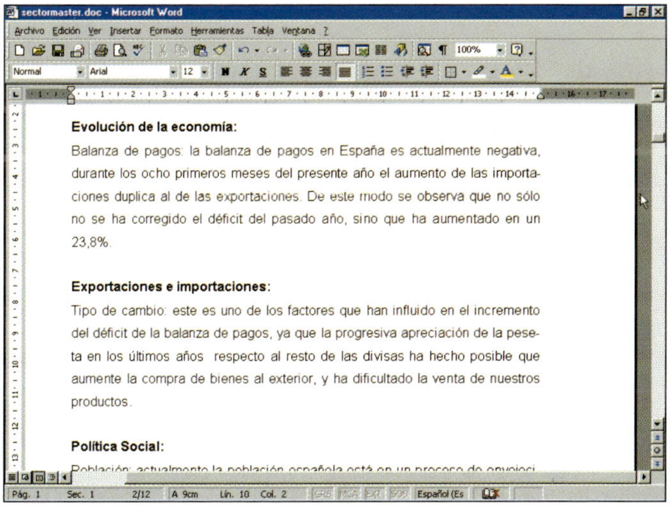

Nota

Si no tiene instalada la herramienta de sinónimos, Word le solicitará que la instale de forma automática mediante el CD-ROM de instalación.

Dividir palabras manualmente

1. Abrir el menú Herramientas y seleccionar el menú Idioma, submenú Guiones...

2. Hacer clic sobre el botón Manual...

3. Aparecerá un cuadro de diálogo con la primera palabra que Word haya localizado.

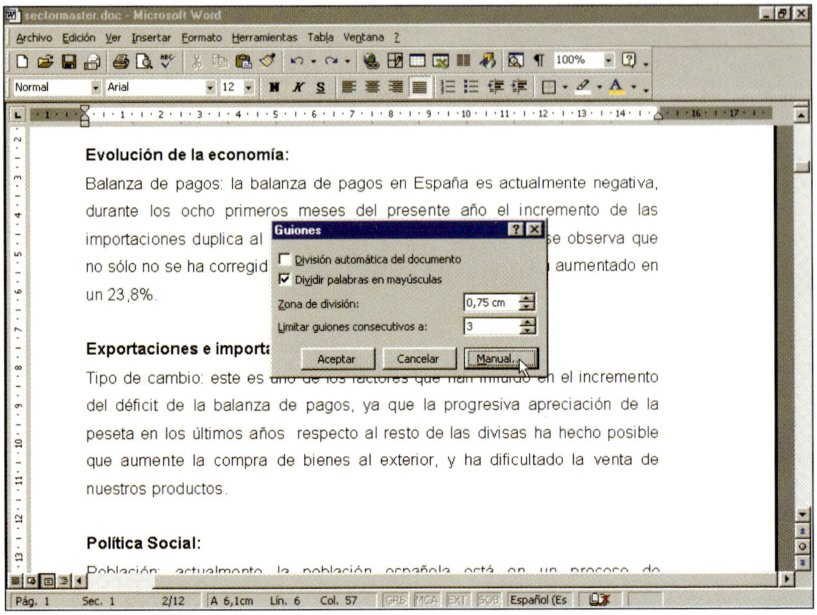

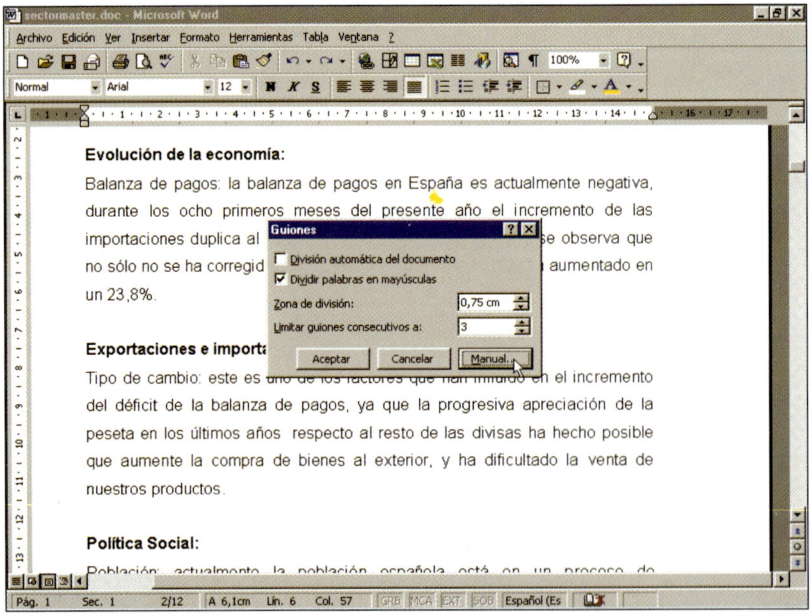

4. Por defecto, Word propone un tipo de división.

5. Si desea insertar el guión en algún otro lugar, haga clic sobre el emplazamiento preciso.

6. Para admitirlo, hacer clic sobre el botón Sí. En caso contrario, sobre el botón No o Cancelar.

Limite la utilización de los guiones

Contar palabras

La herramienta contar palabras, es un cuadro de diálogo de información adicional del documento que está activo en pantalla.

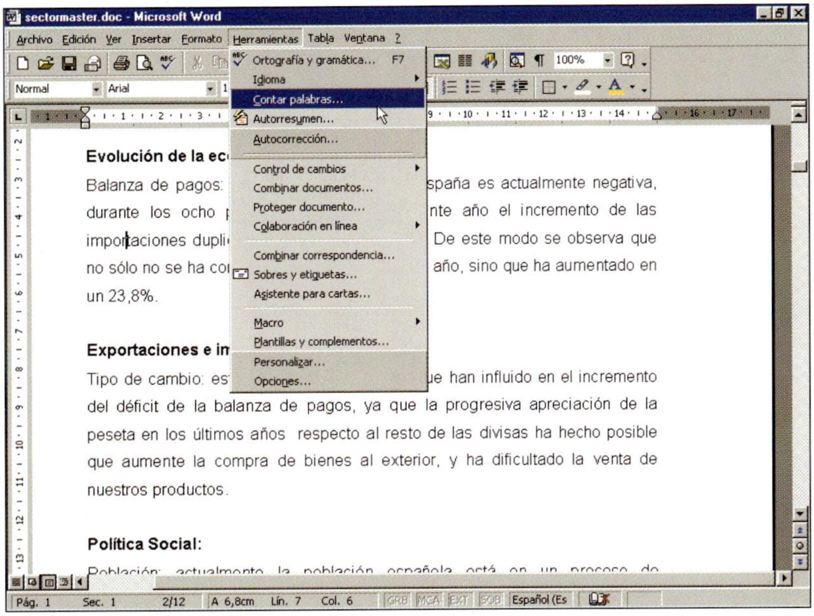

1. Abrir el menú Herramientas.

2. Seleccionar la opción Contar palabras...

3. El cuadro de diálogo le presentará el número de páginas, palabras, caracteres con o sin espacios, párrafos y líneas del documento activo.

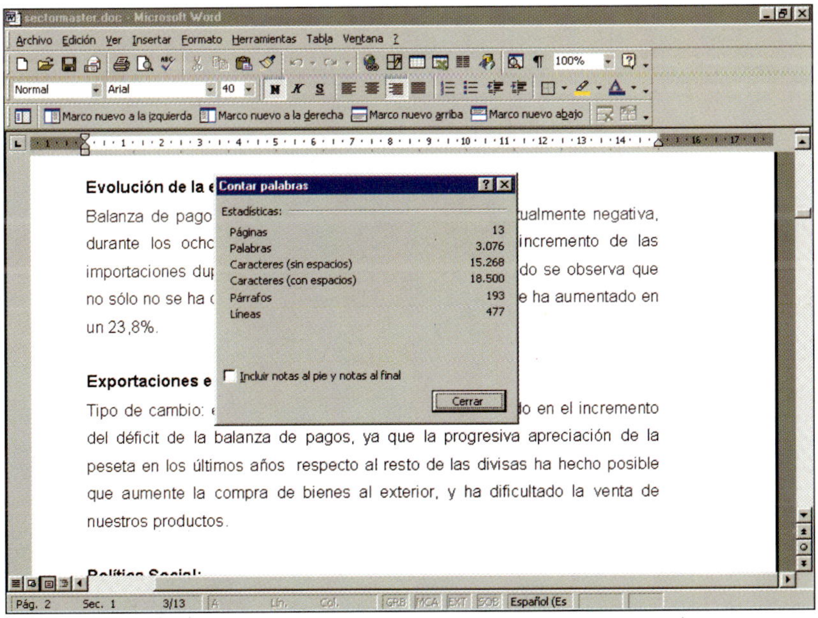

4. Si desea contar las palabras incluidas en las notas al pie y notas al final, active la opción destinada a tal efecto.

5. Hacer clic sobre el botón Cerrar.

CONTADOR

Elemento de autocorrección

Esta herramienta permite corregir los errores tipográficos más frecuentes en la edición de documentos a medida que va escribiendo.

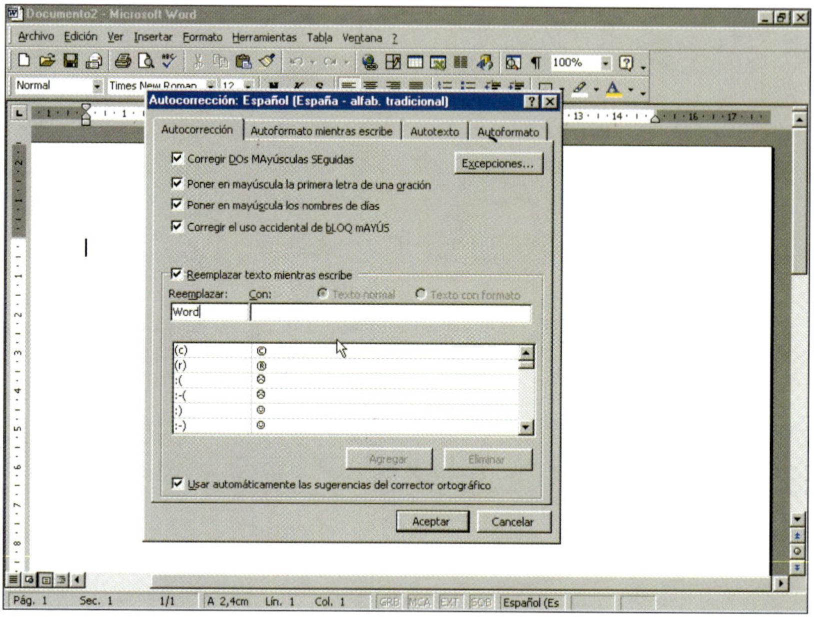

1. Abrir el menú Herramientas.

2. Seleccionar la opción Autocorrección...

3. En el apartado Reemplazar:, escribir una palabra, por ejemplo Word.

4. A continuación en el apartado Con: escribir el texto Microsoft Word 2000, como forma correcta.

5. Si desea que la corrección se realice a la vez que escribe, active dicha opción.

6. Hacer clic sobre los botones Agregar y Aceptar respectivamente.

7. Por último, escribir Word y comprobar cómo se establece el cambio instantáneo.

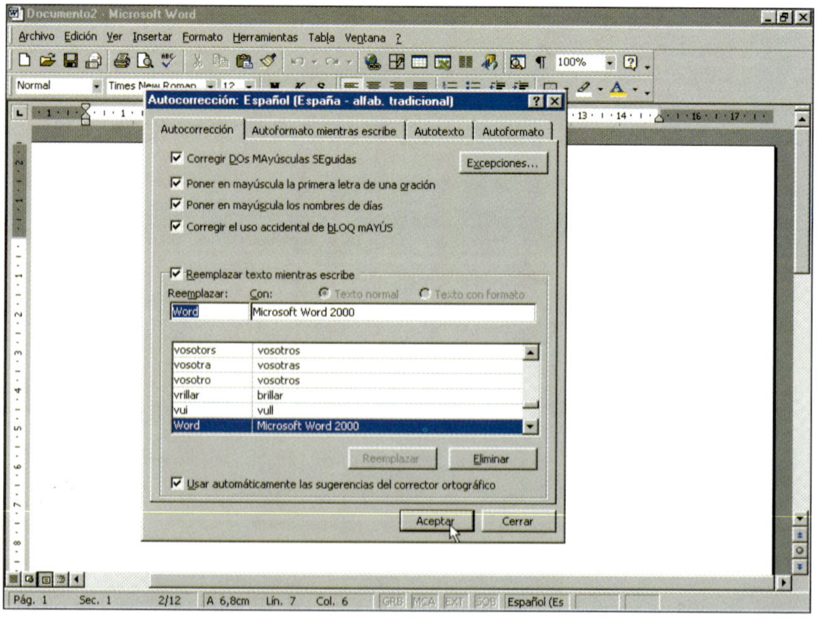

Excepciones de autocorrección

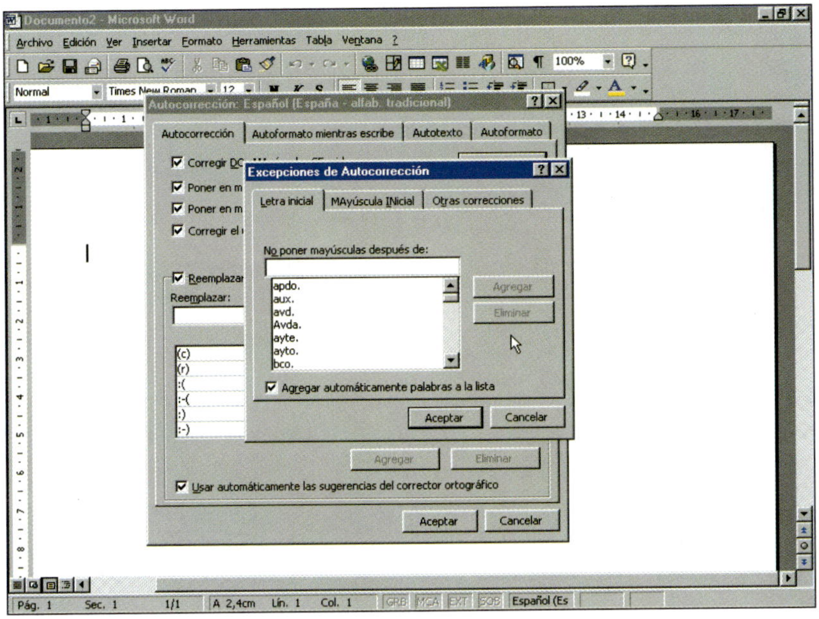

1. Abrir el menú Herramientas y seleccionar la opción Autocorrección...

2. Hacer clic sobre el botón Excepciones...

3. En la solapa Letra inicial, situar el cursor en el apartado No poner mayúscula después de.

4. Escribir una nueva abreviatura, por ejemplo, ptas.

5. Hacer clic sobre los botones Agregar y Aceptar, respectivamente.

6. Comprobar en el documento la abreviatura, escribiéndola.

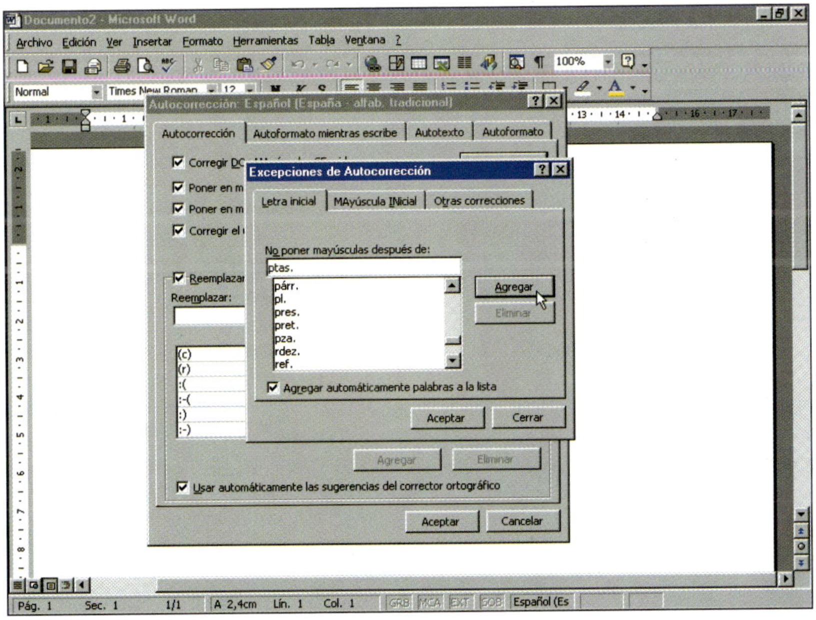

Destacar-Marcar

El objetivo de esta herramienta es enfatizar la información mediante una banda o franja de color llamativo.

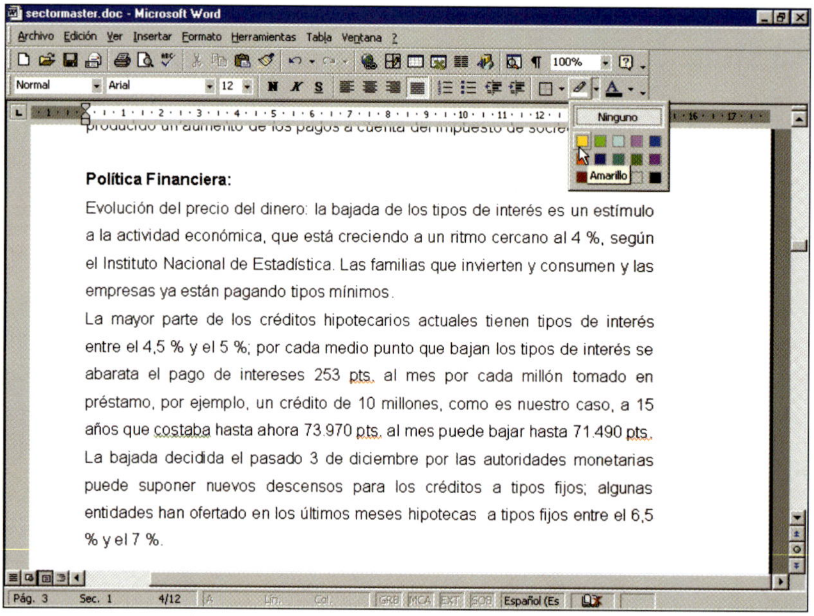

1. Hacer clic sobre la flecha del icono

2. Seleccionar uno de los colores de la paleta.

3. Situar el puntero del ratón sobre el documento.

4. Hacer clic en un párrafo y seleccionar parte de él.

5. Para desactivar la herramienta, hacer clic sobre el mismo icono

6. También se pueden seleccionar varios párrafos continuos en el mismo documento.

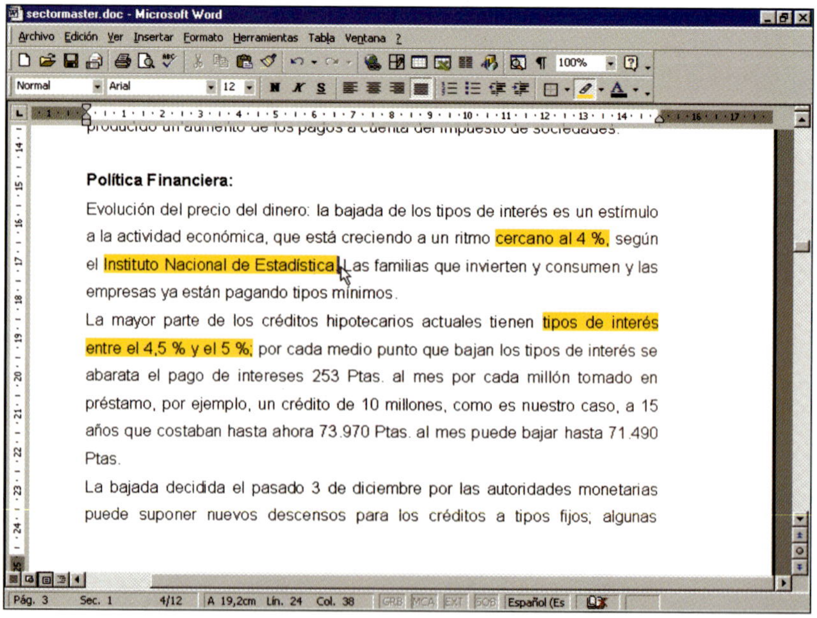

Ventana ?

9. Tablas, formularios, plantillas y páginas web

En este capítulo se tratará la utilización de funciones y comandos de que dispone Microsoft Word 2000, para poder presentar la información en diversos formatos y medios.

- Tablas.
- Formularios.
- Plantillas.
- Mailings.
- Páginas web.

Microsoft Word

Crear una tabla

Las tablas se utilizan para presentar la información en filas y columnas. La intersección entre una fila y columna se denomina celda. Las tablas pueden insertarse en cualquier zona de un documento.

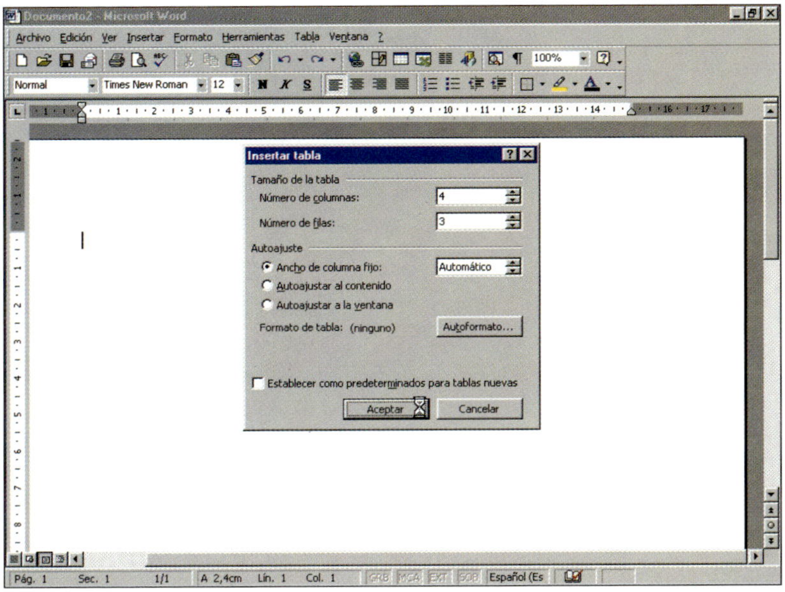

1. Situar el cursor en el documento y abrir el menú Tabla.
2. Seleccionar la opción Insertar tabla...
3. Un cuadro de diálogo propone un número de columnas y filas por defecto.
4. Especificar el número de columnas y filas. Por ejemplo, cuatro columnas y tres filas.
5. Hacer clic sobre el botón Aceptar para insertar la tabla.

También es posible realizar una tabla mediante el icono Insertar tabla.

1. Hacer clic sobre el icono
2. Arrastrar el puntero del ratón hasta delimitar el número de filas y columnas que se desee y soltar.
3. Si no puede visualizar la cuadrícula de la tabla, seleccione la opción Mostrar líneas de división del menú Tabla.

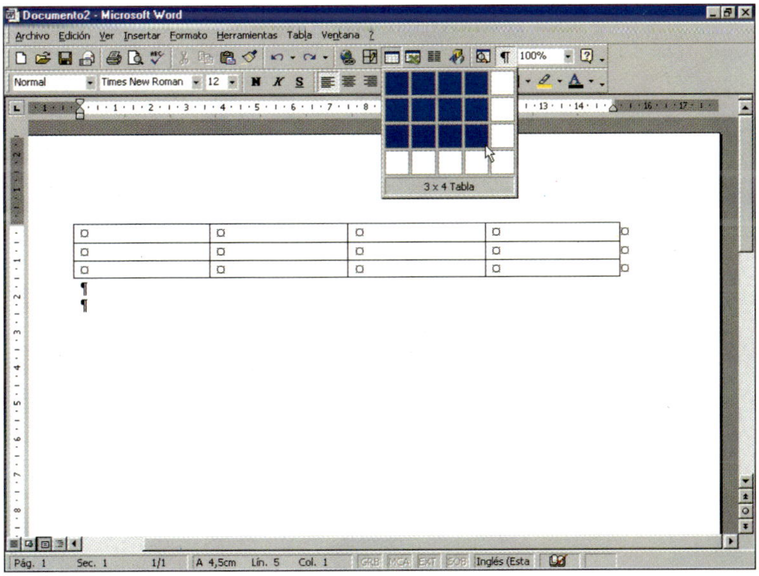

T
A
B
L
A
S

Selección en tablas

Selección	*Menús o teclado*	*Ratón*
Una fila	Situar el cursor sobre la fila. Abrir el menú Tabla y seleccionar la opción Seleccionar fila.	Hacer clic en el extremo izquierdo del margen de la fila.
Una columna	Situar el cursor sobre la columna. Abrir el menú Tabla y seleccionar la opción Seleccionar columna.	Hacer clic en la parte superior de la columna, cuando el puntero del ratón se convierta en una flecha.
Una tabla	Situar el cursor sobre la tabla. Abrir el menú Tabla y seleccionar la opción Seleccionar tabla.	Seleccionar todas las filas y columnas de la tabla sin dejar de pulsar el botón del ratón.
Una celda	Situar el cursor en la celda específica y pulsar las teclas <**Mayús**> + <**Fin**>.	Situar el cursor en la celda y hacer clic tres veces.

Crear una tabla con autoformato

1. Abrir el menú Tabla y seleccionar la opción Insertar tabla.
2. Especificar número de filas y columnas.
3. Hacer clic sobre el botón Autoformato...
4. En el cuadro de diálogo Autoformato de tablas, activar el formato que se desee. Por ejemplo, Vistoso 2.
5. Hacer clic sobre el botón Aceptar.
6. Automáticamente, una tabla de características similares se muestra en pantalla.
7. Rellenar la tabla con los datos que se crean oportunos.

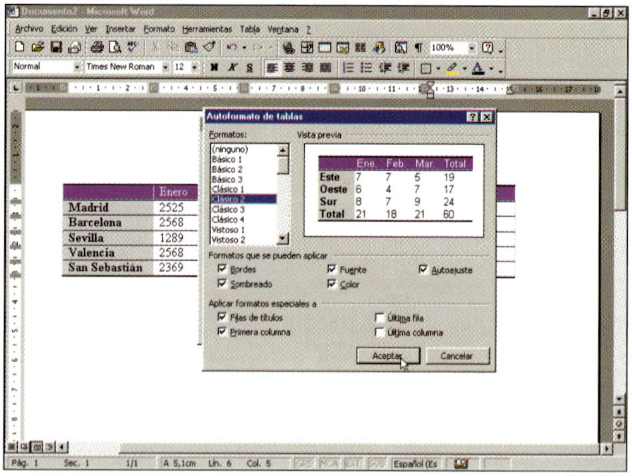

Nota

Para introducir datos en una tabla, sitúe el cursor en una celda y escriba el texto. Pulsando la tecla ***<Tab>****, pasará automáticamente a la siguiente celda. Si pulsa la tecla* ***<Intro>****, creará un segundo párrafo en la celda.*

Crear una tabla con el lápiz

1. Hacer clic sobre el icono

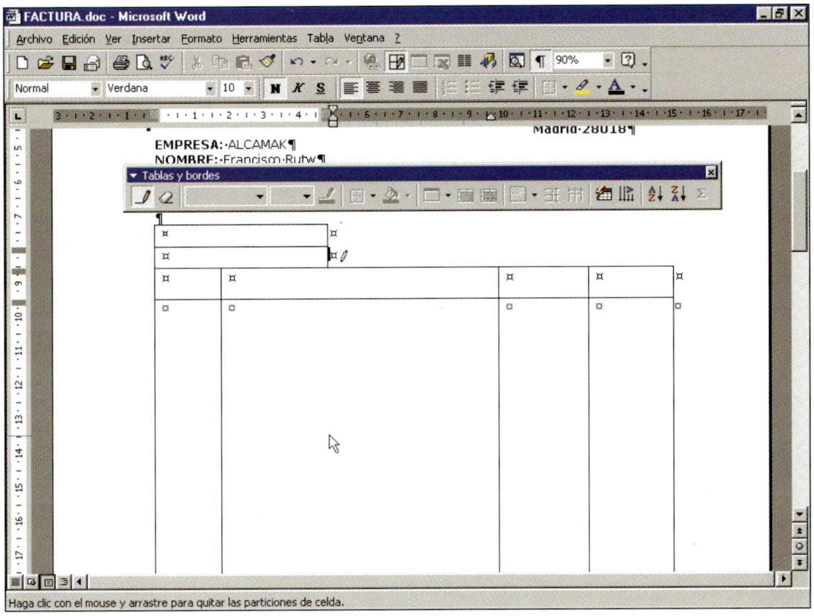

2. Automáticamente, el puntero del ratón se convierte en un lapicero y aparece una nueva barra de herramientas para la gestión de tablas y bordes.

3. Sin dejar de pulsar el botón del ratón, haga clic sobre una zona del documento y dibuje la extensión que desee que tenga la tabla.

4. A continuación, dibuje con el lápiz las filas y columnas sobre la tabla inicial.

5. Automáticamente, una tabla de características similares se muestra en pantalla.

6. No se preocupe si la distribución de las columnas o filas no es uniforme.

7. Si desea columnas o celdas uniformes, selecciónelas y haga clic sobre el icono distribuir columnas uniformemente

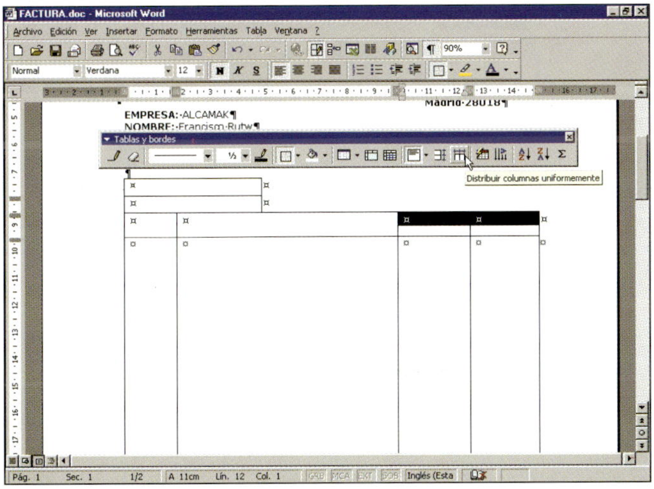

Nota

Los estilos, grosores y colores de las líneas realizadas con el lápiz, dependen de la selección que se realice previamente en la barra de herramientas Tablas y bordes.

Formato de tablas

Las líneas de la cuadrícula sólo se visualizan en pantalla y sirven para ayudar al usuario en la edición. Por ello, la aplicación de formatos es imprescindible para poder imprimir tablas con sus respectivos bordes.

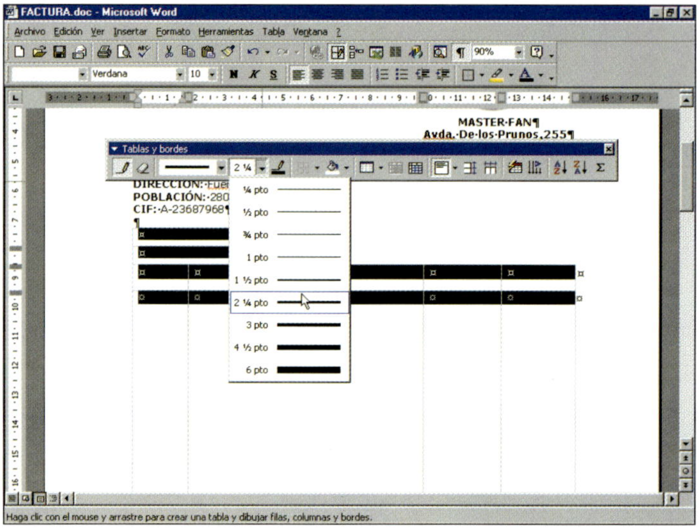

1. Para aplicar un formato a una tabla debe seleccionarla previamente.

2. Mostrar la barra de herramientas Tablas y bordes.

3. Para ello, Abrir el menú Ver y seleccionar la opción Barra de herramientas Tablas y bordes.

4. Seleccionar la parte de la tabla interesada para aplicarle los formatos.

5. Abrir la caja de lista desplegable Estilo de línea y seleccionar el formato apropiado.

6. A continuación, especificar el grosor y color de línea mediante los iconos correspondientes de la barra de herramientas Tablas y bordes.

7. Hacer clic sobre el icono para seleccionar el tipo de borde.

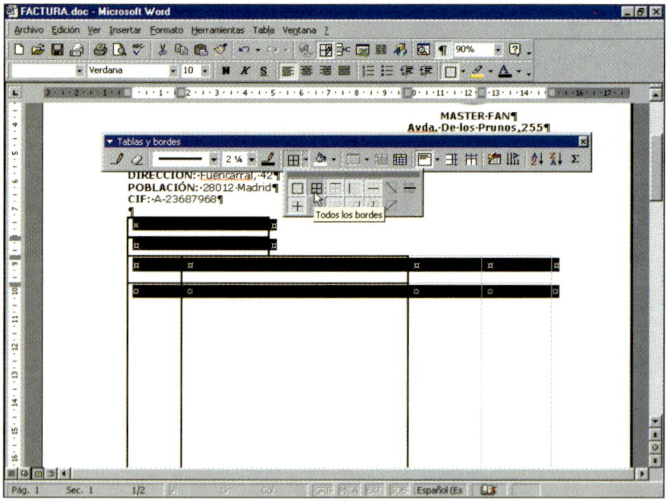

Nota

La asignación de formato en una tabla se realiza siempre sobre la base de la selección previa. Si desea dar a una tabla un formato determinado y homogéneo, no olvide seleccionar toda la tabla.

Disposición del texto

Word 2000 permite situar y disponer el texto de muy diversas formas en las tablas. A continuación se enumera cada una de ellas:

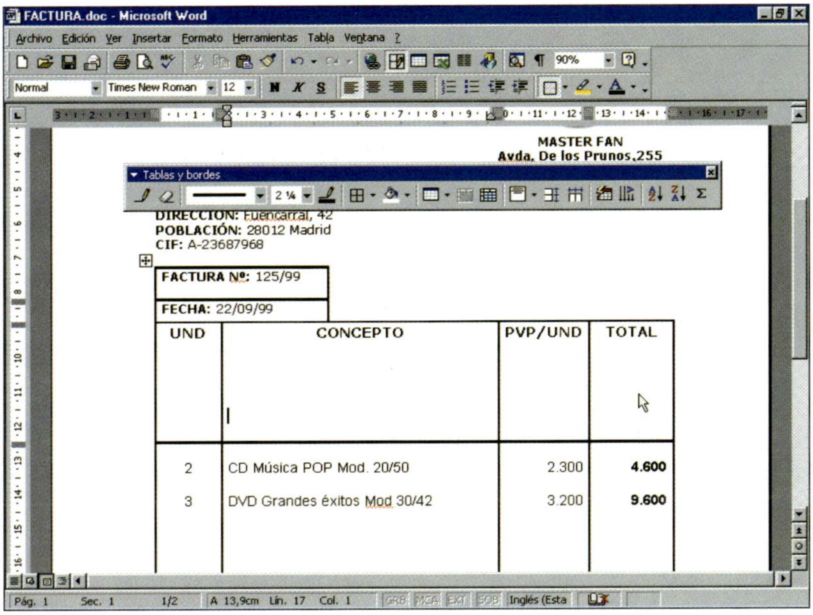

1. Para todos los procesos deberá posicionarse sobre la celda en concreto, o bien, seleccionar las filas, columnas o tablas que desee modificar e insertar texto.

2. Mostrar la barra de herramientas Tablas y bordes.

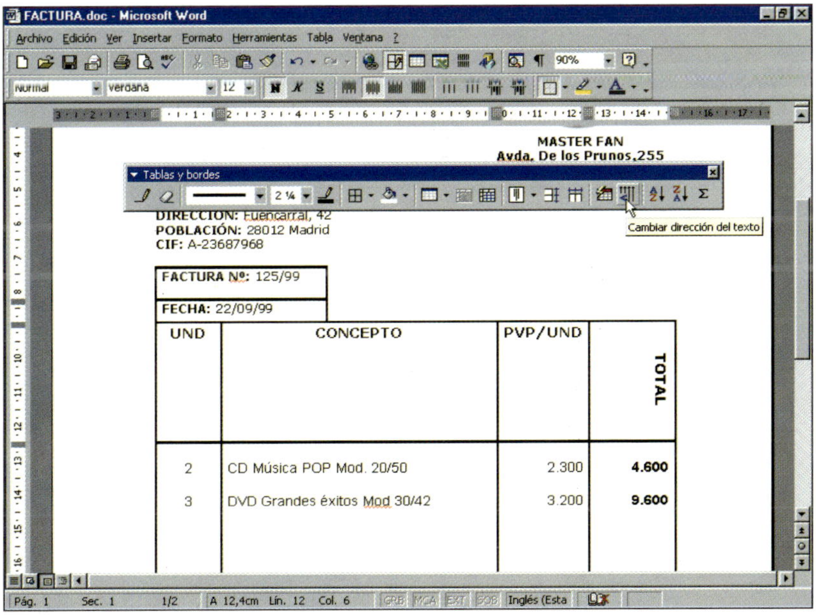

3. Escribir texto en una celda.

4. Aplicar un formato al texto.

5. Hacer clic sobre el icono de la barra de herramientas Tablas y bordes para cambiar la orientación al texto escrito.

6. Hacer clic repetidas veces sobre el mismo icono para visualizar las diferentes posiciones que puede adoptar el texto.

Disposición del texto

7. A continuación, situar el cursor en otra celda que contenga texto.

8. Abrir la caja de lista del icono ▤ para alinear el texto en la parte superior de la celda.

9. Seleccionar nuevamente el icono anterior para obtener distintos resultados de alineaciones.

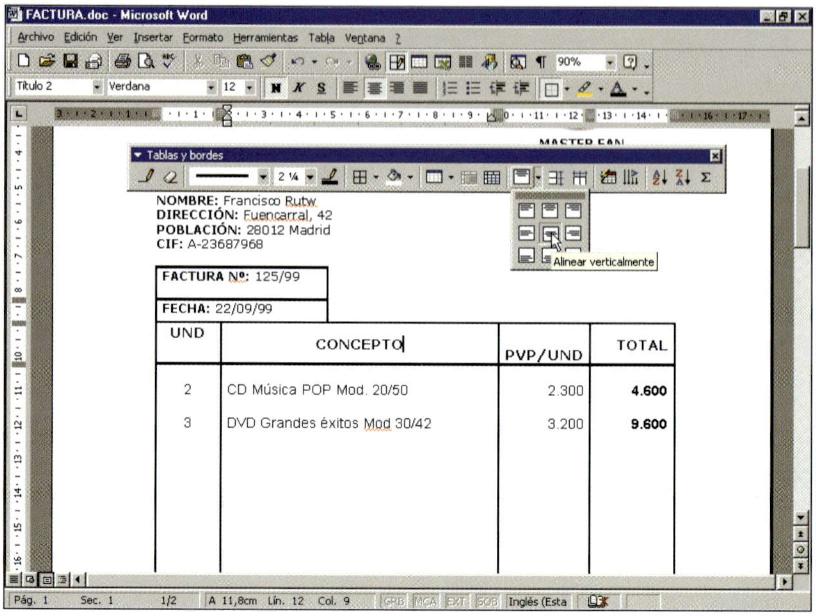

TABLAS

10. Seguidamente, puede seleccionar filas, columnas e incluso toda la tabla para asignar un formato de texto de posición a cada una de ellas. Recuerde que puede aplicar un formato de alineación en una celda que no contenga texto para que posteriormente se aplique.

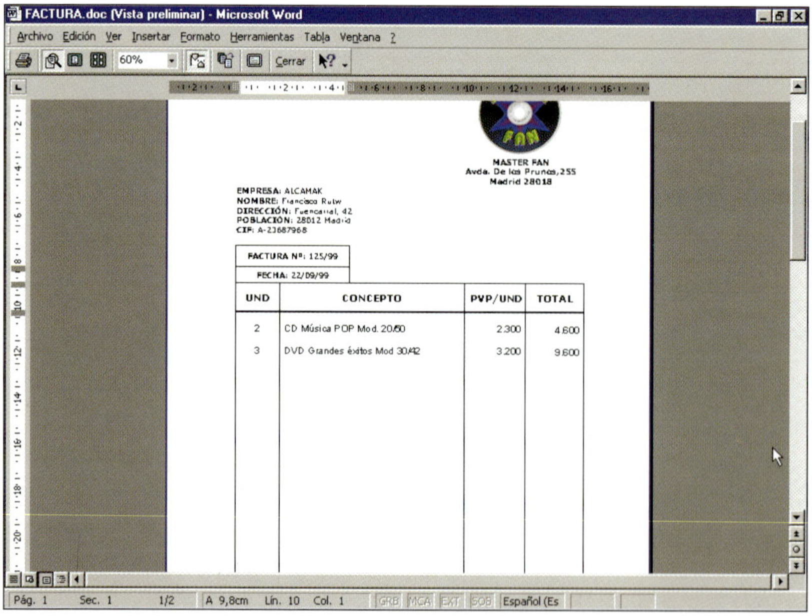

11. Hacer clic nuevamente en cualquier lugar del documento para desactivar cualquier selección.

Posicione el cursor en la celda que desee modificar

Insertar filas o columnas

1. Seleccionar una o varias filas.

2. Abrir el menú Tabla y seleccionar la opción Insertar Filas en la parte superior o Insertar Filas en la parte inferior.

3. Automáticamente las filas se insertan en la posición que se haya seleccionado.

4. Seleccionar una o varias columnas.

5. Abrir el menú Tabla y seleccionar la opción Insertar Columnas a la derecha o Insertar Columnas a la izquierda. Igualmente, las columnas se insertan en la posición que se haya seleccionado.

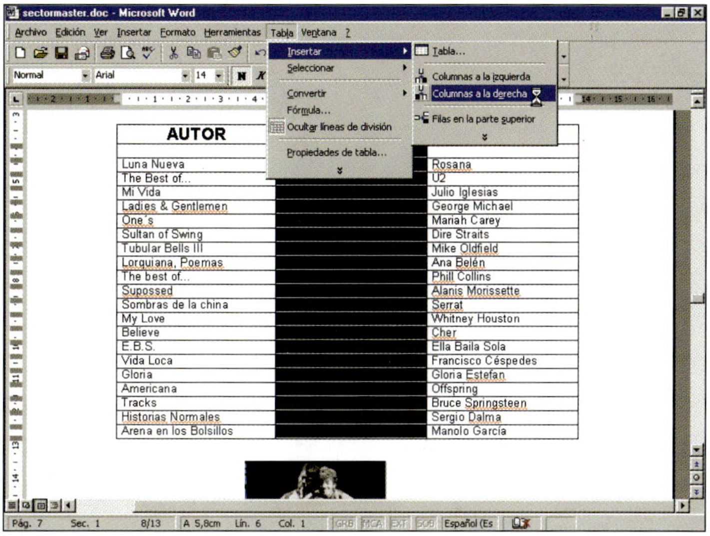

Unir y dividir celdas

1. Seleccione las celdas que desee unir.
2. Abrir el menú Tabla y seleccionar la opción Combinar celdas.
3. Automáticamente las celdas se unen, así como los textos que incluyan.
4. Seleccione las celdas que desee dividir.

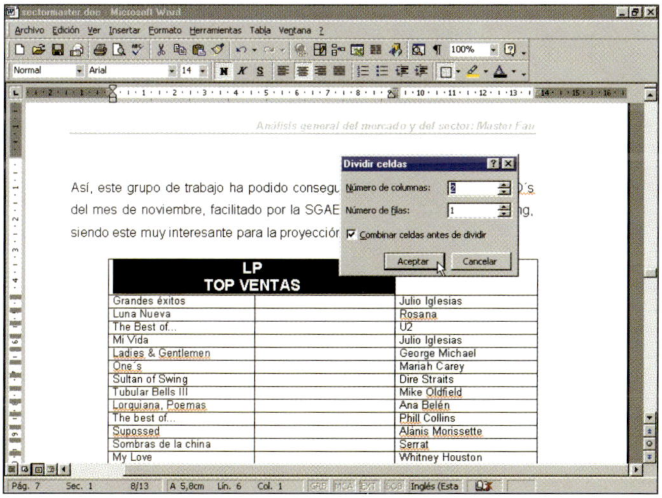

5. Abrir el menú Tabla y seleccionar la opción Dividir celdas.
6. Especifique el número de columnas y filas en las que desee dividir la o las celdas y haga clic sobre el botón Aceptar.

Nota

También puede seleccionar filas o columnas para unirlas o dividirlas de manera completa.

T A B L A S

Eliminar tablas, celdas, filas y columnas

1. Seleccionar la tabla, celda, fila o columna a eliminar.

2. Abrir el menú Tabla.

3. Seleccionar las opciones Eliminar Tabla, Columnas, Filas o Celdas, dependiendo del elemento seleccionado.

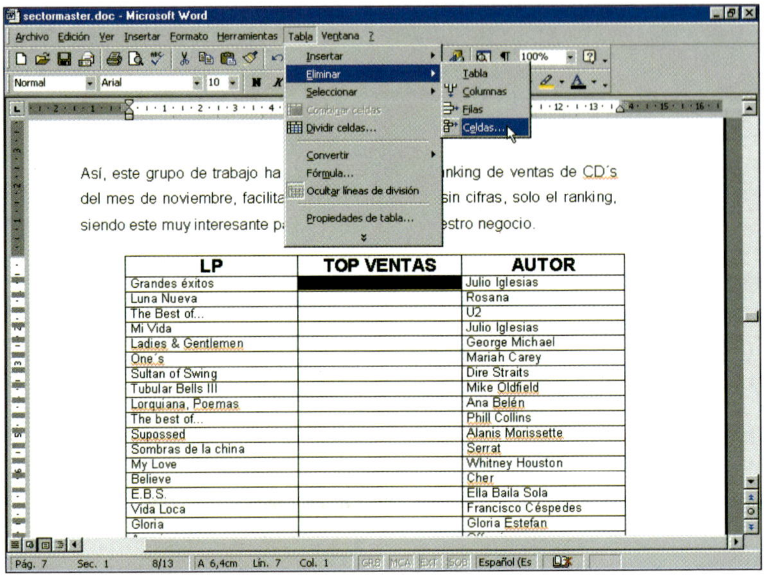

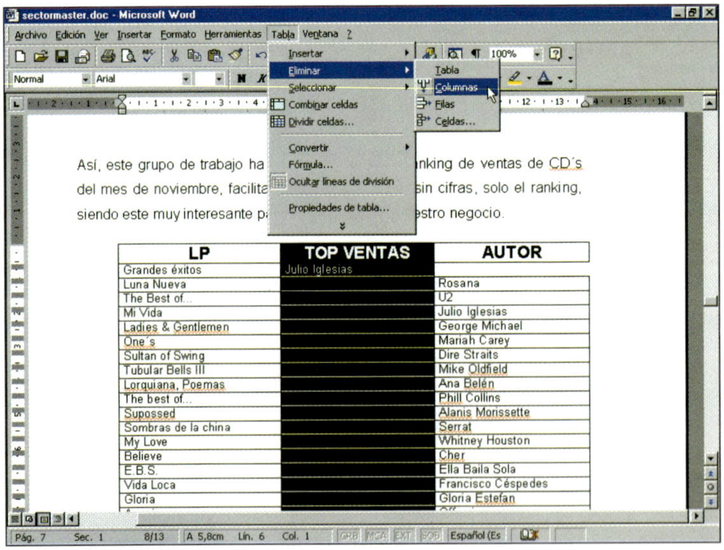

4. Si selecciona la opción Eliminar celdas, un nuevo cuadro de diálogo aparecerá para especificar el desplazamiento de las celdas o para eliminar la totalidad de la fila o columna.

5. Haga clic sobre el botón Aceptar.

Nota

También puede utilizar el borrador de la barra de herramientas Tablas y bordes para eliminar el formato de línea de las celdas.

Cambiar el ancho y alto en tablas

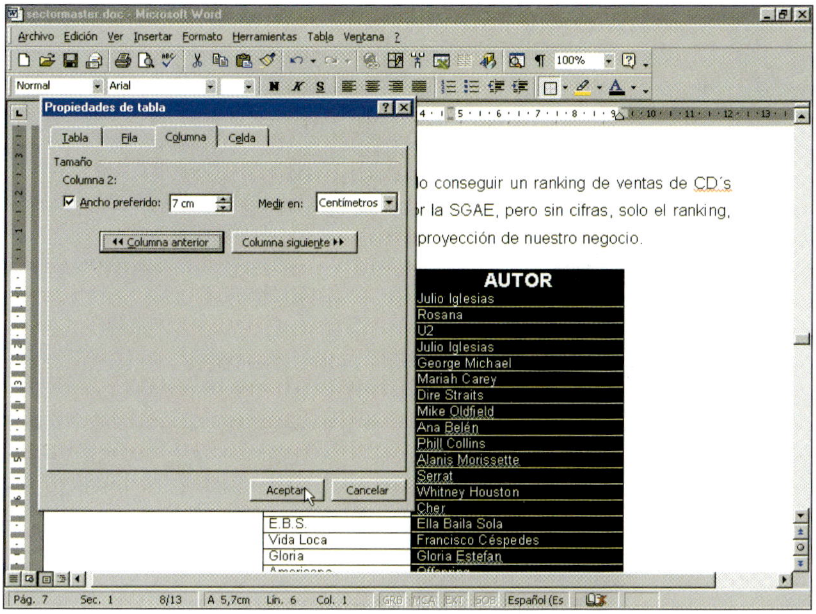

Para cambiar el ancho de una celda o columna:

1. Seleccionar la celda o columna.

2. Abrir el menú Tabla y seleccionar la opción Propiedades de la tabla…

3. Especificar en centímetros el ancho de la columna para la celda o columna seleccionada en la solapa Columna.

4. Si desea pasar a la columna anterior o siguiente, haga clic sobre los respectivos botones y determine las nuevas medidas.

5. Para ajustar las celdas o columnas al texto contenido, seleccionar la opción Autoajustar del menú Tabla.

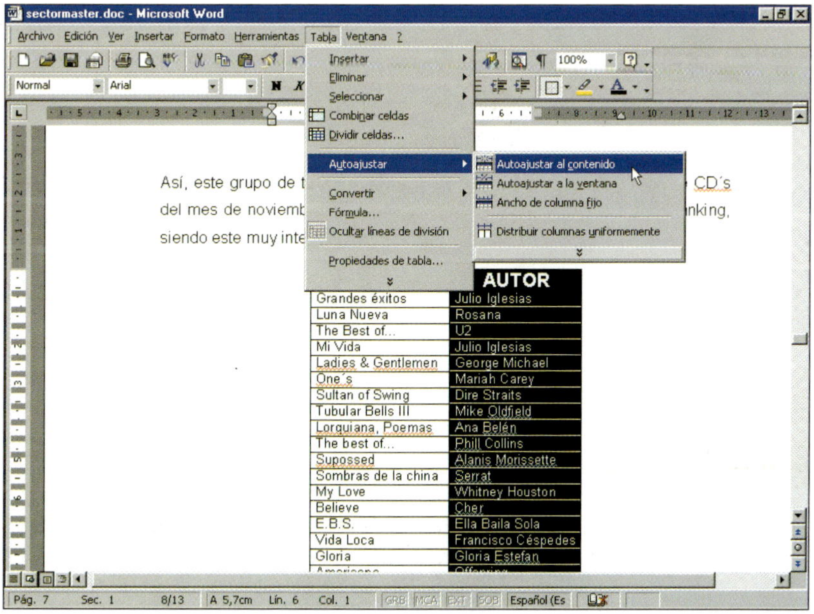

Cambiar el ancho y alto en tablas

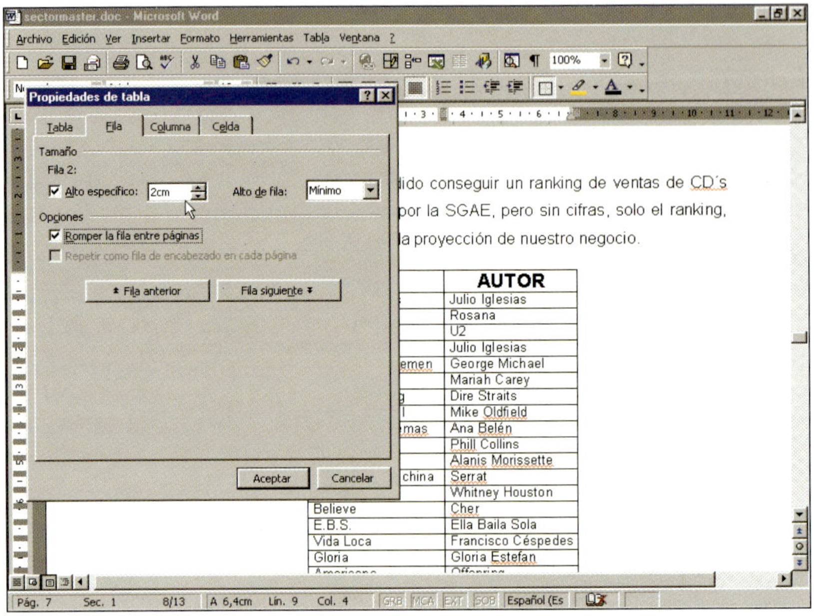

Para cambiar el alto de una fila:

1. Seleccionar la celda o fila correspondiente.

2. Abrir el menú Tabla y seleccionar la opción Propiedades de la tabla.

3. En la solapa Fila, activar la opción alto específico y establecer en cm la altura que se desee.

T
A
B
L
A
S

4. Haga clic sobre los botones Fila anterior y Fila siguiente, si desea establecer las alturas de las demás filas.

5. Hacer clic sobre el botón Aceptar.

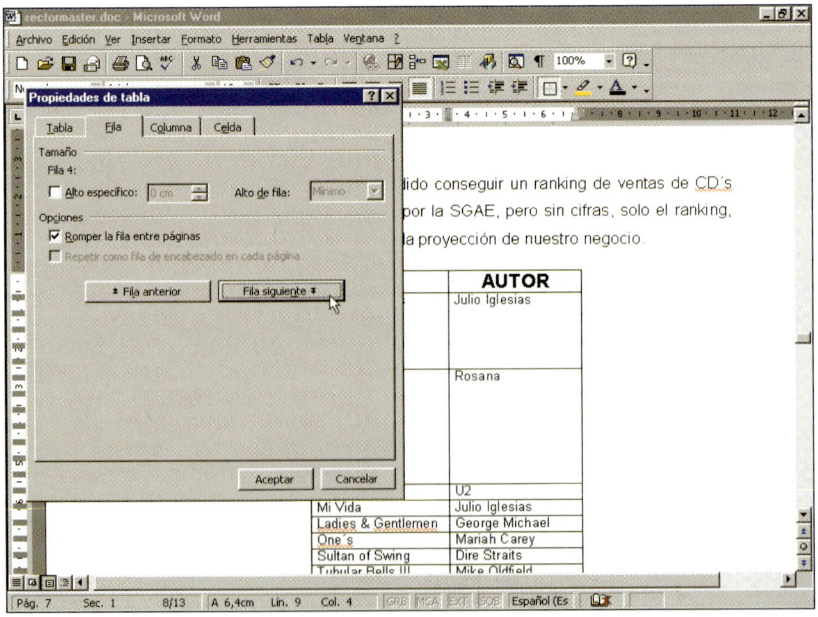

Cambiar el ancho y alto con el ratón

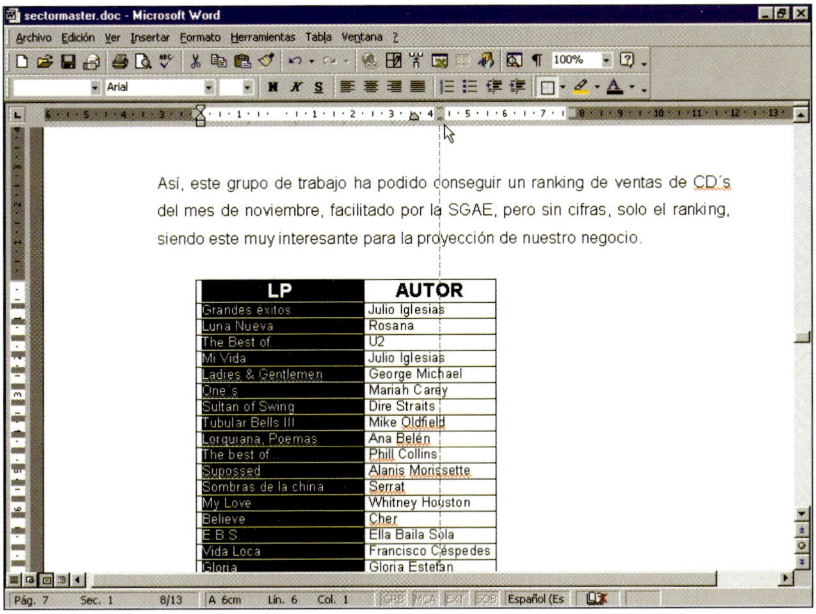

1. Seleccionar la celda correspondiente o la columna.

2. Situar el puntero del ratón sobre el marcador de columna correspondiente

3. Hacer clic cuando éste tome el aspecto de una doble flecha.

4. Arrastrar el puntero del ratón hacia la derecha o izquierda, hasta obtener la anchura deseada.

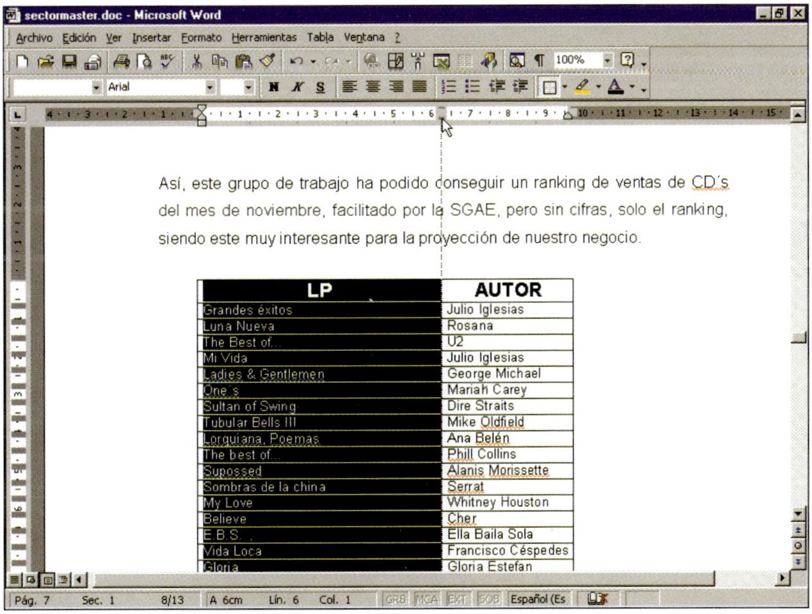

T A B L A S

Cambiar el ancho y alto con el ratón

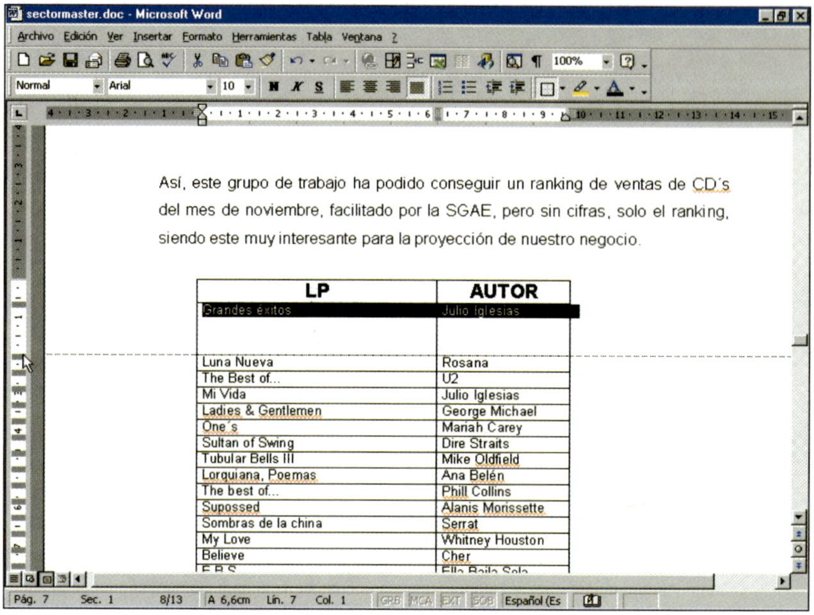

Para cambiar la altura de una fila con el ratón:

1. Seleccionar la fila correspondiente.

2. Situar el puntero del ratón sobre el marcador de la fila

3. Hacer clic cuando éste tome el aspecto de una doble flecha.

4. Arrastrar el puntero del ratón hacia arriba o abajo, hasta obtener la altura deseada.

5. Si desea desplazar toda la columna, sitúe el cursor dentro de la superficie de la columna.

6. Aparecerá un icono en el vértice superior izquierdo en forma de una cruz con flechas.

7. Haga clic sobre ella y sin soltar el ratón, desplácelo al lugar que desee de su documento.

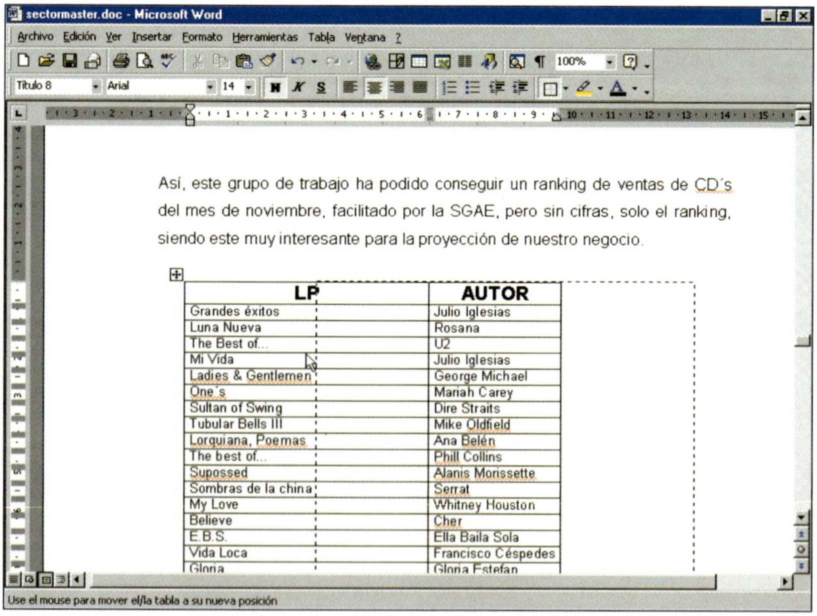

TABLAS

Ordenar tablas

1. Crear una tabla similar a la expuesta a continuación y seleccionarla.

2. Abrir el menú Tabla y seleccionar la opción Ordenar...

3. En el apartado Lista, activar la opción Con encabezado. Seleccionar Apellidos en la caja de lista desplegable Ordenar por y seleccionar Nombre en Luego por.

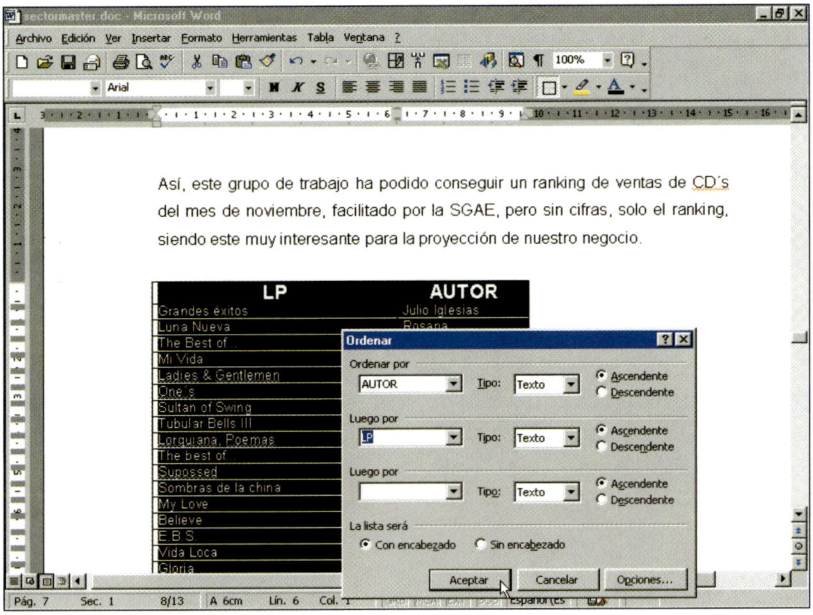

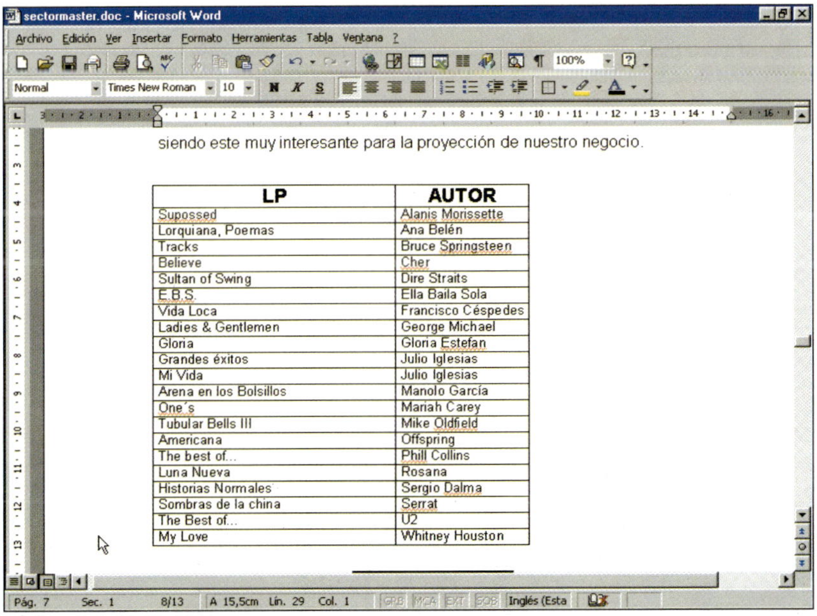

4. Activar el orden Ascendente o descendente.

5. Hacer clic sobre el botón Aceptar.

Insertar campo Texto

Los formularios son documentos diseñados para agilizar y rentabilizar el tiempo de edición. Generalmente necesitan ser cumplimentados con algún tipo de información como facturas, albaranes u hojas de pedido.

Antes de realizar cualquier operación, asegúrese de seleccionar la opción Sombreado de campo en la ficha Ver del comando Opciones del menú Herramientas.

1. Abrir el menú Ver y seleccionar la opción Barra de herramientas Formulario.
2. Hacer clic sobre el icono para visualizar la posición de los campos.
3. Escribir el texto Nº DE FACTURA:
4. Hacer clic sobre el icono ab| para insertar un campo de formulario de tipo texto y a continuación, hacer doble clic sobre la zona sombreada.
5. Abrir la caja de lista Tipo y seleccionar Número. Especificar un Largo máximo de 5 y hacer clic sobre el botón Aceptar.
6. Abrir el menú Herramientas y seleccionar la opción Proteger documento... Activar la opción Formularios y hacer clic sobre el botón Aceptar.

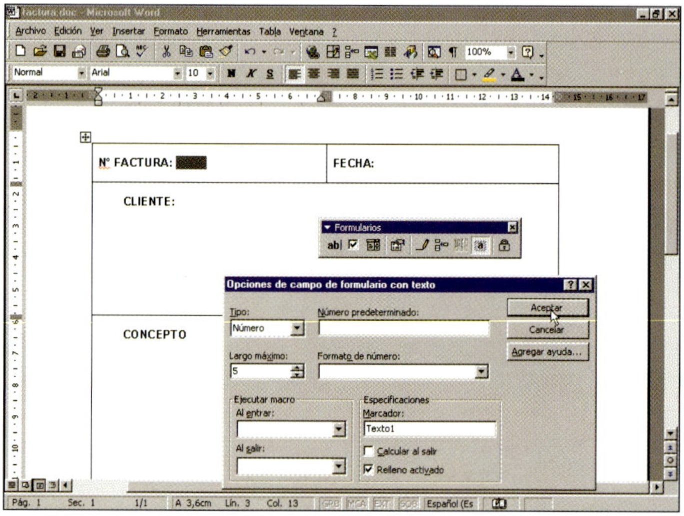

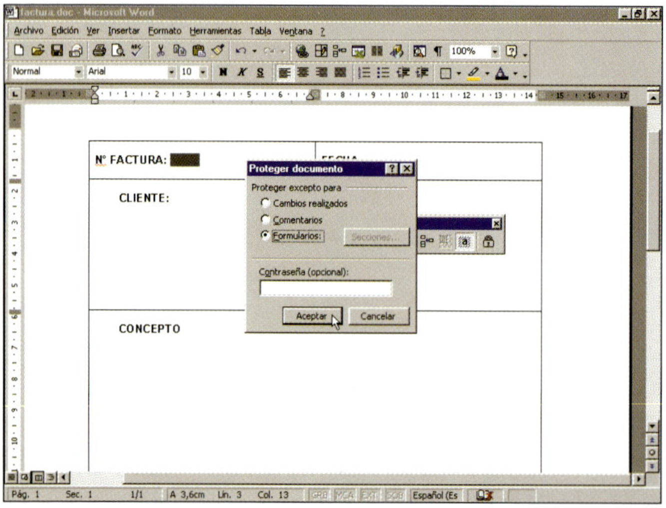

7. Escribir un número de cinco cifras para ver el resultado.

Nota

También puede proteger y desproteger documentos mediante el icono de la barra de herramientas.

Insertar campo Casilla de verificación

1. Escribir el texto URGENTE:

2. Hacer clic sobre el icono ☑ de la barra de herramientas Formulario, para insertar un campo con casilla de verificación.

3. A continuación, hacer doble clic sobre la zona sombreada.

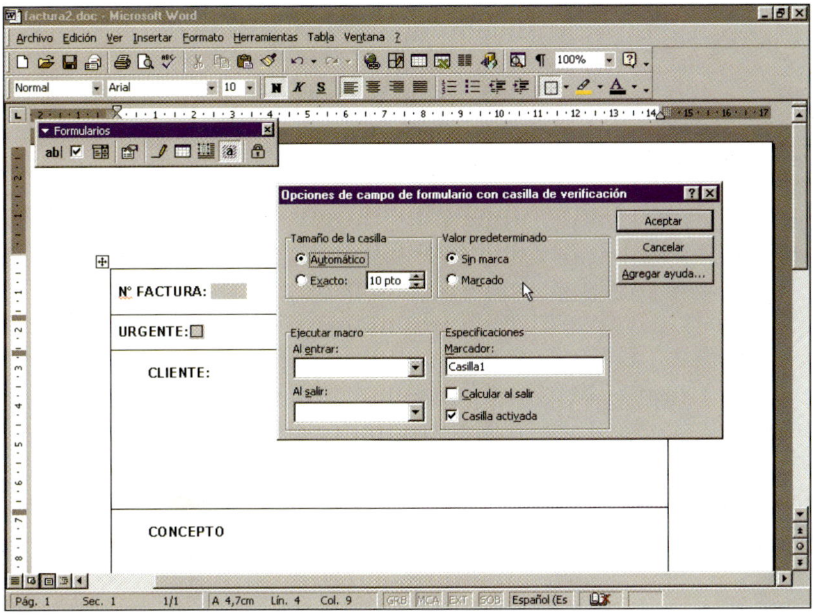

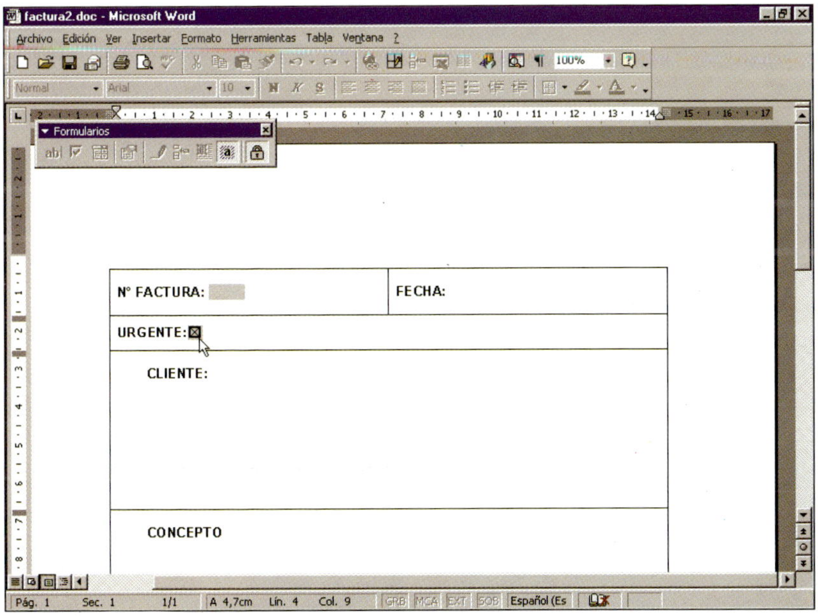

4. Activar la opción Sin marca del apartado Valor predeterminado y hacer clic sobre el botón Aceptar.

5. Hacer clic sobre el icono 🔒 para proteger el documento.

6. Hacer clic sobre la casilla de verificación.

Insertar campo Lista desplegable

1. Escribir el texto FORMA DE PAGO:

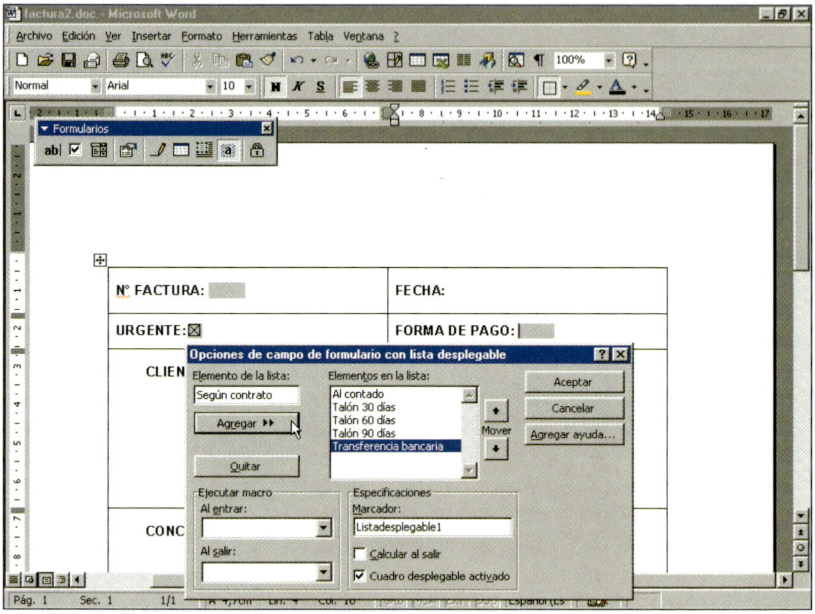

2. Hacer clic sobre el icono para insertar un campo con lista desplegable.

3. A continuación, hacer doble clic sobre la zona sombreada.

4. Escribir una a una las formas de pago que estipule. Agregar las formas de pago mediante el botón Agregar. Cuando termine de introducir nombres, haga clic sobre el botón Aceptar.

FORMULARIOS

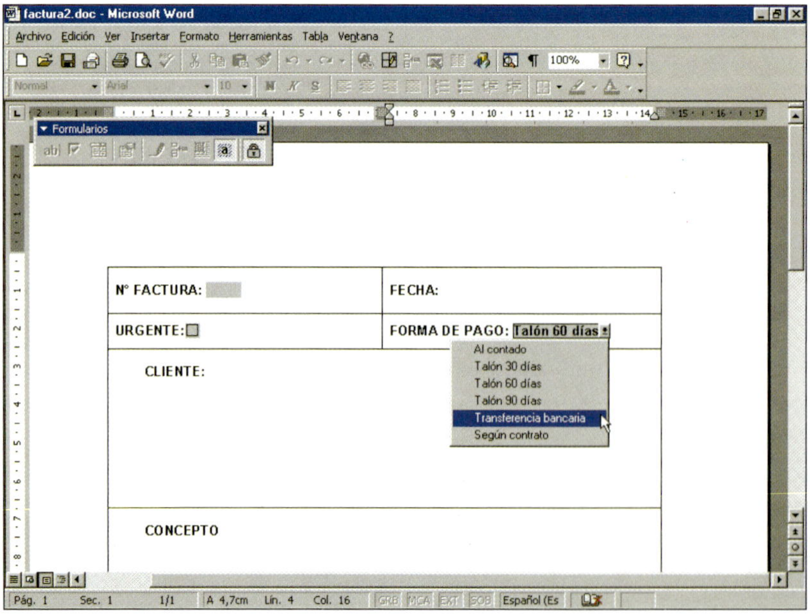

5. Hacer clic sobre el icono para proteger el documento.

6. Abrir la lista desplegable y seleccionar una de las formas de pago.

Plantillas y asistentes de Word

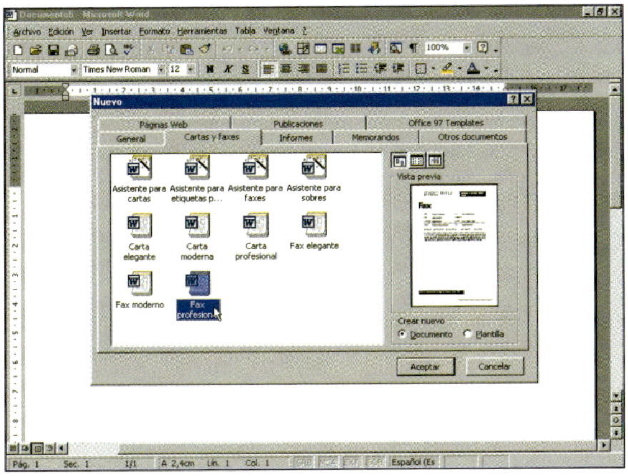

Una plantilla o asistente es un modelo predefinido que permite realizar documentos con procedimientos rápidos y sencillos. Todos los documentos en Word están basados en una plantilla obligatoriamente. Estos modelos poseen los diferentes formatos, estilos, campos, configuraciones y un sinfín de particularidades, que hacen de ellos una herramienta imprescindible para la creación y edición de documentos. Los asistentes poseen pasos guiados para realizar documentos automáticos mediante el requerimiento de información relativa a los mismos.

Nota

Para disponer de modelos de plantillas y asistentes, asegúrese de instalar Word 2000 con dichos elementos (proceso de instalación a través del CD-ROM de instalación).

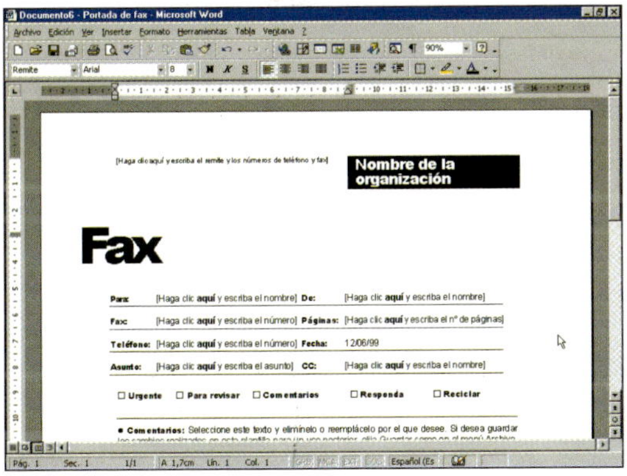

1. Abrir el menú Archivo y seleccionar la opción Nuevo...
2. Cada solapa del cuadro de diálogo Nuevo posee diferentes plantillas y asistentes clasificados temáticamente.
3. Mostrar una de las solapas. Por ejemplo, Cartas y faxes. Hacer doble clic sobre la plantilla Fax Profesional.
4. Automáticamente un documento nuevo aparecerá en pantalla con las especificaciones y formatos de un fax.
5. Completar dicho fax con la información que se desee.
6. Si quiere modificar algún elemento, hágalo como si de un documento normal se tratase.

Nota

También puede modificar las plantillas de Word para crear sus propias plantillas. Para ello guarde el documento como Plantilla de documento, en las carpetas correspondientes a las plantillas.

Crear una plantilla

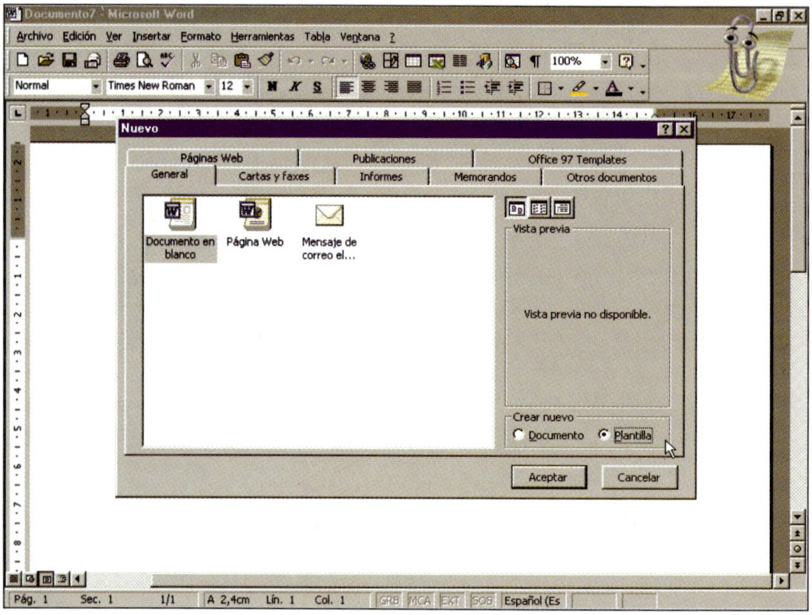

1. Abrir el menú Archivo y seleccionar la opción Nuevo...

2. En la solapa General, activar la opción Plantilla en el apartado Crear nuevo y hacer clic sobre el botón Aceptar.

3. Word muestra por defecto el título de documento Plantilla 1.

4. Realizar los textos, tablas, columnas o imágenes pertinentes en dicha plantilla con los formatos que se deseen. También pueden incluirse formatos de página, estilos, encabezados, etc.

5. Hacer clic sobre el icono 💾 para guardar la plantilla y especificar un nombre para identificarla posteriormente.

6. Cerrar la plantilla.

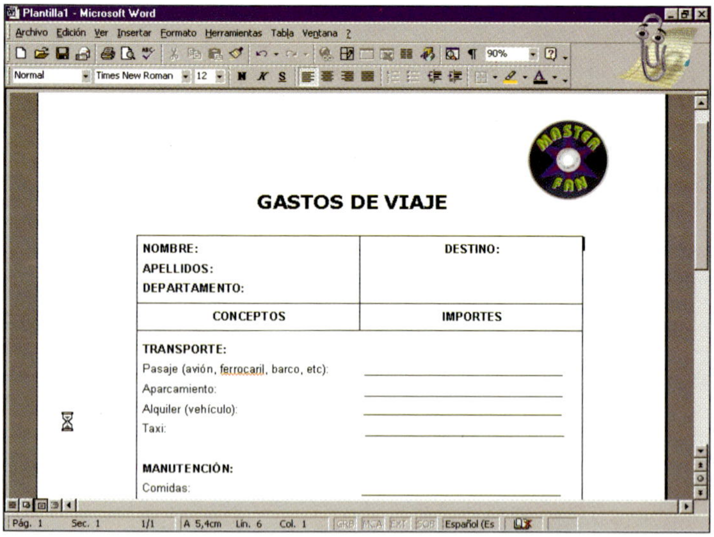

Nota

Todos los documentos están basados por defecto en una plantilla matriz denominada NORMAL.DOT.

Abrir una plantilla creada

1. Abrir el menú Archivo y seleccionar la opción Nuevo…

2. En la solapa General, seleccionar la plantilla que haya realizado con anterioridad.

3. Hacer clic sobre el botón Aceptar.

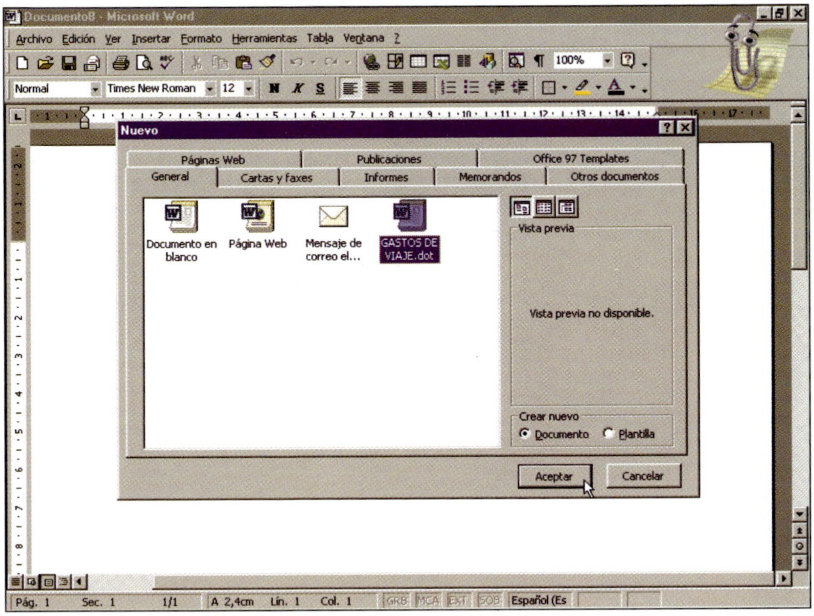

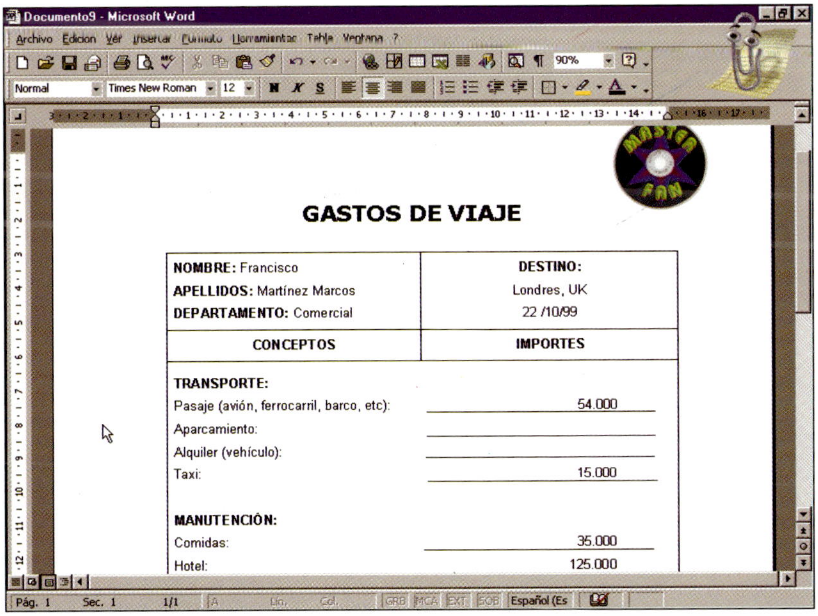

4. Automáticamente un documento nuevo aparecerá en pantalla con las especificaciones y formatos de la plantilla seleccionada.

5. Trabajar con el documento basado en la plantilla, como si de un documento normal se tratase.

Cómo crear un mailing

Para crear un mailing es necesario obtener los datos de un origen. Un origen puede ser una base de datos creada con Access u otro programa de bases de datos o desde una tabla creada en Word 2000. A continuación, se enumeran los pasos para realizar un pequeño mailing desde el origen de datos de una tabla de Word 2000.

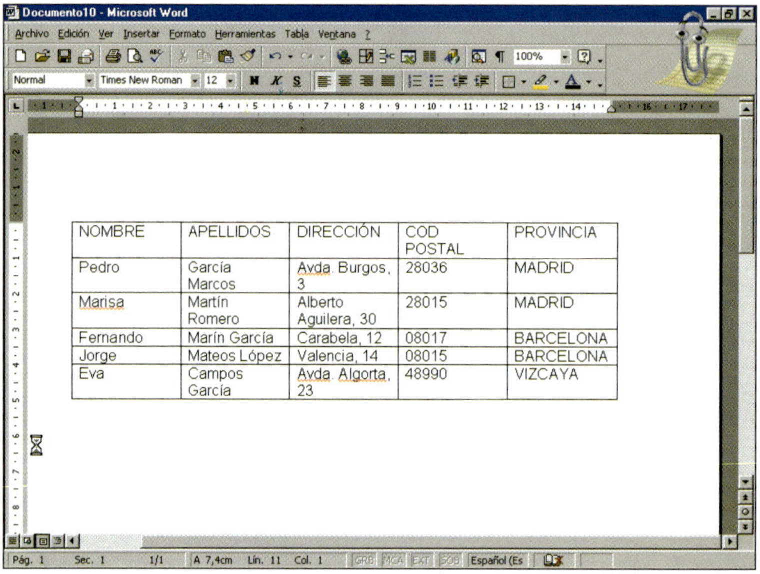

1. Crear una tabla con los campos Nombre, Apellidos, Dirección, Código Postal y Provincia.
2. Guardar el documento con los datos como mailing.doc.
3. Abrir o crear una carta sobre la que desee crear el mailing.
4. Abrir el menú Herramientas y seleccionar la opción Combinar correspondencia...
5. Hacer clic sobre el botón Crear y seleccionar Cartas Modelo...
6. Hacer clic sobre el botón Ventana activa. A continuación, seleccionar el origen de datos mediante el botón Obtener datos, Abrir origen de datos.
7. Seleccionar el documento que contiene los datos (mailing.doc) y abrirlo.
8. Un cuadro de diálogo le informará que tiene que modificar los datos del documento principal (la carta). Para ello, haga clic sobre el botón Modificar origen de datos.

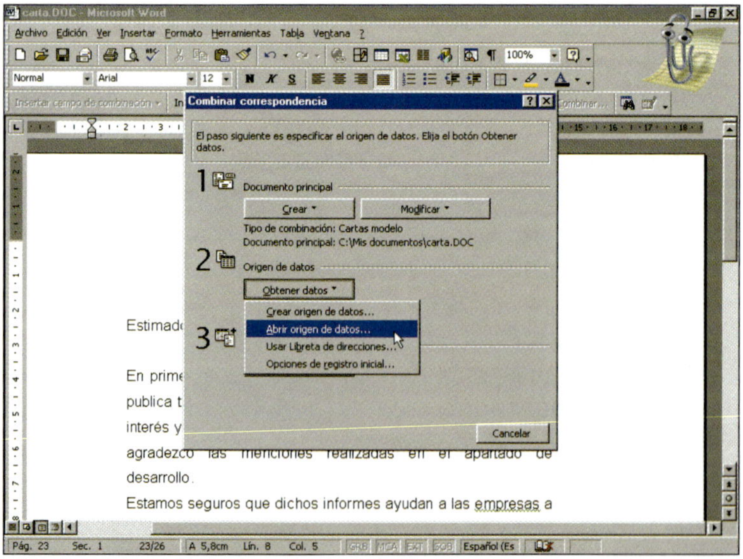

Cómo crear un mailing

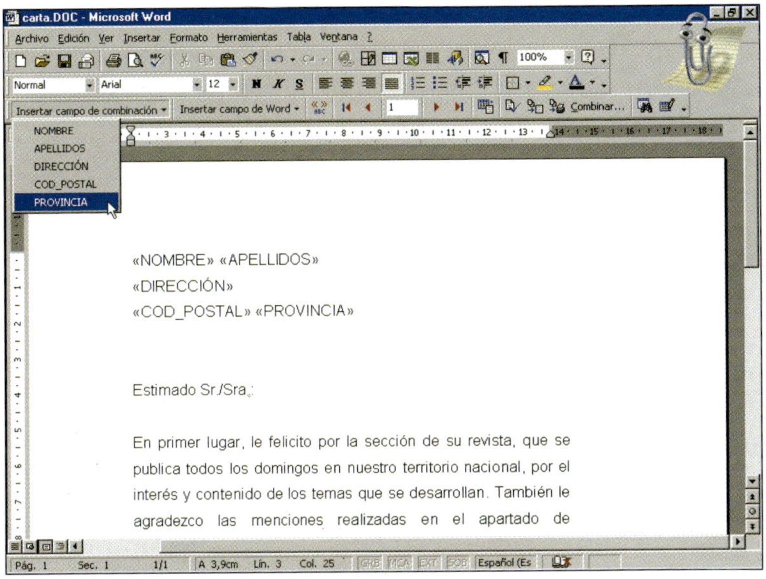

9. Una nueva barra de herramientas se visualizará en pantalla para insertar los campos que desee.

10. Sitúe el cursor en la parte superior derecha del documento y posteriormente haga clic sobre el botón Insertar campo de combinación.

11. Seleccione el primer campo (NOMBRE) y pulse <**barra espaciadora**>. Seguidamente seleccione otro campo, por ejemplo APELLIDOS y pulse la tecla <**Intro**>.

12. Insertar los campos sucesivos hasta llegar al campo PROVINCIA.

13. A continuación, hacer clic sobre el icono Combinar correspondencia y hacer clic sobre el botón Combinar del cuadro de diálogo correspondiente.

14. En el siguiente cuadro de diálogo que se muestra, haga clic sobre el botón Combinar si desea realizar el mailing de todos los registros.

15. Automáticamente se presentarán en un documento nuevo (Cartas modelo1), tantas cartas como registros haya realizado. Visualice cada una de las páginas para comprobar las diversas direcciones personalizadas.

16. Posteriormente, puede imprimir el documento Cartas modelo1 para verificar el resultado del mailing.

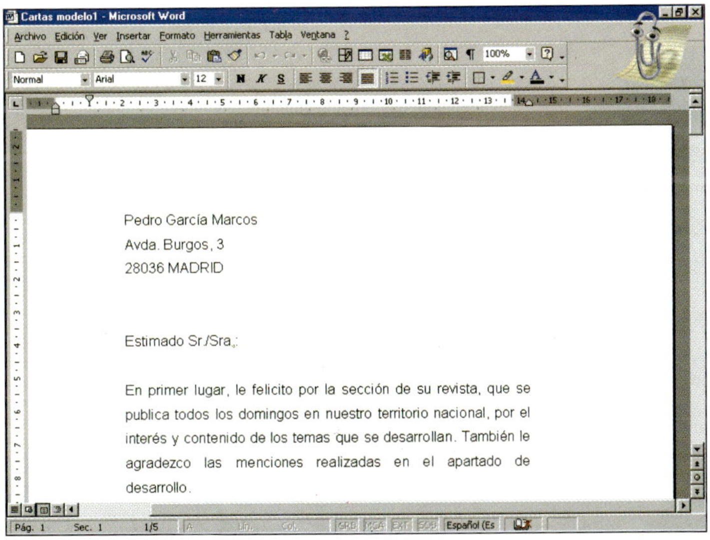

Crear una página Web

Word 2000 incorpora una serie de herramientas que permiten crear páginas web en Internet o en una red interna (Intranet) en lenguaje HTML, compartir sus documentos en Internet o en una Intranet, crear hipervínculos en sus documentos y examinar sitios de la web. Para ello, es necesario disponer de una conexión con Internet o estar conectado a una Intranet.

1. Crear un documento que contenga varios elementos gráficos y texto.
2. Guardar el documento mediante la opción Guardar como página web en el menú Archivo.
3. Automáticamente Word 2000 presentará el documento en pantalla en formato HTML. Realice los cambios oportunos en su documento HTML, como por ejemplo, aplicar un fondo de pantalla mediante la opción Tema del menú Formato.

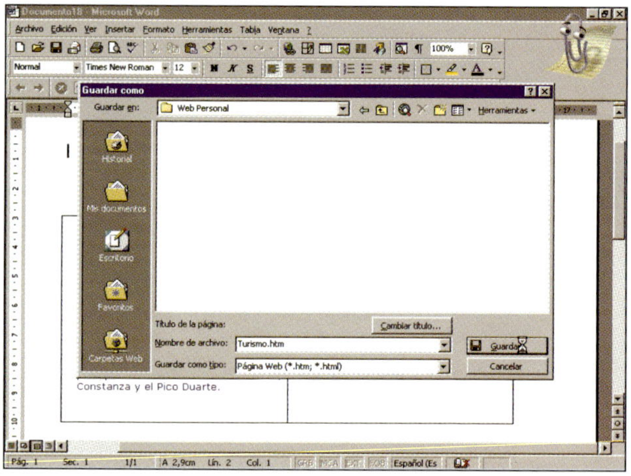

Nota

Word 2000 dispone además de un asistente (este asistente se encuentra en la solapa Páginas web del menú Archivo, opción Nuevo) que le permitirá, a través de pasos guiados, realizar páginas web de gran calidad.

4. Abrir el menú Archivo y seleccionar la opción Guardar.
5. Abrir el documento HTML desde Microsoft Internet Explorer u otro explorador disponible.

Nota

También puede realizar hipervínculos con otros documentos HTML o sitios web de Internet.

Crear hipervínculos

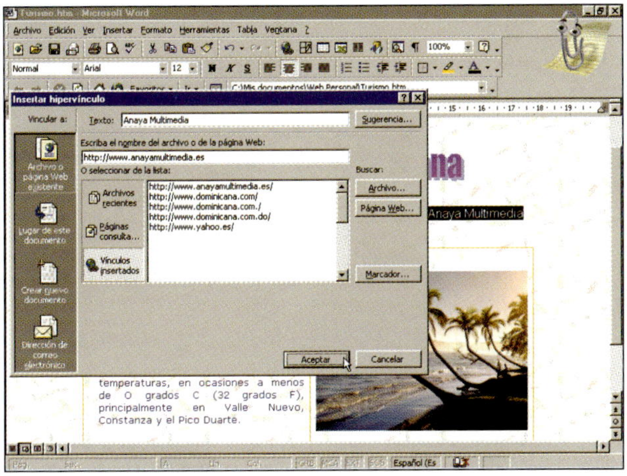

1. En el documento HTML, escribir un texto en el que se desee hacer una referencia a una página web.

2. Seleccionar la palabra o palabras a las que se desee hacer la referencia y pulsar el botón derecho del ratón para seleccionar la opción Hipervínculo.

3. En el apartado Escriba el nombre del archivo o de la página web, escriba la dirección a la que desee hacer la referencia. Por ejemplo:

`http://www.AnayaMultimedia.es`

4. Haga clic sobre el botón Aceptar y guarde su documento HTML.

5. A continuación, abra el documento HTML con su Navegador y haga clic sobre el hipervínculo establecido.

6. Esta acción permite dirigirse a otras páginas web que se hayan establecido como hipervínculos.

Visualizar el código HTML

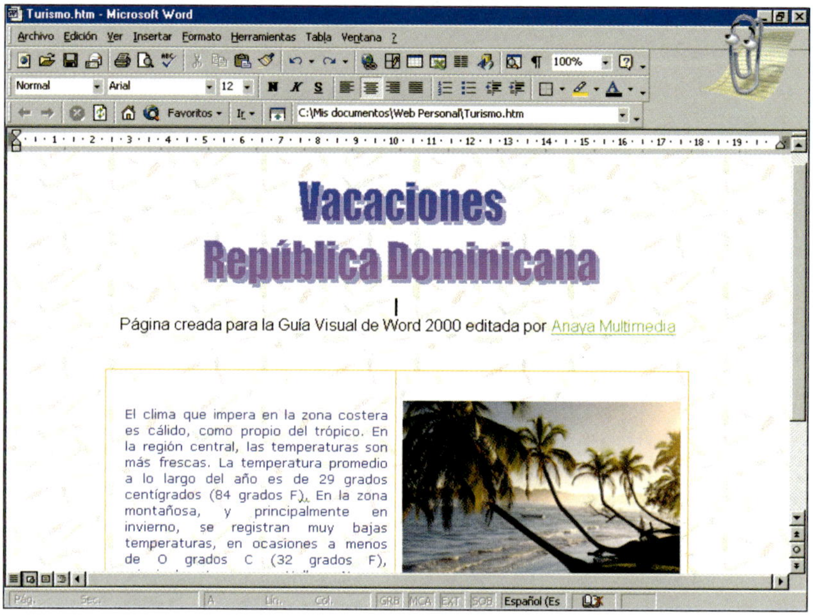

1. Abrir un archivo que haya grabado en formato HTML.

2. Abrir el menú Ver y seleccionar la opción Código fuente HTML.

3. Automáticamente Word 2000 presenta una nueva pantalla de aplicación (Entorno de programación de Microsoft) con el documento en formato HTML.

4. Como puede observar, un documento HTML está compuesto por etiquetas de referencias con sus diferentes atributos y especificaciones.

5. Si conoce este lenguaje de programación podrá modificar sus páginas web directamente sobre el código.

6. Para volver al documento, seleccione la opción Salir del menú Archivo.

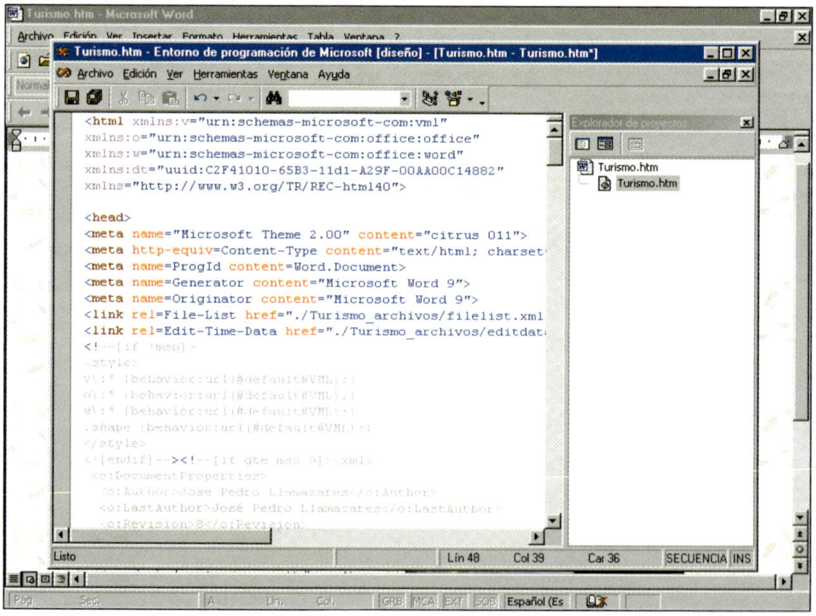

También existen otros lenguajes de programación en Internet

10. Direcciones de interés en la Web

En este capítulo hemos incluido varias direcciones de Internet que resultarán de interés para el lector. En estas direcciones, podrá obtener complementos para trabajar con Word, acceder al fondo editorial de Anaya Multimedia, localizar programas shareware, etc.

Microsoft

http://www.microsoft.com/spain

Información acerca de sus programas actuales o futuros, éste es el sitio indicado. Además, se trata de una web bastante movida, con eventos diversos, servicios, y algo de software gratis.

http://cgl.microsoft.com/clipgallerylive/default.asp

Galería de imágenes para su descarga on-line desde Word 2000.

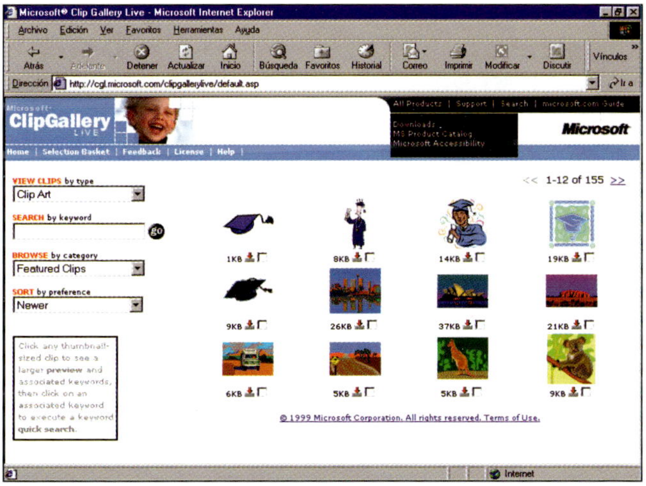

Microsoft

http://msdn.microsoft.com/downloads/default.asp?MSCOMTB=ICP_%20DOWNLOADS

Página de descargas de MSDN, donde podrá adquirir múltiples elementos multimedia y elementos para enriquecer sus documentos.

http://officeupdate.microsoft.com/welcome/word.htm

Página de información sobre las actualizaciones de los programas de Office 2000.

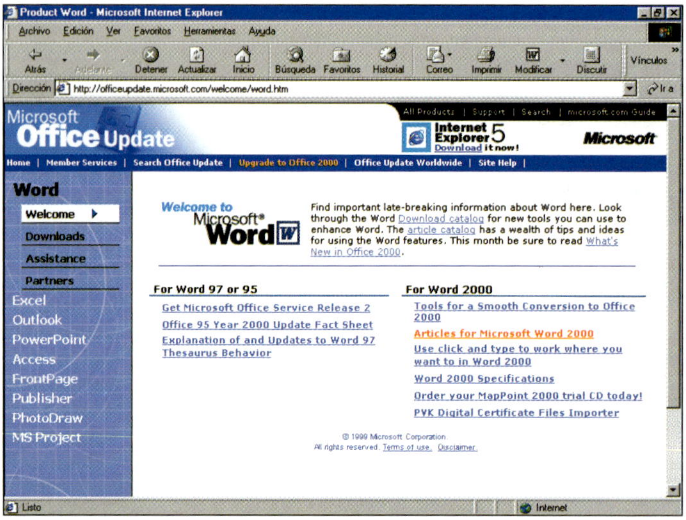

Grupo Anaya

`http://www.anaya.es`

Grupo editorial con más de 20 empresas y sellos editoriales. Posee un acceso libre al diccionario Anaya de la lengua.

Anaya Multimedia

`http://www.anayamultimedia.es`

Fondo editorial de libros de informática de Anaya Multimedia, editorial líder del sector. Con toda la información sobre manuales de ofimática, sistemas operativos, Internet... y hasta cursos on-line.

Vox

http://www.vox.es

Empresa editorial líder en diccionarios léxicos del mercado español. Posee un amplio diccionario on-line en Inglés y Castellano totalmente gratuito.

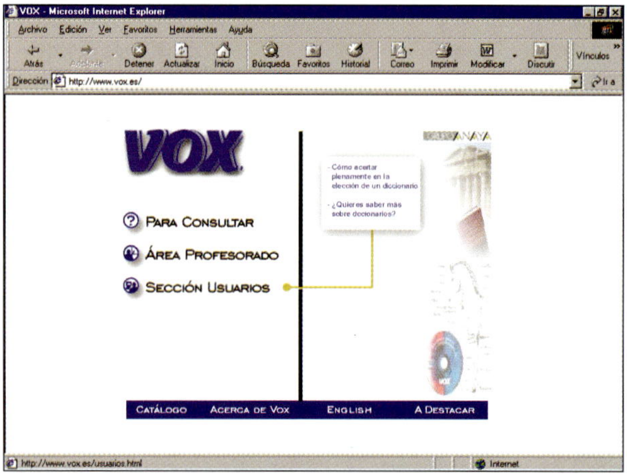

Biblioteca Nacional

http://www.bne.es

Página web de la Biblioteca Nacional Española, donde podrá consultar su fondo editorial así como los servicios que ofrece.

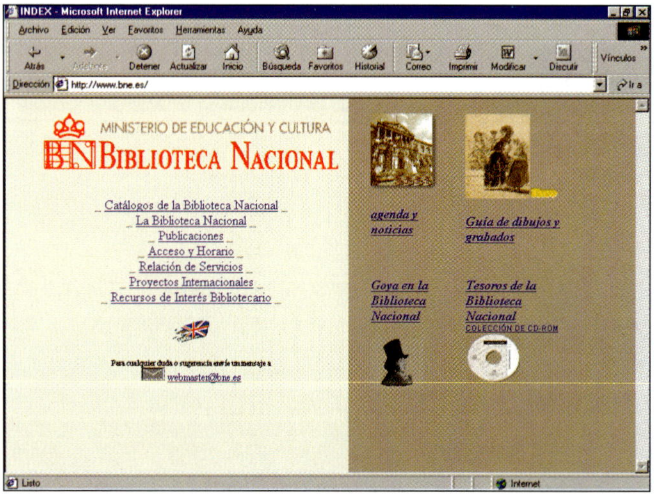

En Línea

`http://www.en-linea.net`

Revista on-line que proporciona información sobre internet, informática y multimedia totalmente actualizado.

MSN España

`http://www.msn.es`

Portal de Microsoft en España. Servicios y contenidos en español: correo electrónico, directorio con enlaces por categorías, sección de noticias nacionales y locales, etc.

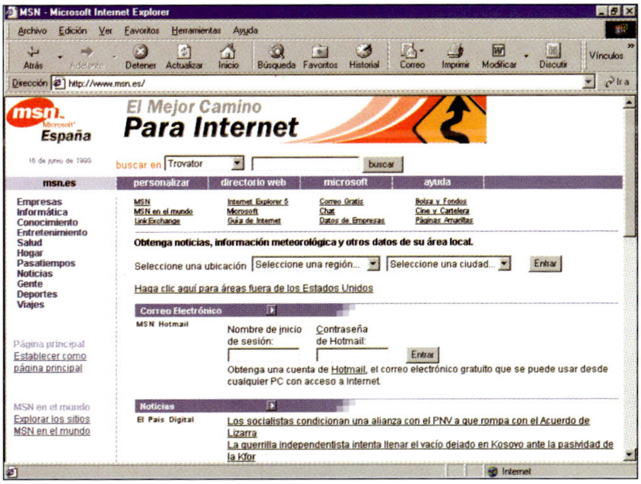

Yahoo España

http://www.yahoo.es

Versión española del buscador más conocido en internet, con opción de restringir las búsquedas a España. Cuenta con prácticamente todas las opciones de la página americana.

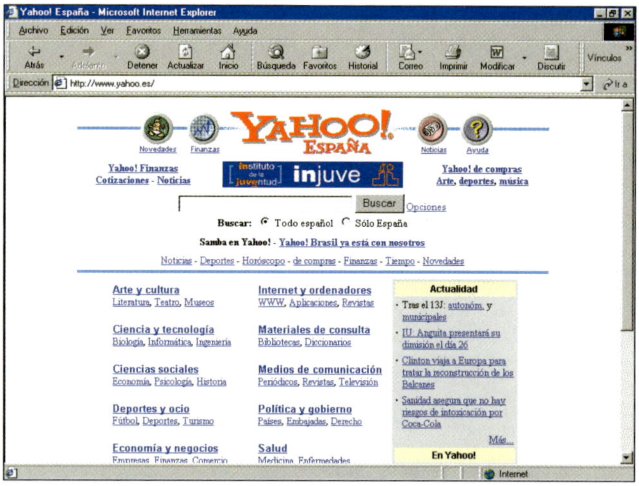

Telépolis

http://www.Telepolis.es

Portal en español con diversos servicios de consulta, búsqueda de contenidos, foros y compras en internet.

Tucows

http://www.tucows.com

Contiene una gran diversidad de programas y utilidades freeware. Además, cuenta con una tienda on-line.

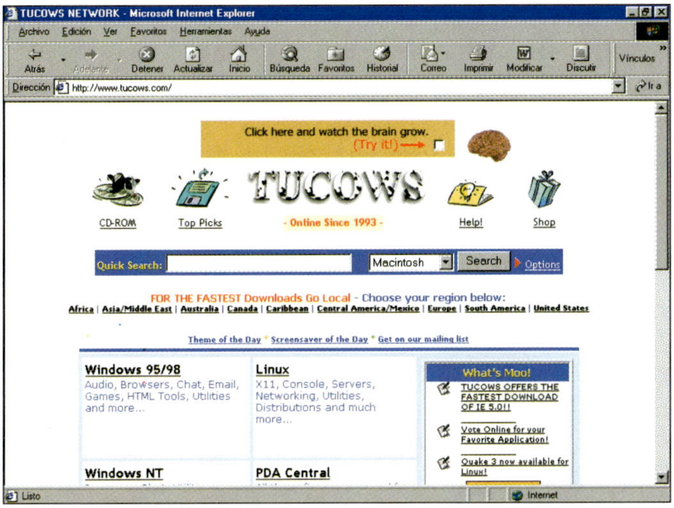

Jumbo

http://www.jumbo.com

Posee más de 300.000 programas y utilidades freeware y shareware de las aplicaciones y sistemas más extendidos en el mundo.

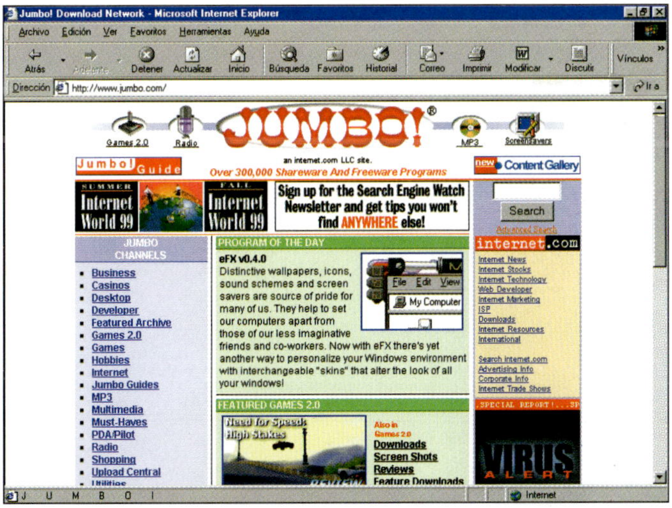

Windows 95

http://www.windows95.com

En este web, podrá encontrar utilidades y herramientas diseñadas para Windows 95 y sus actualizaciones.

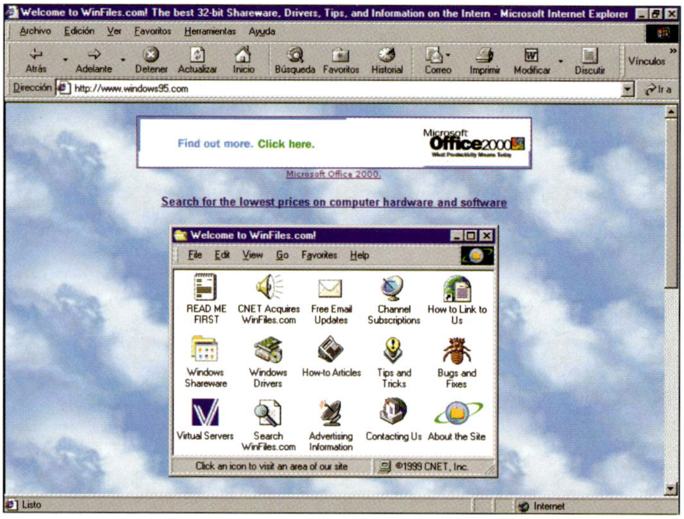

Nonags

http://www.Nonags.com

En esta dirección podrá encontrar también programas y aplicaciones freeware.

Archivo. Entidad que representa la información almacenada por el ordenador. Cada archivo es identificado con un nombre que sirve para hacer referencia a él. En un sistema operativo como Windows 98, los archivos pueden tener nombres largos que describan con mayor precisión su contenido. Un archivo puede contener datos, el código ejecutable de una aplicación o cualquier otro tipo de información.

Arrastrar y soltar. Técnica que consiste en hacer clic sobre algunos elementos de Windows 98 con los botones izquierdo o derecho del ratón y, manteniendo presionados los botones, arrastrar dicho elemento hacia una nueva posición.

Ayudante de Word. Ofrece ayuda interactiva, trucos y sugerencias. El asistente es personalizable y posee ocho personajes a elegir (ayudante de Office).

Barra de desplazamiento. Existen dos tipos de barras de desplazamiento: horizontales y verticales. Permiten mover el espacio de trabajo de una ventana a lo largo del espacio global que contiene toda la información de una aplicación.

Barra de estado. Barra situada en la parte inferior de la ventana de aplicación, que contiene información específica del documento activo.

Barra de herramientas. Barra situada generalmente en la zona superior de una ventana de aplicación, que contiene botones que ejecutan algunas de las acciones equivalentes a los comandos de menú disponibles en la aplicación. De esta forma, proporcionan al usuario un acceso rápido a las operaciones de uso más frecuente.

Barra de menús. Barra situada debajo de la barra de título de una aplicación. No aparece en las ventanas de documento. La barra de menús contiene los encabezados de todos los menús disponibles en la aplicación.

Barra de tareas. Barra situada inicialmente en el borde inferior del Escritorio de Windows 98 (aunque puede cambiar de posición), que contiene el menú Inicio y proporciona información al usuario sobre las aplicaciones abiertas en el entorno y otros detalles del sistema tales como la hora actual.

Barra de título. Barra situada en el borde superior de una ventana que contiene el nombre de la aplicación o documento. También sirve para marcar una ventana como activa o inactiva mediante la utilización de diferentes colores.

Bit. Es la unidad mínima de información en informática. Puede ser un 1 o un 0.

Botón de comando. Botones de forma rectangular que sirven para tomar decisiones. Éstos son, por ejemplo, los botones **Aceptar** y **Cancelar**. Para indicar que están seleccionados, aparecen rodeados por un recuadro.

Botón de opción. Botón de forma circular que representa opciones excluyentes. En una misma sección nunca puede haber dos de estos botones seleccionados al mismo tiempo. Cuando el botón esté seleccionado, aparecerá un pequeño círculo oscuro en su interior.

Buscador. Es un programa capaz de localizar recursos en Internet. El usuario escribe una palabra que describe el tema que le interesa y el buscador localiza todos los recursos relacionados con ese tema. Existen dos tipos de buscadores: unos envían programas por Internet que se encargan de recopilar la información con la que luego construyen automáticamente las bases de búsqueda y otros poseen índices que son actualizados manualmente por los administradores del buscador. La ayoría de los buscadores actuales combinan ambos sistemas.

Caja o cuadro de lista. Se utiliza para mostrar una serie de opciones disponibles en un comando dado. La selección de las distintas opciones se indica resaltándola en vídeo inverso, pudiéndose realizar por medio de las teclas del cursor o haciendo clic sobre ellas con el puntero del ratón. Para economizar espacio, en ocasiones se utilizan *cuadros de lista desplegables*, que muestran sus opciones al hacer clic sobre la superficie del elemento.

Carpeta. Entidad que permite organizar la información de un disco. Las carpetas son contenedores donde se almacenan archivos o nuevas carpetas. Cada carpeta tiene un nombre asociado que permite su reconocimiento. En un sistema operativo como Windows 98, es posible utilizar nombres largos para describir con mayor precisión el contenido de las carpetas.

Casillas de verificación. Pequeños cuadrados que representan opciones que no son excluyentes, es decir, que pueden estar seleccionadas simultáneamente. Al seleccionar una casilla, aparece una marca de verificación en el cuadrado correspondiente.

CD-ROM. Disco de material magnético que permite almacenar gran cantidad de información (aproximadamente 600 MB). A diferencia de otros dispositivos de almacenamiento del ordenador, el CD-ROM no permite borrar ni volver a grabar información en él.

Celda. Una celda es cada una de las intersecciones entre una fila y una columna determinadas que puede contener información.

Clic (hacer clic). Pulsar ligeramente cualquiera de los botones del ratón hasta oír un chasquido característico (clic). La mayoría de las operaciones en un sistema operativo como Windows 98 se lleva a cabo haciendo clic o doble clic sobre los elementos del entorno.

Correo electrónico. Es un servicio de Internet que permite enviar mensajes de texto de un ordenador a otro. Cada usuario debe poseer una dirección de correo electrónico. El correo ha evolucionado mucho y, actualmente, además de enviar texto, es posible mandar imágenes, sonidos y archivos.

Cuadro de diálogo. Es el elemento que permite a una aplicación obtener información del usuario. Un cuadro de diálogo es una ventana en la que están reflejadas todas las opciones de las que dispone un comando.

Cuadro de texto. Marco situado generalmente dentro de un cuadro de diálogo, donde el usuario puede introducir una cadena de caracteres que representa información tal como una ruta de acceso, el nombre de un archivo, un bloque de texto, etc.

Dirección IP. El modelo TCP/IP en el que está basado Internet utiliza direcciones IP para identificar cada recurso. Actualmente, las direcciones IP constan de 4 bytes pero, ante el auge de conexiones que se ha experimentado durante los últimos años, está previsto tener que cambiar este sistema para poder disponer de más direcciones.

Disco duro. Dispositivo físico donde se almacena la información con la que trabaja un ordenador. Un disco duro consiste básicamente en una serie de discos de material magnético capaces de almacenar millones de pequeños elementos de información. Dichos elementos forman la base de los archivos y programas con los que se trabaja habitualmente.

Doble clic (hacer doble clic). Pulsar dos veces cualquiera de los botones del ratón en un espacio muy corto de tiempo. La mayoría de las operaciones en un sistema operativo como Windows 98 se llevan a cabo haciendo clic o doble clic sobre los elementos del entorno.

Documento. Un documento es la información que almacena Word en cada archivo.

Escritorio. La representación gráfica del Escritorio en Windows 98 es la superficie visible de la pantalla del ordenador. El Escritorio es el contenedor que agrupa todos los elementos necesarios para trabajar con el ordenador. Dentro del Escritorio, existe una representación gráfica para los distintos elementos del entorno: ordenadores, iconos de acceso a aplicaciones, iconos de acceso a documentos, la Papelera de reciclaje, etc.

FTP. (File Transfer Protocol). Es un protocolo que permite intercambiar archivos a través de Internet. Generalmente, para acceder a un servidor FTP es necesario disponer de una cuenta de acceso. La cuenta de acceso consta de un nombre de usuario y de una contraseña. No obstante, la mayoría de los servidores FTP acceptan conexiones anónimas, es decir, conexiones en las que el nombre de usuario es *anonymous* y que no necesitan contraseña.

Gráfico. Cualquier elemento no compuesto de caracteres que se incluye en una aplicación.

Hipertexto. Los diseñadores de páginas Web pueden incluir palabras vinculadas a otras páginas. Si el usuario hace clic sobre estas palabras (normalmente están subrayadas) accederá a las páginas vinculadas. De este modo se pueden construir enormes sistemas de información con vínculos cruzados.

HTML. HyperText Markup Language, lenguaje que especifica el aspecto y estructura de las páginas web.

Impresora. Dispositivo que permite obtener copia impresa en papel de la información generada por el ordenador.

Internet. Red informática universal, integrada por multitud de redes locales esparcidas geográficamente en todo el mundo, cuyo nexo común es el protocolo de comunicaciones TCP/IP.

ISP. Internet Service Provider. Son empresas que ofrecen acceso a Internet. La conexión entre el usuario y el ISP suele realizarse a través de la línea telefónica. La mayoría de los ISP ofrece, además del acceso a Internet, cuentas de correo electrónico y espacio en sus servidores para alojar páginas Web personales. En España, es muy habitual utilizar redes telemáticas intermedias (como InfoVía Plus) para conectar con el ISP. De este modo se aplica a la llamada la tarifa metropolitana. No obstante, estas redes suelen estar saturadas y muchos usuarios prefieren utilizar los nodos locales del propio ISP.

Lista desplegable. Permite seleccionar un valor determinado entre una serie de valores predefinidos para el elemento dentro de un cuadro de diálogo. Para desplazar el señalador de la barra deslizante, el usuario deberá hacer clic sobre él y mover el ratón en cualquiera de las direcciones que permita la barra, mientras mantiene presionado el botón izquierdo.

Maximizar. Agrandar una ventana hasta ocupar el máximo espacio posible: todo el escritorio (en el caso de una ventana de aplicación) o todo el espacio de trabajo de la aplicación (en el caso de una ventana de documento). Para maximizar una ventana se utiliza el botón Maximizar situado en la barra de título.

Menú contextual. Menú que aparece cuando se hace clic con el botón derecho del ratón sobre la mayoría de los elementos del entorno de Windows 98. Dichos menús incluyen comandos que permiten llevar a cabo las operaciones más frecuentes con el elemento seleccionado.

Menú de control. Menú disponible para la mayoría de las ventanas de aplicación y documento al que se puede acceder a través del icono situado en la esquina superior izquierda de la ventana. Este menú permite ejecutar todas las operaciones de control de la ventana, tales como su cambio de tamaño y posición. El menú de control también se conoce como menú del sistema.

Menú desplegable. Los menús son los elementos que encierran todas las acciones disponibles en una aplicación. En cualquier aplicación, existen varios menús que engloban las opciones que sirven para realizar ciertas tareas comunes. El nombre del menú trata de dar una idea de las operaciones que encierra.

Minimizar. Ocultar una ventana. Hace que desaparezca del escritorio manteniendo solamente su botón en la Barra de tareas (en el caso de una ventana de aplicación) o un pequeño icono en el área de trabajo de la aplicación (en el caso de una ventana de documento). No obstante, la ventana permanece activa. Para minimizar una ventana se utiliza el botón Minimizar situado en la barra de título.

Módem. Es un dispositivo hardware capaz de convertir las señales digitales con las que trabaja el ordenador en señales analógicas que pueden ser transmitidas por una línea telefónica. Además, también puede realizar el procedimiento inverso. Actualmente es el sistema de conexión a Internet más habitual.

Multimedia. Tecnología que permite incorporar a un ordenador capacidades de vídeo y sonido. Un *kit multimedia* se compone de una unidad de CD-ROM, una tarjeta de sonido y una serie de controladores *software* que gestionan el funcionamiento de estos elementos *hardware*. Windows 98 incluye varias aplicaciones para controlar los elementos multimedia de un ordenador: la Grabadora de sonidos, el Reproductor de CD y el Reproductor multimedia.

Papelera de reciclaje. Dispositivo temporal donde se almacenan los archivos, iconos y recursos que son eliminados del sistema. La Papelera de reciclaje permite recuperar fácilmente cualquier elemento que haya sido borrado con anterioridad, aunque presenta el inconveniente de ocupar parte del espacio disponible en las unidades de disco del ordenador.

Plantilla. Documento que sirve como modelo para la creación de otros muchos, facilitando y simplificando la creación de documentos similares.

Portal. Es una página Web en la que alguna organización se encarga de recopilar la información más interesante relacionada con Internet.

Presentación preliminar. Pantalla en la que se visualiza la hoja tal y como saldrá por la impresora.

Puntero del ratón. Icono que representa la posición del ratón dentro de la pantalla del ordenador. El puntero se desplaza de forma solidaria con los movimientos del ratón.

Ratón. Dispositivo apuntador que permite al usuario comunicarse con el ordenador. Mediante un puntero que se mueve de forma solidaria con los movimientos del ratón, el usuario proporciona información al ordenador sobre las operaciones que desea realizar.

Sistema operativo. Programa que controla la comunicación entre el usuario y el ordenador a través de una interfaz gráfica (como la de Windows 98). El sistema operativo permite que el usuario comunique al ordenador las operaciones que desea realizar y, a su vez, que el ordenador devuelva a éste la información correspondiente.

Solapa. Elemento en forma de ficha que permite seleccionar diferentes conjuntos de opciones dentro de un mismo cuadro de diálogo. Para activar una ficha determinada, el usuario deberá hacer clic sobre ella.

Teclado. Dispositivo que permite al usuario comunicarse con el ordenador. Mediante el teclado, el usuario proporciona información al ordenador para que éste la procese. Su funcionamiento es similar al de una máquina de escribir.

Ventana. Las ventanas son los elementos básicos con los que se trabaja en un entorno gráfico como Windows 98. Las ventanas proporcionan un interfaz que permite ejecutar varias aplicaciones de forma simultánea e intercambiar la información que en ellas se genera. Existen dos tipos de ventanas: las ventanas de aplicación que son el soporte de las aplicaciones que se ejecutan en el entorno y las ventanas de documento, que permiten disponer de varios documentos abiertos a la vez dentro de una misma aplicación.

Windows Update. Es un asistente de actualización incluido en Windows 95 y Windows 98 que permite mantener el sistema operativo con las últimas actualizaciones disponibles. Gracias a Windows Update podemos conectarnos a las páginas Web de Microsoft para descargar archivos que solucionen los defectos que periódicamente se descubren en el sistema.

Word. Word es un programa de procesador de texto de la compañía Microsoft.

Web (telaraña). Servidor de información World Wide Web, sistema de información distribuido, con mecanismos de hipertexto creado por investigadores del CERN.